儿童研学实践教育丛书

儿童园艺教育理论与实践

黄向 黄玉婷 刘倩 ◎ 编著

旅游教育出版社
·北京·

图书在版编目（CIP）数据

儿童园艺教育理论与实践 / 黄向，黄玉婷，刘倩编著. -- 北京：旅游教育出版社，2024.2
（儿童研学实践教育丛书）
ISBN 978-7-5637-4644-6

Ⅰ. ①儿… Ⅱ. ①黄… ②黄… ③刘… Ⅲ. ①园艺－劳动教育－教学研究－中小学 Ⅳ. ①G633.932

中国国家版本馆CIP数据核字(2024)第017865号

儿童研学实践教育丛书
儿童园艺教育理论与实践
黄　向　黄玉婷　刘　倩　编著

责任编辑	何丹
出版单位	旅游教育出版社
地　　址	北京市朝阳区定福庄南里1号
邮　　编	100024
发行电话	（010）65778403　65728372　65767462（传真）
本社网址	www.tepcb.com
E - mail	tepfx@163.com
排版单位	北京旅教文化传播有限公司
印刷单位	唐山玺诚印务有限公司
经销单位	新华书店
开　　本	787毫米×1092毫米　1/16
印　　张	11.75
字　　数	182千字
版　　次	2024年2月第1版
印　　次	2024年2月第1次印刷
定　　价	58.00元

（图书如有装订差错请与发行部联系）

序 言

  研学实践,是遵从马克思辩证唯物主义认识论和方法论的学习方法,实践是知识的源泉,实践才能出真知。2018年9月的全国教育大会上,习近平总书记指出:让学生在底蕴深厚的课程教材中、在参观名胜古迹的亲身体验中,了解中华文化变迁,触摸中华文化脉络,感受中华文化魅力,汲取中华文化精髓,让中华优秀传统文化基因一代代传承下去。研学实践教育是落实习近平总书记讲话精神,提升我国儿童及青少年核心素养的重要举措。

  2021年7月中共中央办公厅和国务院办公厅印发《关于进一步减轻义务教育阶段学生作业负担和校外培训负担的意见》,我国基础教育领域开启了以"双减"为抓手,推动教育观念、教育体系、育人方式、教育评价、家校社协同多方面的深刻变革。然而,"双减"政策不是搞一减了之,而是在提升课堂教学质量的同时,做到有"减"有"增"。研学实践就是应该增的内容。早在2016年,教育部等11部门推出了《关于推进中小学生研学旅行的意见》(教基一〔2016〕8号文件),明确指出:各中小学要结合当地实际,把研学旅行纳入学校教育教学计划,与综合实践活动课程统筹考虑,促进研学旅行和学校课程有机融合,要精心设计研学旅行活动课程,做到立意高远、目的明确、活动生动、学习有效,避免"只旅不学"或"只学不旅"现象;学校根据教育教学计划灵活安排研学旅行时间,一般安排在小学四到六年级、初中一到二年级、高中一到二年级,尽量错开旅游高峰期;学校根据学段特点和地域特色,逐步建立小学阶段以乡土乡情为主、初中阶段以县情市情为主、高中阶段以省情国情为主的研学旅行活动课程体系。

  就教育而言,政府、学校和家长都逐渐认识到让学生走万里路的重要性;就市场而言,在新冠疫情后的文旅市场井喷式发展中,研学发挥了主力军的作用。然而,人民群众对美好研学实践教育的向往与现实中研学市场发展缺乏理论指导、产品过于粗放、教育元素欠缺等问题现状存在着较为严重的矛盾,亟需学术界和实践界静下心来研究一套真正适应中国国情，以祖国大好河山和优秀中华文化等为载体，以研究性学习为主要学习方法的研学实践教育体系。

黄向教授的学科背景是旅游管理/旅游地理，他给我介绍了"非惯常环境"的概念，其特点是心理意义上的陌生性，地理意义上的异地性与时间意义上的暂时性，这是旅游研究的核心概念和情境。陶行知先生强调"生活即教育"，非惯常环境的教育价值如何发挥，目前无论是教育研究还是旅游研究的学术共同体都还较少对相关的问题进行探讨。研学实践教育，是教旅融合的产物，对于研究者而言，是一个教育与旅游研究的全新交叉领域；对于产业界而言，则是一个蓬勃发展的新兴市场。"儿童研学实践教育丛书"正是在这样的背景下推出，将聚焦自然教育、园艺教育、营地教育、红色教育、户外教育、文化研学等研学实践教育领域，既有很好的理论价值，也对市场实践有很好的指导意义。

我与黄向教授相识于一次研究课题的结题会，同人介绍他人品和学问俱佳。他的结题陈述思路清晰，层次分明，论证严谨，给我留下了深刻的印象。几天相处交谈中，得知其祖上黄遵宪（公度）及家族多位成员是我国最早的一批现代教育的开拓者、传播者、实践者，并立下了"办学、助学、奖学"的族规，令人肃然起敬。他太太放弃当时待遇优厚的公职，心怀教育改革与探索的梦想，着手去创办理想中的教育。更令我震撼的是，他们放弃自己孩子到华南师大附小读书的机会，并把孩子放到两人一起创办的书院式学校里，探索新时代属于中国自己的书院式教育。华南师大附小可是全国知名的小学，孩子的学习成绩也很优秀。这需要下多大的决心，且对自己的教育体系有多大的自信啊！经过多年实践，他们成功了！学校的学生阳光向上，成绩优秀，全面发展，进入中学阶段后，展现出小学阶段所接收的通识教育带来的雄厚童子功的十足后劲。黄向教授有深厚的家教底蕴，有良好的学历背景，有几代人对教育的执着追求和近乎宗教般的虔诚。特别是他让人动容的孜孜不倦的探索精神让我坚信，他一定能出一批跟随时代脚步、回应时代声音的好书。

最后，期望这套丛书能帮助对非惯常环境下的教育有研究兴趣的学者们从不同的角度开展研究，帮助对培养孩子综合素养十分重视的家长们从其中汲取教育灵感，帮助研学行业的从业者能更好地将理论与实践相结合，助力我国早日从研学大国转型为研学强国，不仅让中国青少年能通过研学了解认识自己的国家，也能让其他国家的青少年通过优秀的研学产品更多地了解中国的锦绣河山和中华优秀传统文化。

杨文轩
二级教授、原华南师范大学党委书记

前言

"儿童研学实践教育丛书"是以"非惯常环境下的教育"为主题的系列书籍。惯常环境是一个人的居住地和所有的常访地组成的一定区域之和,非惯常环境即相对于惯常环境而言,既是地理学概念,也是心理学概念(张凌云,2009)。非惯常环境的特点是心理意义上的陌生性,地理意义上的异地性与时间意义上的暂时性。非惯常环境具备教育价值,这是在我国方兴未艾的"研学实践/研学旅行"的理论基础,也是"读万卷书,行万里路"的核心作用机制。然而,至今还较少有成体系的著作对这个领域进行详细的探讨和研究。本丛书试图从研学实践教育的细分领域出发,旨在为从事相关领域的教师、业者和有兴趣的读者系统梳理该领域的理论和案例,从而为其开展相关的教育活动提供科学依据和参考。《儿童园艺教育理论与实践》是该丛书的第二本。

17世纪,夸美纽斯在其经典著作《大教学论》中指出"花园符合儿童的天性,每个学校都应该有一个学校花园,为儿童提供愉悦的学习环境"。1871年,普鲁士通过第一个《公共学校花园法案》,规定每个学校都需要配备学校花园,并依托学校花园开设自然科学、农业科学和职业教育课程。19世纪,福禄培尔在开办近代第一所幼儿园的时候创造了"kindergarten"一词,其中"garten"即"garden"(花园)。在其幼儿教育实践中,花园发挥了巨大的教育价值。1891年亨利·克拉普被派往欧洲学习学校花园的建设,回国后他在马萨诸塞州的乔治·帕特南学校建设了美国的第一个学校花园。进入20世纪以后,澳大利亚、英国和美国先后发起过"学校花园"运动,如美国1979年开始了在全美资助学校建设学校花园的"Life Lab"计划。学校花园业已成为国外中小学校课程设计和日常教育生活中不可或缺的场所。学校花园的教育功能一直在不断发展和深化,从一开始的自然学习、粮食补给、生产技能培训,到健康和营养教育、公民教育、道德教育、环境教育，再到跨学科融合教育，学校花园已成为国外中小学教育的重要组成部分，可以引导学生在自然环境中进行自我探索和发现，培养学生的生态素养、环境意识和农业素养等，被认为是可以与教育课程相结合的理想场所。

在我国，学校花园目前的主要形式是生物园或植物园。早在1956年国家教育主管部门颁布的《初级中学实验园地实习教学大纲》（草案）中便要求建立生物园。经过半个多世纪的发展，生物园已成为中学校园的标配，许多小学也有大小不等的生物园。这些生物园在承担生物课程教学和实践中发挥了一定的作用，但更多的是被闲置，乃至成为学校的负担，其教育价值的发挥亟待深度挖掘。

《儿童园艺教育理论与实践》系统地介绍了园艺教育的理论与案例，旨在为基于学校花园的研学实践提供更广阔的思路。

本书首先介绍了儿童园艺教育的发展和思想源流，以及它与教育学、心理学等方面的关系，接下来介绍了儿童园艺教育的实践形式，并为儿童园艺教育课程的开发提供了参考路径，特别是对朴门永续进行了详细深入的阐述。最后，本书为儿童园艺教育的人才培养提供了解决的方案。

总体而言，本书期望成为读者了解儿童园艺教育的入门读物，帮助读者在掌握系统理论的基础上更好地开展园艺教育的实践。

黄向
于广州华南师范大学

目 录

第一章 儿童园艺教育发展总论 ······ 1

第一节 儿童园艺教育发展概述 ······ 1
一、儿童园艺教育发展背景 ······ 1
二、儿童园艺教育的相关概念 ······ 3
三、儿童园艺教育的原则 ······ 5
四、儿童园艺教育的目标与意义 ······ 6

第二节 儿童园艺教育的思想源流 ······ 12
一、自然教育 ······ 12
二、环境教育 ······ 13
三、森林教育 ······ 14
四、户外教育 ······ 15
五、体验式教育 ······ 16

第三节 国内外儿童园艺教育发展状况 ······ 17
一、国外儿童园艺教育发展状况 ······ 17
二、国内儿童园艺教育发展状况 ······ 22

第二章 儿童园艺教育与心理学 ······ 27

第一节 园艺活动对儿童的指导意义 ······ 27
一、促进多元智能发展 ······ 27

二、促进儿童社会化的发展······29

第二节 儿童心理学相关理论······32
一、儿童心理发展理论······32
二、儿童认知发展······34
三、儿童行为发展······35
四、儿童动作技能发展······37

第三节 儿童园艺疗法······38
一、儿童园艺疗法的起源与发展······38
二、园艺疗法干预儿童孤独症的研究分析······41
三、儿童园艺疗法案例分析研究······43

第三章 儿童园艺教育的实践形式······48

第一节 儿童园艺实践载体······48
一、家庭园艺······48
二、社区花园······51
三、学校花园······53
四、营地园艺······53

第二节 儿童园艺物质载体······57
一、儿童园艺工具······57
二、适合儿童园艺的植物种类······59

第三节 校园园艺的起源与发展······64
一、国内外"学校花园"发展概况······65
二、校园园艺发展的必要性······69
三、校园园艺存在的问题与未来展望······74

第四节 校园园艺设计······76
一、目标与主题的设计······76
二、时间的选择······77
三、场地的选择与布置······77

四、内容的选择与设计 ······ 81
　　五、活动形式的设计 ······ 81

第五节　校园园艺实践案例 ······ 85
　　一、校园园艺与综合实践活动 ······ 85
　　二、校园园艺与劳动教育 ······ 86
　　三、校园园艺与环境教育 ······ 87
　　四、校园园艺与耕读教育 ······ 88
　　五、校园园艺与校园建设 ······ 91

第四章　儿童园艺与朴门永续的理论与实践 ······ 95

第一节　朴门永续概述 ······ 95
　　一、朴门永续理论概述 ······ 95
　　二、朴门永续的理论基础 ······ 100
　　三、朴门永续的原则 ······ 101

第二节　儿童园艺与朴门永续 ······ 102
　　一、儿童朴门永续园艺教育的价值 ······ 102
　　二、儿童朴门永续园艺种植知识与技术 ······ 103
　　三、儿童朴门永续园艺分区设计 ······ 109
　　四、儿童朴门永续园艺实践形式 ······ 109
　　五、儿童朴门永续园艺活动 ······ 111

第三节　上海创智农园社区花园案例 ······ 113
　　一、主题定位 ······ 114
　　二、分区规划 ······ 114
　　三、儿童园艺相关场域活动 ······ 114
　　四、朴门主题课程 ······ 115
　　五、案例点评与说明 ······ 116

第五章　儿童园艺课程活动开发的理论与实践 ……………………………… 118

第一节　儿童园艺课程活动开发教学原理 …………………………… 118
一、课程活动理论基础 ……………………………………………… 118
二、课程活动开发模式 ……………………………………………… 121
三、课程活动设计理念与原则 ……………………………………… 123

第二节　儿童园艺课程活动开发 ……………………………………… 124
一、课程活动研究与调查 …………………………………………… 124
二、课程活动流程 …………………………………………………… 127
三、校本教材编写、解说导览与特色课程活动 …………………… 130

第三节　儿童园艺课程活动风险管控与应急处理 …………………… 134
一、户外园艺课程活动教学管理 …………………………………… 134
二、突发事件与应急处理 …………………………………………… 138

第四节　儿童园艺课程活动后的相关事项 …………………………… 140
一、园艺课程活动后对儿童的评价建议 …………………………… 141
二、学校园艺设施后期维护与管理 ………………………………… 151

第六章　儿童园艺教育人才培养 …………………………………………… 153

第一节　儿童园艺教育人才培养状况 ………………………………… 153
一、园艺教育相关行业人才发展现状 ……………………………… 154
二、不同学段园艺人才培养模式 …………………………………… 156

第二节　儿童园艺教育人才培养方案 ………………………………… 159
一、儿童园艺教育人才培养理论方案 ……………………………… 159
二、儿童园艺教育教学模式 ………………………………………… 165
三、儿童园艺教育师培训 …………………………………………… 167

第三节　儿童园艺教育人才素养 ……………………………………… 168
一、儿童园艺教育人才专业理念与师德 …………………………… 168
二、儿童园艺教育人才专业知识 …………………………………… 169
三、儿童园艺教育人才专业能力 …………………………………… 172

第一章 儿童园艺教育发展总论

儿童教育家陈鹤琴主张儿童走进活生生的大自然、大社会中，把儿童直接感受的丰富经验与各个学科的术语结合起来，使其提升为一般性、普遍性的知识，而儿童园艺活动作为一种亲自然的活动，以森林作为重要载体，在儿童成长过程中发挥着重要的作用。

目前国内的自然教育机构出现了以"朴门永续""自然农法"等为主题的儿童园艺活动，在幼儿园和小学校园也出现了以研学旅行、劳动教育、综合实践活动等形式存在的"一米菜园""生态园""朴门花园"等。然而，这些活动虽然在我国一些经济较为发达的地区已初具规模，并出现了生态校园、绿色校园、学校花园、自然教育学校、森林幼儿园、华德福教育等方面的实践，但是对于目前经济欠发达的地区来说，则大多还仅停留在"重形式，轻内容"的层面。我国的儿童园艺教育起步相对较晚，其认知与实践仍需要全面、系统的理论指导，且其价值、实现路径与方法都有待深入研究。在应试教育压力下，以提升学生综合素质为目标的活动与课程发展受限。随着国家"双减"政策的出台，素质教育迎来了春天。那么，儿童园艺教育发展的现状如何？儿童园艺教育有哪些思想源流？儿童园艺教育在国内外发展状况如何？本章将围绕这几个问题展开。

第一节 儿童园艺教育发展概述

一、儿童园艺教育发展背景

国家政策是一个国家发展与建设的重要指南。在我国，各部委及相关机构陆续出台了一系列政策文件，对儿童园艺教育的发展有着重要的支撑作用，本章将相关内容进行梳理，如表1-1所示。

表 1-1　儿童园艺教育相关政策文件内容

时间	公布单位	文件名称	相关内容
2016年	教育部等11部门	《关于推进中小学生研学旅行的意见》	各地将研学旅行摆在更加重要的位置,推动研学旅行健康快速发展。近年来,研学旅行活动是学校综合实践课程活动的重要形式,中小学要结合当地实际,把研学旅行纳入学校教育教学计划,与综合实践活动课程统筹考虑,促进研学旅行和学校课程有机融合[①]。
2017年	教育部	《中小学综合实践活动课程指导纲要》	各地要充分认识综合实践活动课程的重要意义,确保综合实践活动课程全面开设到位。小学生综合实践课程平均每周不少于1课时。小学3~6年级,则每周不少于2课时。在中小学综合实践活动推荐主题当中有不少与园艺相关的活动,如"我与蔬菜交朋友""做个养绿护绿小能手""来之不易的粮食"等[②]。
2019年	国家林业和草原局	《关于充分发挥各类自然保护地社会功能大力开展自然教育工作的通知》	建立面向公众开放的自然教育区域,提升自然教育服务能力[③]。
2020年	全国关注森林活动组委会	《全国三亿青少年进森林研学教育活动方案》	加快推动自然教育基础设施建设,打造一批国家青少年自然教育绿色营地,逐步把青少年进森林研学教育活动融入中小学校教育。到2025年,基本建立"全国三亿青少年进森林"研学教育活动体系,全国50%以上青少年参与森林研学教育活动[④]。
2020年	教育部	《大中小学劳动教育指导纲要(试行)》	在小学学段的目标中指出,儿童要学会照顾身边的动植物,关爱生命,热爱自然。在内容方面,要与小学道德与法治(思想政治)、语文、历史、艺术等学科课程结合。在学时方面,每周不少于1课时[⑤]。
2021年	中共中央办公厅、国务院办公厅	《关于进一步减轻义务教育阶段学生作业负担和校外培训负担的意见》	要求切实提升学校育人水平,持续规范校外培训,有效减轻义务教育阶段学生过重作业负担和校外培训负担[⑥]。

从上述内容可以总结出,儿童园艺教育顺应了国家大政方针的发展趋势。首先,符合国家重视素质教育的发展方向。其次,与当前我国所倡导的生态文明理念相契合。此外,与学校的研学旅行、综合实践活动、劳动教育中的教育目标与教育主题相契合。儿

---

① 中华人民共和国教育部.教育部等11部门关于推进中小学生研学旅行的意见[EB/OL].(2016-12-02)[2022-11-01].http://www.moe.gov.cn/srcsite/A06/s3325/201612/t20161219_292354.html.

② 中华人民共和国教育部.教育部关于印发《中小学综合实践活动课程指导纲要》的通知[EB/OL].(2017-09-27)[2022-11-01].http://www.moe.gov.cn/srcsite/A26/s8001/201710/t20171017_316616.html.

③ 国家林业和草原局.国家林业和草原局关于充分发挥各类自然保护地社会功能大力开展自然教育工作的通知[EB/OL].(2019-04-01)[2022-11-01].http://csf.org.cn/news/newsDetail.aspx?aid=47928.

④ 全国关注森林活动组委会.全国第四届关注森林活动组委会关于印发《全国三亿青少年进森林研学教育活动方案》的通知[EB/OL].(2022-04-19)[2022-11-01].http://www.isenlin.cn/sf_3332882C55B84202ABD41A6379640753_209_5EADCCB4266.html.

⑤ 中华人民共和国教育部.教育部关于印发《大中小学劳动教育指导纲要(试行)》的通知[EB/OL].(2020-07-07)[2022-11-01].https://www.gov.cn/gongbao/content/2020/content_5535329.htm.

⑥ 新华社.中共中央办公厅 国务院办公厅印发《关于进一步减轻义务教育阶段学生作业负担和校外培训负担的意见》[EB/OL].(2021-07-24)[2022-11-01].http://www.gov.cn/zhengce/2021-07/24/content_5627132.htm.

童园艺教育，对于国家而言，能够促进生态文明建设；对于学校而言，有利于丰富课程形式与内容，提升学校教学质量；对于儿童而言，有利于提升儿童的生态意识。同时，在儿童园艺教育中融入学科课程，这是对传统课程内容与模式的重要补充，有助于学科知识的迁移，有利于儿童的学习与成长。

儿童园艺教育在国外已经不是新鲜事物，学校花园（garden-based learning, GBL）在英国、美国、加拿大、新加坡等国家有着悠久的发展历史。儿童园艺教育，在我国也有了一些较为成功的局部实践，例如一些以"自然教育"为理念的幼儿园，结合蒙台梭利教学法的教育理念，会对儿童进行种植活动"工作"的教育。再如，小学阶段以"朴门永续"为理念的学农实践。

《林间最后的小孩——拯救自然缺失症儿童》揭示了儿童与自然之间令人惊异的断裂。今天，电子产品环境下成长的一代人在生活中缺少与自然的接触，理查德·洛夫把这一现象和一些最令人担忧的儿童发展趋势联系在一起，其中包括：肥胖率增加、注意力紊乱和抑郁现象[1]。儿童园艺教育是一种亲自然的活动，对儿童与自然联结具有促进作用。而当前我国正在积极转变传统教育方式，亟须利用我国丰富的园艺教育资源打造适合儿童的园艺教育。

基于上述研究背景，本书对儿童园艺教育进行了系统的梳理，特别是对学校花园、朴门永续农艺等在我国已经有着相当丰富的实践成果的内容进行阐述。本书旨在为对儿童园艺教育感兴趣的在校生，从事儿童园艺教育的工作者，幼儿园、小学阶段的一线教师提供参考，希望未来通过更多的理论和实践，探索出与我国国情相适应的儿童园艺教育体系。

二、儿童园艺教育的相关概念

（一）"园艺"的概念

在《中国林业辞典》中，园艺包括果树、蔬菜、花卉等，此外，还囊括了既有观赏价值，又有生产性质的庭园。美国园艺学家认为"园艺"的概念是：利用植物栽培与园艺操作活动从其社会、教育、心理以及身体诸多方面进行调整更新的一种有效的方法[2]。

而本书所述的"园艺"，是在学校、社区、家庭等场所及其附近区域，儿童参与植物种植与管养的活动，活动课内容涵盖小范围的动物饲养、养蜂、花卉栽培和食品生产等。在本书中，园艺活动不只是花卉栽培，还有蔬菜瓜果等各种植物的栽培过程，但为

---

[1] 理查德·洛夫.林间最后的小孩——拯救自然缺失症儿童[M].长沙：湖南科学技术出版社，2010：20-22.
[2] 刘佳惠.园艺干预对低龄儿童专注力的研究[D].上海：上海师范大学，2020.

了方便描述，本文将其统称为"园艺"。

在小学劳动教育实践中，学校通常会按照规范的教学计划和教学流程，聘请专家、指导教师，建立课程体系，进行校本课程开发；以班级为单位，指导学生在农艺园进行种植、灌溉、农具应用、收获等系列农艺实践劳动来达成劳动教育的目标[①]。

在综合实践活动课程中，园艺课程充分尊重学生的园艺种植兴趣爱好和需求，充分体现办学特色，体现学校所在地区的地域特色；发挥学生在活动过程中的自主性和积极性，满足学生个性化生活和社会化生活需要。这种以园艺为主题的综合实践活动具有实践性、开放性、自主性、生成性的特点[②]。

在社会活动中，同样需要园艺活动为儿童提供与自然交互的机会。在该类园艺活动的设计中，应注重探究型实践项目的开展。例如在场所设计方面，应尽可能模拟草甸、森林等原始生态系统，通过对多种生态系统特征、动植物群落的探索，帮助儿童形成对自然环境的正确认知；在信息传达中，也应更强调明确的主题、启发式的信息传达、互动环节的优化探索，让儿童与土地进行直接交互，从而使其感受到自然界原始生命循环的规律。

在国外，与儿童园艺教育相关的研究成果主要论述的是儿童园艺教育对儿童健康、营养教育等方面的影响。园艺教育活动让儿童亲身体验在校园或校园附近种植蔬菜的过程，这增进了儿童对水果和蔬菜等健康食品的认识；增进了儿童对可持续农业、食品和营养的了解，从而帮助儿童形成良好的饮食习惯。

在我国也有关于学校花园的实践。张蕾（2020）将"花园课程"定义为以自然主义教育精神为基础，以"做活教育，育全儿童"为指导思想，在实践中形成花园幼儿园"美的、生长的、参与的、现场的"真实教育情境，以儿童的主动学习为基本形式，追随儿童的兴趣开展的项目课程。可促使儿童建构新的经验，使儿童身心得到全面和谐的发展[③]。在我国的儿童教育中，儿童园艺教育是一种生活教育，强调儿童在实践中获得直接经验，从而促进儿童的成长。

（二）"儿童园艺教育"的概念

目前在我国学术界没有统一的对"儿童园艺教育"的概念规定，根据前文提及的园艺、农艺等概念，并结合国内外的实践成果，本书将"儿童园艺教育"定义为：主要面向3~12岁的儿童，以培养儿童综合素质，提升儿童劳动素养为目标，以园艺、自然农

[①] 齐金华.小学劳动教育校本课程的开发与实践——以农艺园劳动实践课程为例[J].现代教育，2021（8）：45-47.
[②] 林玲.基于"创意物化"的园艺种植实践探索[J].成才之路，2020（11）：120-121.
[③] 张蕾.在花园课程中绽放儿童天性[J].早期教育（家庭教育），2020（9）：2.

法、朴门永续农艺等为主要内容，产出规模化、系统化的课程体系并配备与之相适应的教学活动设施，为儿童提供参与式实践学习场所，力图达成在真实情境中让儿童实现主动式、体验式、浸润式学习的教育[①]。

三、儿童园艺教育的原则

儿童园艺课程活动设计是一项非常复杂的工作，在设计中必须遵循一定的原则。学校花园实验室（learning gardens laboratory），总结了学校花园的七条教学原则，即跨学科学习、在地化学习、参与性学习、合作学习、多视角学习、系统思维学习和互联性学习。蔡丸子（2015）指出儿童园艺教育的设计，主要需要遵循安全性、天然性、趣味性、参与性原则[②]。威廉姆斯和布朗在《学校花园和可持续发展教育》一书中概述了儿童园艺教育的六项教学原则：创造场所感，培养好奇心，发现规律，重视生物文化多样性，拥抱实践，理解相互联系[③]。从以上研究者的主张中可以总结出：

第一，儿童园艺教育强调学生的参与和体验，只有采用多样化的途径传播知识，以学生为中心，将学生的生活经验和生存技能纳入课程内容，才能更好地调动学生学习的积极性，让学生真正参与体验课堂。园艺植物不应该只有观赏价值，在儿童园艺教育过程中应该充分调动五感——视觉、触觉、嗅觉、听觉、味觉，让儿童能够通过与自然环境的互动真正参与到园艺教育活动当中。

第二，儿童园艺教育强调在自然环境中进行，让学生与自然产生联结，从而树立环境保护和可持续发展意识。儿童园艺活动以园艺植物为载体，因此，在园艺活动进行时必须有树木、花草植物，这正是天然性原则指导下的儿童园艺教育活动的魅力。在网络高度发达的社会，很多儿童把大部分时间花在了网络游戏和电子设备上，缺乏与自然的联结，患上了"自然缺失症"。儿童园艺活动是让儿童与自然进行联结的重要方式。校园绿地、社区花园，部分地区存在着尚未开发、对绿色景观打造重视不足等问题。当前，许多幼儿园的户外活动场地仍是千篇一律的滑梯和五彩斑斓的粉刷。许多中小学的校园绿地也缺乏特色的景观设计和相似的植物配置。校园绿地的设计与利用对儿童发展有诸多好处，与自然亲密接触，能够开发孩子无穷的想象力和创造力，开发儿童的"自然智能"，培养孩童的自然意识，塑造其健全的人格[④]。因此，儿童园艺教育活动应该注重与儿童周围的景观建立联结，体现天然性的特点。

---

① 石烨.学习花园：培育学生综合素养的户外课堂［J］.上海教育，2021（32）：7-10.
② 蔡丸子.儿童花园设计思路与理念［N］.中国花卉报，2017-06-01.
③ 彭佳慧，约翰·S.帕克小学：将花园作为STEM课程实践场［J］.上海教育，2021（32）：16-17.
④ 杨雅丽，黄强，凌芬艳.利用校园绿地推进中小学生的自然教育［J］.现代园艺，2021，44（4）：159-160.

第三，儿童园艺教育强调教育性，儿童应该在花园中、在与自然的互动中，学习跨学科的知识，学习地域文化。儿童园艺活动多涉及植物观察、植物游戏、植物种植、植物记录等活动，与传统的课堂活动有着很大的区别。因此，在教学语言上，在教学活动的设计上，都应该充分体现教育性原则，让儿童真正喜欢并热爱园艺活动。

第四，儿童园艺教育强调安全性，因为儿童园艺教学场所多为户外，存在着一定的不可控因素和潜在的安全风险。安全性原则是儿童园艺教育的首要原则。儿童园艺活动面对着充满挑战且不可预测的自然环境，也许是突然来袭的暴雨，也许是凹凸不平的地面，也许是带有危险的昆虫，也许是带刺的植物……这就要求设计者应把安全作为首要原则来考虑，从场地的选择到活动方案的设计，再到活动实施的过程，都应该充分考虑安全因素：在选择场地时，先对活动场地周边的安全隐患进行排查；在设计活动方案时提前准备好应急预案；在活动实施过程中对儿童做好安全提醒与防范。

第五，儿童园艺教育应该有针对性。不同年龄阶段的儿童有不同的特点，不同的儿童也有不同的特点。因此，应该根据儿童的特点有针对性地设计园艺活动。针对幼龄阶段的儿童，他们对世界充满好奇、喜欢触摸、喜欢感受，可设计五感体验类活动。针对小学低龄阶段的儿童，他们喜欢探索，可设计植物手工创作活动。针对小学高龄阶段的儿童，他们已经有一定的知识和接受能力，可设计植物科普的课程。

四、儿童园艺教育的目标与意义

（一）儿童园艺教育的目标

1. 加涅信息加工理论

美国心理学家加涅以信息加工理论为基础，创立了信息加工学习理论。加涅将学生的教学目标或学习结果分为五类，即言语信息、智力技能、认知策略、动作技能和态度[①]。根据加涅的信息加工理论，将儿童园艺教育的教学目标设置如下：

第一，提升儿童沟通与表达能力。言语信息学习是指学生能用语言文字来传递学习内容。在儿童园艺活动中，儿童通过分享所得的交流活动来提升沟通表达能力。

第二，启发儿童技能。智力技能是指学生学习运用符号办事的能力。加涅将智力技能根据认知操作的复杂程度分为六个子类别：辨别、具体概念、抽象概念、规则、高级规则、提升问题解决能力。在儿童园艺教育活动中，关于园艺植物的鉴别与科普活动，例如森林寻宝、植物探秘等活动，将有助于儿童智力技能的提高。

第三，提高儿童的专注力。认知策略是指学生学习对内控制和调节自己的认知活动

---

① 穆桂斌，李嵬. 基于加涅学习结果分类理论的教学资源库设计［J］. 中国电化教育，2004（8）：63-66.

的特殊技能，例如用以支配自己的注意"学习"记忆和思维的技能。在儿童园艺活动中，森林里的动植物观察都是非常需要耐心的活动，适当的户外活动也可以增强儿童的专注力。

第四，提高儿童的动手能力。动作技能是指学习协调自身肌肉活动的能力。植物拼贴画创作、植物扩印、插花等活动能够提升儿童的创造力和手脚灵活力。

第五，提升儿童对自然和生命的热爱。态度是指学习获得决定个人行为选择的内部状态。儿童园艺活动是一种亲自然的活动，通过园艺活动能够增进儿童对可持续发展、环境保护等生态学知识的认知，进而产生对自然的保护与热爱。

2. 安德森信息加工理论

美国著名认知心理学家安德森把知识分为两种，即陈述性知识和程序性知识。儿童园艺教育活动以参与体验式活动为主，儿童从中获得的知识以程序性知识为主。而传统的教学模式以教师讲授为主，儿童从中获得的知识以陈述性知识为主。因此，儿童园艺活动是对传统教学模式的一种必要补充，其教学目标可以与现行的教学科目，如艺术、科学等课程的教学目标相结合。例如，让儿童在丰富多彩的园艺活动中产生对科学的兴趣，提高儿童对环境的观察、感知能力，增进儿童对生物学原理的认知。

3. 奥苏泊尔有意义接受学习说

奥苏泊尔是美国著名的心理学家，他根据学生学习的方式把学习分为"接受学习""发现学习""机械学习"和"有意义学习"。应试教育背景下，不少儿童接受的教育是机械式灌输的教育。而儿童园艺教育活动则是一种以学生为中心的教学活动，因此，儿童园艺教育的目标可以从以下几个方面着手：①激发学生学习的兴趣，发挥其积极性和主动性。②在学生已有的知识水平基础上，进行园艺教育活动，帮助儿童学习新知识。③创设先行组织者[①]。植物种植活动，为学生科学课程的学习提供了先行组织者[②]。

4. 目标分类学角度

此外，布鲁姆教育目标分类学是教育领域中的经典理论。布鲁姆在《认知分类》一书中写道："在信息极度丰富、充满吸引力的自然世界中对新发现的事物进行命名和分类，有助于提升儿童记忆信息的能力，这是认知发展的第一步。对大自然细节直接或间接的体验，都能激发学习者理解他们所经历的一切的需要。"在他的教育理论中教育目

[①] 高晓瑞，李陆军. 奥苏泊尔认知理论对有效教学的启示［J］. 山西财经大学学报 2012，34（S2）：113.

[②] 先行组织者，即先于学习任务本身呈现的一种引导性材料，它要比原学习任务本身具有更高的抽象、概括和包容水平，并且能清晰地与认知结构中原有的观念和新的学习任务关联。——作者注

标可被分为三大领域：认知领域、情感领域和动作技能领域[①]，《3~6岁儿童学习与发展指南》从健康、语言、社会、科学、艺术五个角度，提出了儿童发展的教育目标与实施建议。《基础教育课程改革纲要（试行）》将教育目标分为知识与技能，过程与方法，情感态度价值观。

5. 综合实践活动角度

在《中小学综合实践活动课程指导纲要》中综合实践活动的课程总目标是："以培养学生综合素质为导向，学生能从个体生活、社会生活及与大自然的接触中获得丰富的实践经验，形成并逐步提升对自然、社会和自我之内在联系的整体认识，具有价值体认、责任担当、问题解决、创意物化等方面的意识和能力。"

6. 劳动教育角度

在劳动教育层面，传承中华传统文化，将插花艺术与学生日常生活实现有意义的对接，实现劳动教育与美好生活的自然融合：在参与充满趣味性、实践性、创造性的"种花、观花、识花、研花、插花、用花"等劳动过程中，培育学生的劳动技能等核心素养，促进学生成长为责任担当者、问题解决者和优雅生活者，构建起生动灵活、富有美感和时代感的"新劳动教育课程"[②]。

7. 学科课程融合角度

在与具体学科课程结合方面，以学校花园为基础的科学课程旨在让学生在丰富多彩的花园活动中培养其对科学的兴趣，提高学生对环境的观察、感知能力，加强学生对生物学原理的认识，并在此过程中培养合作、沟通能力，即培养学生的科学素养。

儿童园艺教育是一种教育活动，教学目标的设置可以借鉴教育学当中的一些理论，并且可以结合教育方针来进行一些设计。此外儿童园艺教育和劳动教育、综合实践活动、学科课程可以进行融合，可以结合与之相关的教育目标进行园艺教育。以上述目标作为参照，儿童园艺教育的目标可以设置为：

第一，提升儿童智能；

第二，丰富儿童的程序性知识，以作为传统教学模式的补充；

第三，激发学生学习兴趣；

第四，促进教学目标的达成，促进教育的改革发展；

第五，作为综合实践活动、劳动教育的重要形式，与学科课程融合，促进学生学习成长。

---

① 王瑞霞.布卢姆教育目标分类理论新发展及其教学意义［D］.上海：华东师范大学，2007.
② 张敏，蒋春霞.小学"童心花艺"劳动教育特色课程的实践探索［J］.上海教育，2021（Z3）：97.

（二）儿童园艺教育的意义

花园或园艺区有一种魔力，在许多经典和当代儿童文学中，都有花园的存在：《爱丽丝漫游奇境记》故事中镜子里的鲜花花园、《杰克与豆茎》中的魔法植物、《彼得兔的故事》中农夫麦格雷戈的花园、经典童话《秘密花园》中的庄园等。园艺区、学校花园或自然角作为迷你版自然界，其创设与利用在当前重视标准教学与评估的校园中，确实有着特殊的作用与价值。

英国作家拉特（Lucy R. Latter）在《儿童的园艺学校》一书中，主张将儿童置于花园中，以便儿童对各类自然元素进行直接的观察与学习[1]。美国康奈尔大学的学者南希·威尔斯（Nancy Wells）通过研究发现绿色植物有助于减轻高度紧张儿童的压力[2]。

儿童园艺教育在我国还是一个比较新的领域，关于它的成效评估和研究还比较缺乏。但是我国在自然对儿童的作用、儿童园艺疗法等方面有着丰富的理论研究成果，此外种植园地、种植区、自然角、园艺活动的实践也已初具规模。

1. 自然对儿童的价值

自然对儿童具有启智性和疗愈性。在启智性方面，儿童进行适当的户外学习能够有效提升自身的学习积极性，能使之深切地感受自然之美，增进其对自然环境的认知，培养环境保护意识，提高儿童的身心素质、人际沟通能力等。霍华德·加德纳（Howard Gardner）认为将儿童置于大自然中，在接触自然元素的过程中，不仅能够提高儿童的观察和识别能力，还能够培养儿童的自主探索学习能力，激发儿童的创造力与想象力，培养儿童的"博物学家智能"。博物学是建立在人类对自然好奇的基础上，更多专注于用科学的方法去认识和理解自然，不受学科领域的壁垒限制，更多强调"博"学的意义和乐趣，意在通过激发人们对自然生态系统更全面、丰富的理解和认知，从科学素养和自然精神的角度去影响和塑造人[3]。博物学是进行儿童园艺教育的重要基础。

在疗愈性方面，根据注意力恢复理论、压力恢复理论、亲自然性理论，良好的自然环境能够促进注意力的恢复，促进积极情绪的产生。大自然对儿童情绪有良好的调节作用，如新鲜的空气、植物的芳香、虫鸟的鸣叫等自然元素能够调节人体的神经与免疫系统，有效缓解儿童的压力，促进儿童身心的健康成长；还能够促进儿童与外界的交流，提高他们的交际能力和动手能力等。因此，在自然环境中合理利用自然元素营造儿童专属的自然活动场地，开展一系列丰富多样的自然教育活动，对于儿童智力、道德、审

---

[1] LATTER L R. School Gardening for Little Children [M]. London: Swim Sonnensehein & Co., 1906.
[2] WELLS N M, EVANS G W. Nearby Nature: A Buffer of Life Stress Among Rural Children [J]. Environment and Behavior, 2003, 35（3）：311-330.
[3] 林昆仑，雍怡. 自然教育的起源、概念与实践 [J]. 世界林业研究，2022，35（2）：8-14.

美、情感、行为成长等方面均具有积极的促进作用。

此外,刘爱维等(2021)总结出人与自然互动能产生心理效益、生理效益、认知效益、社会效益、精神效益和有形效益六个方面的效益,如表1-2所示。每个方面都有其具体表现,自给自足的园艺种植能带来食物和收入,为维持生计而在私人土地上种植的现象在许多非洲城市十分普遍①。

表1-2 人与自然互动效益

积极效益	表现方式
心理效益	减缓压力、改善情绪、改善注意力缺陷障碍、改善多动障碍、增强自尊及提高主观幸福感
生理效益	降低血压和皮质醇水平、改善睡眠、增强免疫力、减少肥胖、减少疾病发生、提高健康感知的水平和降低死亡率
认知效益	减少精神疲劳、恢复注意力、提高执行任务的能力、改善青少年认知功能
社会效益	培养良好的邻里关系、促进跨种族互动、降低犯罪率和减少暴力、增强社会凝聚力、对环境保护和教育有积极影响
精神效益	增加灵感和对自然的敬畏感、增进精神福祉
有形效益	提供粮食、增加经济收入

数据来源:刘爱维等(2021)

2. 园艺教育场所价值

种植园地、自然角是儿童园艺教育的重要载体,对儿童的发展有着重要的作用。许红梅(2012)认为种植园地的价值主要体现在承担着以下角色:儿童科学探索能力起跑点;师生互动的桥梁;引发儿童主动探究的试验田;区域活动的资源库;儿童环保教育的重要场所②。园艺种植区对儿童的发展也起着重要的作用。张春美(2012)认为园艺区(种植园地)的价值主要体现在帮助儿童了解生命现象,增强儿童责任感,培养儿童的学习品质等方面③。王瑞珺(2020)认为自然角的作用与价值有:促进儿童新知识建构,提高儿童学业成绩,培养儿童的自尊心、自信心等,提升儿童的责任感与社交技能,帮助儿童养成健康的饮食习惯,提升儿童的生态素养等④。

3. 园艺活动价值

园艺活动具有疗愈作用,能促进儿童心理健康发展。园艺活动能够缓解儿童园艺焦

---

① 刘爱维,戴美琪,罗芬,等.城市森林中人与自然互动效益影响机制研究[J].林业经济,2021,43(10):52-65.
② 许红梅.我种植我快乐——浅谈种植园地在幼儿园教育中的重要性[J].长三角(教育),2012(7):78-79.
③ 张春美.园艺区的研究及对我国幼儿教育的启示[J].教育导刊(下半月),2012(12):89-91.
④ 王瑞珺.幼儿园自然角创设与利用的行动研究[D].长沙:湖南师范大学,2020.

虑的情绪，培养儿童的团队合作精神。① 已经有相当丰富的园艺疗法研究成果证明其对儿童心理治疗的作用。通过栽培植物、进行园艺操作等活动来达到促进个体身心、体能、精神康复等诸多目的，主要疗效体现在刺激感官、激发潜能、锻炼身心等方面②。

园艺活动促进儿童参与社会性技能的提升。园艺活动可以让儿童从无知到理解，从被动到主动，从单纯的消费到了解劳作的辛苦，愿意交流和乐于表达自己的观点。Relfren认为园艺活动可以提升儿童的社交能力③。李宜勇认为儿童参与园艺活动有三点好处：第一，潜移默化地增强了他们的认知能力，儿童的劳动得到认可，其自信心与成就感也会随之产生；第二，提高了儿童的合作和与人交流的能力，儿童在参与园艺活动的过程中，以"园艺活动"作为主题进行交流，儿童之间有了更多的共同语言，提高了合作能力。第三，儿童需要对自己栽种的植物负责，增强了儿童的责任感，满足了儿童社会性关系存在的需求④。近年来，实证研究也发现，校园内的园艺活动可以让儿童感受自然，学习劳动技能，激发学习兴趣，培养儿童自我意识，提高儿童智力与人际交往能力⑤。郭毓仁针对我国台北市某小学的儿童进行调查，发现该园以园艺快乐成长营社团活动安排了三种形式的园艺活动，通过活动多数儿童提升了园艺技能、改变了偏食的习惯，创造力有了显著提高，并促进了儿童智能的发展⑥。

在儿童园艺对儿童情绪的影响方面，方鸿华则通过团体讨论、分享、思考与体验园艺创作形式，对深圳市Z社区的10名9~12岁流动儿童进行了团体心理辅导，参与的儿童基本实现了释放压力、舒缓情绪、疏导心结以及提升对自身的情绪认知、情绪管理能力的预期目标⑦。

在食育方面，园艺教育可以解决营养教育的一些认识论局限，为儿童提供食物探索的工具，改善饮食结构，提高儿童血清视黄醇水平（水果和蔬菜摄入量增加的指标），降低肥胖率；在学业成绩方面，园艺为学习提供了机会，花园被用作多课程学习工具，用于教授传统学科，例如英语、数学、科学、艺术、音乐、营养、烹饪等；在生活技能方面，园艺能帮助儿童提高财商和社交能力；在心理健康方面，园艺能够帮助儿童减少

---

① 王国锋，罗娜.论园艺活动对某校4—6年级学生自我意识发展的影响[J].湖南第一师范学院学报，2020，20（5）：40-45.
② 魏子皓.城市儿童与康复花园[J].城市建设理论研究（电子版），2015（10）：2558-2559.
③ RELFREN. The role of plant and horticulture in human well-being and quality of life[J].People-plant Relationships，2001（1）：2-5.
④ 李宜勇.园艺疗法在儿童公益活动中的项目设计形式[J].现代园艺，2020（11）：11-12.
⑤ 刘彤.浅谈园艺疗法对青少年心理健康的影响[J].现代园艺，2020（12）：115-117.
⑥ 郭毓仁.利用园艺活动促进小学学童知识及行为之研究[J].台湾农学会报，2011（1）：18-26.
⑦ 方鸿华."园艺情绪治疗"在儿童社会工作中的探索[D].合肥：安徽大学，2019.

破坏行为，减轻压力，让儿童更加自尊、自信[1]。但是，也有实验研究表明，在有关学科中，学校花园并不总是对学生的学习有明确的积极影响，其有效性取决于四个因素：课程和特定的教学计划，基本教学方法，教师之间的合作与教学资源合理利用，花园学习与课程教学的融合[2]。因此，在认识花园的学习有诸多好处的同时，也应用辩证的视角来审视花园学习的价值，抓好花园教学的四个要素。

第二节 儿童园艺教育的思想源流

上一节主要对儿童园艺教育进行了概述性的介绍，我们可以发现儿童园艺教育在我国尚处于探索阶段，其发展背景、相关概念界定、原则、目标与意义等方面，多来自相关的教育理论。在实践层面，自然教育、环境教育、户外教育、森林教育、体验教育等都对儿童园艺教育的产生与发展产生了重要的影响，这些教育形式是儿童园艺教育的上下位概念或者相近概念，能为园艺教育的发展提供参考。

一、自然教育

自然教育强调学生在学习学科知识的同时提升自身科学探索能力、环境保护意识、创新思维等综合素养，从而实现全面发展。学生在亲近自然、感受自然、探索自然的过程中，产生对科学的兴趣和热爱，为其未来的科学研究和创新能力培养打下基础。通过接受自然教育，学生可了解生态系统的复杂性和人类与自然的相互关系，认识人类活动对环境的影响，进而积极探索可持续发展的途径和解决方案，为构建可持续的未来作出贡献[3]。

儿童园艺教育是自然教育的一种重要形式。与自然教育一样，儿童园艺教育多在户外自然环境中进行，强调儿童在活动过程中的参与和体验，因而自然教育中的很多理论与方法能够被创造性地运用于儿童园艺教育中。例如中国儿童中心发布的亲自然的50件事，鼓励和倡导全社会重视儿童与自然的互动，为儿童创设亲近自然的环境和条件。在这些亲自然的事件中，收集植物的种子或做植物标本、养植物、闻花的味道等事件，

---

[1] SOMERSET S, BALL R, FLETT M, et al. School-based community gardens: re-establishing healthy relationships with Food [J]. 2005, 12 (2): 9.

[2] CHRISTENSEN J H, WISTOFT K. Investigating the effectiveness of Subject-integrated school garden Teaching [J]. Journal of Outdoor and Environmental Education, 2019, 22 (3): 237–251.

[3] 张体. "双减"背景下我国自然教育体系的构建——评《自然教育理论与实践》[J]. 世界林业研究, 2023, 36 (5): 140–141.

都是儿童园艺教育的重要活动形式。在差异性方面,自然教育更加强调在自然环境中进行,园艺教育更加强调教育载体与植物相关联。而在幼儿园、小学校园情境下,校园绿地是自然教育、劳动教育实践的重要场所,如何更好地利用校园环境进行自然教育、园艺教育将是学校研究的重要议题。

二、环境教育

亨利·梭罗的《瓦尔登湖》一书表达了作者在大自然的静谧中寻找本真生活的理想[1]。蕾切尔·卡森撰写的《寂静的春天》一书,是近代生态文明的奠基之作。这本书中阐述了村庄的突变,明确揭示了农药所带来的巨大危害,并要求人们要正确看待人与自然的关系,建设生态文明[2]。这本书的出版,引起了人们对环境问题的重视,人们开始逐渐树立生态文明意识,保护生存环境。随后,米都斯撰写了《增长的极限》,书中提到:"地球资源是有限的,所以任何活动不能超出地球自身的承载能力[3]。"过去人类为了发展经济,对自然资源进行过度开发利用,导致自然界对人类的报复。因此,如今,人类应该合理利用自然资源,不能无限制地破坏自然,超出地球的承载能力,否则将会导致非常严重的后果。美国学者约瑟夫·当奈尔在其《与孩子共享自然》一书中,重点强调在环境保护中人类应承担的责任,并提出人类要树立生态责任意识。

环境教育是以跨学科活动为特征,以唤起受教育者的环境意识,使他们理解人类与环境的相互关系,发展解决环境问题的技能,树立正确的环境价值观与态度的一门教育科学[4]。在《中小学环境教育实施指南》中,环境教育的目标是:第一,引导学生关注家庭、社区、国家和全球面临的环境问题,正确认识个人、社会和自然之间相互依存的关系。第二,帮助学生获得人与环境和谐相处所需的知识和技能,养成有益于环境的情感、态度和价值观。第三,鼓励学生积极参与面向可持续发展的决策与行动,成为有社会实践能力和责任感的公民[5]。

儿童必须批判性地讨论有关社会和环境问题的解决方案,这促使学生反思他们对环

---

[1] 亨利·戴维·保罗.瓦尔登湖[M].潘庆舲,译.上海:上海译文出版社,2011:158.
[2] 蕾切尔·卡森.寂静的春天[M].吕瑞兰,李长生,译.上海:上海译文出版社,2011:15.
[3] 德内拉·梅多斯,乔根·兰德斯,丹尼斯·梅多斯,等.增长的极限[M].李宝恒,译.成都:四川人民出版社,1984:95.
[4] 陈福祥.环境教育:缘起、价值及其发展现状[J].河北企业,2014(8):98-99.
[5] 教育部.教育部关于印发《中小学环境教育实施指南(试行)》的通知[EB/OL].(2003-10-13)[2022-10-12].http://www.moe.gov.cn/srcsite/A06/s7053/200310/t20031013_181773.html.

境的态度，产生对花园的归属感和情感参与①。儿童园艺教育与环境教育存在着很多的共同点。①源于相似的背景，都是在基于生态环境遭到破坏，国家对生态文明日益重视的背景下产生的。②存在相似的目的，都有着解决生态环境的愿景。③在教学方式与内容上具有相似性。两者都能以正式教学活动的形式进行，例如和小学阶段的科学课程等学科课程融合，与综合实践活动、劳动教育等非学科课程相结合。环境教育有着悠久的发展历史，在我国一直备受关注。在儿童园艺教育当中如何创造性地利用环境教育的成果，如何以园艺教育的形式为儿童普及生态文明知识，培养儿童爱护环境的意识，有着重要的研究意义。尽管儿童园艺教育与环境教育有着很多相似性，但也存在细微的差别。园艺活动多以植物为载体，面向的主要是儿童，其涉及范围可以更窄一些。此外，在教育目的上，除了关注环境问题，儿童园艺教育更加注重的是儿童在这个过程中知识量的增长、身体素质的提升等方面。因此，在儿童园艺教育当中应该遵循适切性原则，有针对性地分析不同阶段儿童身心发展特点，促进儿童多方面发展。

三、森林教育

森林具有疗愈与康养作用，早在19世纪40年代初，德国率先推出了"地形疗法""自然健康疗法"和"气候疗法"，而后又有法国的"空气负离子浴"、俄罗斯的"芬多精"科学和韩国的"休养林构想"②。森林有着多方面的功能，包括调节局部小气候、减少噪声和空气污染等生态功能，以及为民众提供健身锻炼、休闲游憩等社会功能，在提升健康、生活质量和幸福感等人类福祉方面发挥着巨大作用③。森林教育作为一种自然教学的方式，起源于20世纪50年代的斯堪的纳维亚半岛，80年代已成为丹麦早期教育方案的组成部分，90年代中期丹麦森林幼儿园模式传入英国④。

森林教育是指在林地环境里，为儿童或青少年提供亲身体验的机会，以此来培养其自信心和自尊心的一种户外学习过程与实践。自21世纪开始，森林教育理念越来越受到各国政府和教育专家的关注与重视，目前国外比较流行的幼儿教育模式有蒙台梭利、瑞吉欧、福禄培尔、华德福、美国常青藤等，这些教育理念中都包含森林教育，即在自然环境中组织各种教学活动，让幼儿贴近大自然、呼吸新鲜空气，并体验其中的快乐，

---

① PARMER S M, SALISBURY-GLENNON J, SHANNON D, et al. School gardens: an experiential learning approach for a nutrition education program to increase fruit and vegetable knowledge, preference and consumption among second-grade students [J]. Journal of Nutrition Education and Behavior, 2009, 41 (3): 212-217.
② 郑群明. 日本森林保健旅游开发及研究进展 [J]. 林业经济问题, 2011, 31 (3): 275-278.
③ 王琛, 罗芬, 邹丽娟. 学前儿童森林意象感知模型与特征 [J]. 学前教育研究, 2020 (11): 29-42.
④ 陈勇, 万瑾. 森林教育: 构成、经验与启示 [J]. 外国教育研究, 2013, 40 (6): 53-58.

以达到锻炼幼儿身体素质、提高适应环境能力的目的①。这种教育方式能够提升其环境意识，促进社会的健康发展②。

森林教育与前文所提及的自然教育的相似之处在于：第一，教学方式多样化，同样遵循自然之道；第二，创设户外学习课程，让教育回归自然。

在教育理念、教育目的、制度保障、教育效果等层面，儿童园艺教育都能从森林教育当中汲取有益成果。

四、户外教育

儿童园艺教育常常发生在户外环境中，以户外活动为教学内容的教育，其目的在于发展人们在生活中的知识、技能和态度③。这种教育思想最初来源于自然学习，即儿童认识理解自然环境之中动植物的生活和生长形态，以实现儿童自主表达所见所闻能力为目标的教育。

户外教育对儿童的认知、行为、情感等方面具有积极的影响。在医学方面，参加户外活动对儿童的智力发展、社会技能和一般生活能力有促进作用，对儿童肥胖症、糖尿病、抑郁症等具有治疗作用④。在教育层面，教师普遍认同户外教育能为儿童提供重要的学习经历，从而促进儿童感觉器官和运动能力的发展，并激发他们的学习热情；提升儿童幸福感，增强他们对快乐的感知；促进儿童形成环境意识，使其获得有关生态保护的知识，逐渐培养其环境认同感⑤。

与传统的学校教育相比，户外教育具有独特的价值意蕴。与传统的课程教学相比，户外教育可以实现学习的多种样态，如合作学习、问题学习、项目学习、发现学习、探究学习等。其益处主要包括以下6个方面：让学习变得有趣；提高传统课堂教学质量；增进自我认知，促进非智力因素发展；为成绩不良儿童提供更多选择；帮助参与者缓解压力；提升心理健康程度和幸福感⑥。户外教育，在学习目标上具有生成性，在学习内容上具有跨学科性，在课程资源上具有多样性，这都能与传统的学校教育相互补充，对儿童的成长与发展起着不可或缺的作用。

---

① 夏海.如何正确认识幼儿教育模式——以幼儿园科学领域活动的开展为例[J].教育导刊（下半月），2017(4)：60-62.
② 陈勇，万瑾.森林教育：构成、经验与启示[J].外国教育研究，2013，40(6)：53-58.
③ FORD P. Outdoor education: definition and philosophy [J]. Resources in Education, 1986.
④ 谭玛丽，周方诚.适合儿童的公园与花园——儿童友好型公园的设计与研究[J].中国园林，2008(9)：43-48.
⑤ 翟俊卿，温蓓蕾，王西敏.教师眼中的户外教育：基于国外实证研究的述评[J].比较教育学报，2021(3)：77-90.
⑥ 何树彬.发达国家户外教育的价值意蕴与实践路径[J].上海教育科研，2021(3)：46-52.

户外园艺教育活动不仅发生在校园里、课堂中，还可以把户外教育的思想贯穿儿童生活的方方面面。可以尝试着把儿童的惯常生活地，如学校、社区、公园等场所打造成户外教室，将生活中的盈余物"变废为宝"，例如，用废弃的轮胎、浴缸等作为种植容器，种植多种多样的植物，使其成为儿童园艺教育的户外教学景观。在这里儿童可以观察植物的一生，了解植物的习性，学习与植物相关的土壤、水源、光照等多方面的知识，这是儿童学习生物、科学等学科知识的重要资源。

在户外教育中，社交戏剧游戏（socio dramatic play）是一种儿童与同龄人在社交互动背景下的戏剧性游戏，对促进儿童学习和发展具有重要作用。在社交戏剧游戏中，儿童利用想象力为经历过的事件赋予意义，通过积极的反思获得学习和发展的机会，因此，社交戏剧游戏的过程有助于儿童发展执行能力、语言识字能力，以及社交技能等。在复杂的社交戏剧游戏中，常见的是角色扮演，即孩子们扮演自己以外的人，并通过身体动作、情感行为和语言来扮演这个角色[1]。

户外教育在欧美国家已有上百年历史，其益处已在实践中被证实。在我国也鼓励学校多开设户外课程，推进开发符合我国教育标准的户外教育模式。可以预见，未来教师将会有更多机会带领学生开展户外儿童园艺教育活动。

五、体验式教育

蕾切尔·卡森说，对于自然世界，让儿童去学习知识远没有让他去体验重要。体验式教育起源于库尔特·汉恩的外展训练学校（outward bound），通过让儿童参加野外训练，提升其生存能力和人际交往能力，加强心理素质，完善人格，其宗旨是要教育现在的儿童在体验中学习进步。在教育原则基础上，体验式教育倡导的是：①以学生为主体的学习形式；②让学生参与教学活动；③采用实践探究式的教学方法；④强调学生要在生活中学习，积极地在生活中发掘学习的素材[2]。

大卫·库伯（David Kolb）认为学习不是内容的获得与传递，而是通过经验的转换从而创造知识的过程，并提出"体验式学习模型"。该模型包括具身体验、反思观察、抽象概括和主动检验四个连续循环所组成的学习过程。

儿童园艺教育与传统教育最大的差别就是其体验性，强调儿童在"做中学"，教育家卢梭在《爱弥儿》中说：儿童自然教育就是让儿童在自然的环境下感受自然的美好，

---

[1] ROBERTSON N, MORRISSEY A-M, MOORE D. From boats to bushes: environmental elements supportive of children's sociodramatic play outdoors [J]. Children's Geographies, 2020, 18（2）: 234-246.

[2] 罗晓霞. 体验式教育的原理与运用研究 [J]. 学子（理论版），2016（15）: 12-13.

在自然环境中自由生长和发展，不用受长者的过分约束，遵循自然规律在实践中学习。体验式教育也能从杜威"做中学"、陶行知的生活教育思想找到源流。

2016年国家林业局发布了《关于推进森林体验和森林养生发展的通知》，其中指出：要把加强对未成年人的自然教育作为森林体验的重点，结合对中小学生的自然教育要求，把森林旅游地建设成为对未成年人进行自然知识普及和生态道德建设的最生动的课堂。

我国除了上述提到的教育形式外，还出现了营地教育、生态文明教育、可持续发展教育等系列相关名词，这些概念存在一定的交叉性，但在年龄层、开展形式、活动地点、教育目的等方面又各有侧重，都是儿童园艺教育的重要形式。

第三节 国内外儿童园艺教育发展状况

一、国外儿童园艺教育发展状况

国外儿童园艺教育主要包括园艺区、学校花园、学校园艺或容器花园。园艺活动有着较为丰富的形式，如种植、浇水、除草、施肥、翻土和收获等。在园艺区中种植玉米、西红柿、洋葱、胡萝卜等常见的蔬菜[1]。此外，也有很多著名的儿童植物园，如英国皇家植物园邱园、美国莫顿树木园、纽约植物园、新加坡植物园、澳大利亚墨尔本皇家植物园等，为儿童开展园艺教育活动提供了教育场所[2]。值得注意的是，起源于欧洲的"学校花园"，在物资匮乏的"一战"和"二战"期间，因能为儿童提供新鲜有营养的食物而备受推崇。20世纪70年代，学校花园又为环境保护教育作出了巨大的贡献[3]。当今，学校花园作为一种跨学科的学习工具，能充分调动儿童的感官，让儿童成为主动学习者，让儿童去学习研究植物生长的每一个细节，并评价这种植物在人类历史中的作用。学校花园这一教学工具，在欧美已发展得比较成熟，且已越来越为很多学者所认可。

在世界各国有着相当多的政策法规指导与支持儿童园艺教育的发展，并在实践层面取得了一些成果。

---

[1] HERMANN J R, PARKER S P, BROWN B J, et al. After-school gardening improves children's reported vegetable intake and physical activity [J]. Journal of Nutrition Education and Behavior, 2006, 38（3）：201-202.
[2] 王西敏，何祖霞，胡永红.植物园的科学普及[M].北京：中国建筑工业出版社，2021.
[3] 冯文荣，李洁琼.学校花园：一种值得在中国推广的中小学健康教育理念[J].科教文汇（中旬刊），2015（2）：119-121.

（一）美国

在美国，园艺教育在学校教育中发挥着重要的作用，并提出了学校花园的教学策略。这种教学策略将花园作为教学资源和工具，基于花园开展各种任务、活动和项目，帮助教师通过积极正向的、有吸引力的、真实世界的经验，对学生进行跨学科融合教育[1]。

19世纪末美国建立第一座学校花园，学校花园的教育功能就一直在不断发展和深化。从一开始的自然学习、粮食补给、生产技能培训，到健康和营养教育、公民教育、道德教育、环境教育，再到跨学科融合教育，学校花园已成为美国中小学教育的重要组成部分[2]。

20世纪初，美国的学校花园得到了国家园艺和农业相关组织的大力支持[3]。1990年，美国国家研究委员会指出，"因为植物特别容易生长和照料，所以每个年级的学生都应该参与园艺项目，利用室外空间、窗台或盆栽种植"[4]。1995年，加州教育主管部门颁布了全美第一个学校花园政策"每个学校都有花园倡议"（Garden in Every School Initiative），旨在通过建立学校花园，创设丰富的教学环境，以此来丰富青少年的生态知识、锻炼劳动技能、提高学业成绩及提升环境意识等[5]。进入21世纪，人们并始对环境、经济、社会和教育可持续发展理念进行不断的探索和实践，越来越多的教育者认识到学校花园在可持续发展教育中的重要作用。自此，美国学校花园进入快速发展阶段，并得到社会各界广泛认可。

一段时间内，学校花园项目和相关课程激增，如波士顿学校庭院项目（Boston Schoolyards Initiative）、康奈尔花园学习项目（Garden-Based Learning Program at Cornell）、波特兰学校花园实验室（Learning Gardens Laboratory in Portland）、旧金山绿色校园联盟（San Francisco Green Schoolyard Alliance）、伯克利可食用校园项目（Edible Schoolyard in

---

[1] UNESCO INTERNATIONAL INSTITUTE FOR EDUCATIONAL PLANNING. Revisiting garden-based learning in basic education [R]. Paris: UNESCO, 2015.

[2] CHRISTENSEN J H, WISTOFT K. Investigating the effectiveness of subject-integrated school garden teaching [J]. Journal of Outdoor and Environmental Education, 2019, 22 (3): 237-251.

[3] UC FOOD OBSERVER. A history of school gardens [EB/OL]. [2020-05-28]. http://ucfoodobserver.com/2015/05/06/a-history-ofschool-gardens-and-how-the-model-is-getting-a-boost-today-from-food-corps/.

[4] NATIONAL RESEARCH COUNCIL. Fulfilling the promise: biology education in the nation's schools [M]. New York: National Academies Press, 1990: 14.

[5] GARDNER K. Exploring New York City school gardens: the development of the school garden integration framework and strategies of operationalization by well-integrated gardens using a sequential, transformative mixed methods approach [D]. Unpublished PhD Theses. New York: Columbia University, 2015: 20.

Berkeley)、4-H 青年花园项目（4-H Youth Garden Programs）等[①]。2011年5月，美国联邦教育部启动了"绿丝带学校计划"（Green Ribbon Schools），该计划围绕降低环境影响以缩减费用支出、改善师生健康状况、提供有效的环境与可持续发展教育三大支柱领域制定标准框架。在四年的实施过程中，该计划为儿童学习体验、教师工作环境、学校发展路径带来了积极变化[②]。

美国社区园艺协会（ACGA）组织社区居民建设"社区花园"，利用园艺手段，促进社区发展，在美化社区环境的同时，也创造了休闲机会来提高居民的生活质量。通过社区花园的劳作，当地儿童获得种菜养护的技能，增加了与自然互动的机会，培养了"生态公民意识"[③]。美国纽约布鲁克林植物园开发了儿童花园课程，包括种植活动、土壤接触活动、堆肥等[④]。在这个过程中儿童体会了可持续生态农业理念、体会种植的快乐、了解土壤的成分和特性，并掌握了农作工具的使用。

（二）英国

英国份地花园（allotment garden）是指分配小块土地用于农艺和园艺，这让个人在城市化过程中也有获得土地进行耕种的权利。份地是简单生活的象征，并且使"田园诗意栖居"的理想成为现实，花园不仅能进行休闲娱乐，提供新鲜健康的食物，还可以进行体力劳作、呼吸新鲜空气和亲近自然环境，对身心健康有益。有关化学残留物与食品安全、土壤侵蚀与森林砍伐、生物多样性，还有过度包装与化石运输成本等相关话题，吸引了新一代的份地花园园丁——一群渴望某种程度的自给自足、坚持环保理念的理想主义的份地持有者。份地花园也因体现了英国政府强调的所有4个优先领域而被多个地方政府纳入地方21世纪议程[⑤]。

邱园是英国著名的花园。《邱园探宗：改变世界的花园》（*The Garden that Changed the World*）对邱园的起源，相关的政治，以及它在英国乃至全世界的重要地位进行了详细解说。在邱园中也有针对不同年龄阶段的儿童园艺课程，分为在校生课程和日常科普课程，内容涵盖了与学制紧密结合的课程、儿童在惯常居住地的自然科学探索、主题花园等[⑥]。2019年5月18日，邱园开放了专为2~12岁儿童设计的新儿童花园，这里是专门用于娱乐、探索、玩耍和学习的空间，结合了园艺设计、科学和自然，强调其作为一

---

① WILLIAMS D R, DIXON P S. Impact of garden-based learning on academic outcomes in schools: synthesis of research between 1990 and 2010 [J]. Review of Educational Research, 2013, 83（2）：211-235.
② 王俊. 美国"绿丝带学校"计划解析 [J]. 世界教育信息，2015，28（16）：12-16.
③ 王璇，吕攀，王雪琪，等. 儿童友好型社区户外游戏空间营造研究 [J]. 中国园林，2021，37（S1）：62-67.
④ 谢纬航，潘建非. 英美植物园儿童环境教育体系建构案例解析 [J]. 广东园林，2019，41（5）：13-17.
⑤ 钱静. 英国份地花园的历史与未来 [J]. 中国园林，2010，26（12）：72-76.
⑥ 谢纬航，潘建非. 英美植物园儿童环境教育体系建构案例解析 [J]. 广东园林，2019，41（5）：13-17.

个游乐花园而不是传统的游乐场,儿童可以在玩耍和探索中培养对自然、植物和户外活动的热爱。

(三)日本

日本文部省在2014年的《幼儿园设施标准》中对幼儿园户外设施设备的创设进行了明确规定。在日本的幼儿园区中,绿化带部分必须有树木、盆栽、草坪、花坛、篱笆,并对其存在的目的、原因、位置等作介绍,幼儿园里一般都会栽种一些花草,如向日葵、一串红等[①]。在户外活动环境方面,注重取材于自然,园内的树木、花卉、溪流、草坪、泥塘大部分都来自自然。而且,幼儿园的户外大型活动器具多以原木色为主,场地以细沙铺设,还建有动植物区、沙场、水池等与自然相融合的区域,更加强了幼儿与自然的交往体验[②]。

此外,受城市化进程的影响,日本人饮食结构发生变化,同时本土耕地大大减少,食农教育在日本小学校园广泛实施。每一个小学校园都在推广校园农场建设,让学生和教师共同耕种一些日常的蔬菜水果等,用最绿色的方式种植放心的蔬菜,最后获得的粮食都用于校园餐厅的供应,这样一来学生不仅可以亲近自然,学到关于农耕的知识,还可以吃到最放心的蔬菜,体会"粒粒皆辛苦"的含义。此外学校还设立了体验农村生活的活动,让学生们与当地的居民进行交流学习,从而锻炼其心智[③]。

(四)德国

在德国,园艺教育在很早就以法律的形式存在。1811年,普鲁士建立了包括园艺在内的第一个义务教育体系。1869年,学校花园正式立法;伊拉斯谟·施瓦布受雇执行这项法律,并于1871年出版了《公立学校花园》,强调自然科学、农业和职业科学可以在花园里学习。法律政策的出台和出版物的发行都为德国园艺教育的发展提供了支持。

此外,园艺教育常常出现在森林学校中,德国是森林教育起步很早的国家。早在1881年,德国就提出了建立森林学校,其目的是辅导和帮助长期疗养的"病童"提高学业。1904年,德国建立了第一所森林学校,学校是全日制的,招收的学生都是身患疾病的儿童。学校的办学理念是用游戏和活动方式来促进学生的身心健康,同时兼顾他们学业的发展。随着时间的推移,德国的森林学校发展愈加成熟,形成了相对稳定的教学模式。德国的森林学校多采用小班化教学,注重有针对性地开展个别辅导,强调对学

---

① 余碧君.我所见到的日本幼儿园的环境和设备[J].早期教育,1988(1):37.
② 姜凤姣.日本幼儿园户外活动现状及启示[J].大连教育学院学报,2016,32(2):44-46.
③ 张姣姣.基于生态认知教育的校园景观设计——以校园生产性景观为例[J].设计,2021,34(9):64-67.

生多赞扬与鼓励，并在学习和休息之间适度地安排各种活动，游戏教师给予孩子充分的自由空间，教他们学会自主[①]。已有多项研究表明，园艺教育活动对儿童具有疗愈性，对教学有很好的促进作用等。

市民农园也最先在德国兴起，同时德国也是世界上最早制定市民农园法律的国家。德国医生兼教育家施雷贝尔（Daniel G. M. Schreber，1808—1861）主张在工人区为工人子弟修建儿童游戏和活动场地，为贫穷家庭孩子的健康成长和接受大自然教育创造有利条件。农园应当作为孩子游戏和运动的场所，让儿童亲自去种植水果和蔬菜。他将这一主张落地，率先在医院里为患者开辟出带苗圃的花园，还设置了运动场所[②]。

（五）澳大利亚

在澳大利亚，学校花园被认为是与教育课程相结合的理想场所[③]。近年来，在澳大利亚以学校为基础的花园和园艺项目备受欢迎，这些项目关注儿童的健康和营养教育，制定了儿童参与的"以自然为基础的教育"模式。其中最有名的就是成立于2005年的斯蒂芬妮·亚历山大厨房花园基金会（Stephanie Alexander Kitchen Garden Foundation），它为项目的建设和雇用兼职厨师及园艺专家的经费提供资助。将每个学校的花园生产与厨房活动相结合，以促进学生们的"成长、收获、准备和分享"。其他以学校为基础的花园通过社区群体（如社区园艺组织）等也在积极发展，他们通过推进学校花园的开发、制订教学计划和以厨房为基础的活动来开展"食用课堂"计划。许多学校在少量外部资金或没有支持的情况下也自主进行了学校花园项目。墨尔本城外的帕奇学校花园（The Patch School Garden）就是一个例子，在当地社区的配合下，通过3年的努力，学生自己设计并建立了一个0.5 hm^2（公顷）的生产性花园[④]。

除了食育，园艺教育活动也用于可持续发展教育的活动中。2010年5月澳大利亚联邦政府颁布《可持续发展课程框架》，该框架依据可持续发展行动过程、生态和人类系统的知识、实践的指令系统三大结构对可持续发展课程进行了描述[⑤]。这一框架也体现了园艺教育中生态、生物学等多方面的知识，是一种跨学科、渗透式的学习方式。

（六）新西兰

在新西兰，花园学习因被认为符合当前社会、文化和政治的需求而广受欢迎。因

---

① 汪清锐. 德国森林体验教育综述［J］. 林业科技情报，2018，50（2）：10-13.
② 陈芳，冯革群. 德国市民农园的历史发展及现代启示［J］. 国际城市规划，2008，（2）：78-82.
③ DESMOND D, GRIESHOP J, SUBRAMANIAM A. Revisiting garden-based learning in basic education［M］. Rome: Food and Agriculture Organization of the United Nations, 2004: 19.
④ 约翰·雷纳，史蒂芬·韦尔斯，林冬青，等. 澳大利亚的园艺疗法［J］. 中国园林，2009，25（7）：7-12.
⑤ 张建珍. 澳大利亚《可持续发展课程框架》的特点与启示［J］. 课程·教材·教法，2011，31（4）：97-103.

此，诸如"花园到餐桌""本地化食品项目""学校水果"和"环境学校"等项目开始在新西兰各地学校中实施。以"花园到餐桌"（G2T）项目为例，新西兰研究者以PCK（Pedagogical Content Knowledge）模型为基础，探究教师对花园课程的实践模式[①]。

综合上述，虽然世界各国园艺教育形式多种多样，但也存在着相似性。世界各国都意识到了儿童园艺教育的重要性，相继出台了相关的政策法规对儿童园艺教育指导和支持。在实践层面，在学校花园、儿童植物园等场所进行园艺教育活动环境的创设，并推出相关课程与项目进行园艺种植活动等的实践，在实践中取得了丰硕的成果。但是世界各国的国情存在差别，在我国我们要对儿童园艺教育的价值有更多的认识，让更多的儿童参与园艺教育活动，结合中国特色打造在地化的儿童园艺教育。

二、国内儿童园艺教育发展状况

（一）国内儿童园艺活动发展概况

当前环境问题和食品安全问题备受人们关注。园艺种植活动是一种亲环境行为，如果能够以恰当的方式引导教育儿童，他们就有可能在这种体验式活动的浸润下，反思人类活动对环境的影响，从而形成长效的环境支持行为。儿童也因此对生态文明、可持续发展有更深刻的认识，并将这种亲环境行为在日常生活中亲身实践。此外，园艺种植活动主要以生产自食蔬菜为目的，与市场注重生产效率、以营利为导向的目标不同，主要倡导无农药、无化肥，生产出健康有机的蔬菜。在儿童小小的心灵中播种"有机""生态"的种子，那么在未来儿童会更倾向于食用自食蔬菜，更加关注食品安全问题。

有不少热门视频里呈现的那些乡村生活，诸如播种、收割、腌渍、弹棉花、养蚕、发酵……很多画面，给人们带来的不仅是视觉上的享受，更是记录了草木枯荣，让孩子跟着视频熟悉各种自然规律，实在是再好不过的自然课了。特别是对于不少从小生长在城市里的孩子来说，这些更是让人大开眼界的生活经验。不少成人也想要复归田园，成为"诗意栖居者"。比如李子柒视频的走红，也从另外一个侧面说明园艺教育活动，对于受众是有巨大吸引力的。事实上，国内也出现了与园艺相关的活动，如都市农业、生产性景观、菜园、生态农业、社区花园、社区支持农业等。

儿童亲社会行为的培养，一直是儿童教育领域的热点话题。儿童园艺活动就是一种很好的培养亲社会行为的方法。青少年对亲自然活动和自然互动活动的主观喜欢程度与情绪症状、品行问题、多动注意力问题和同伴交往问题存在显著负相关，而与亲社会行

---

① 石烨.学习花园：培育学生综合素养的户外课堂[J].上海教育，2021（32）：7-10.

为呈显著正相关[1]。儿童园艺活动不只是一种让儿童与自然亲近的过程，还是儿童与儿童、儿童与教师、儿童与家长互动交往的过程。在园艺种植活动中，儿童一起耕种、拔草、施肥等，这对于培养儿童的合作精神，与同伴建立良好的关系具有重要作用。

（二）国内儿童园艺教育资源

1. 花卉文化

中国人自古就喜爱花，对花有着深厚的感情。早在 7000 多年前的新石器时代，河姆渡人就已培植荷花、金粟兰及香蒲作为观赏植物。在漫长的社会历史发展过程中，花贯穿整个中国文化的发展历史，形成了在世界文化殿堂占有一席之地的中国花文化。花卉文化对中国的文学、绘画、宗教等都产生了深远的影响。"花中四君子"的梅、竹、兰、菊所蕴含的丰富文化内涵体现了花卉文化的博大精深。其中，梅象征着坚韧不拔的人格；竹象征着不与世俗同流合污的高雅之士；兰象征着谦谦君子；菊象征着傲然不屈的高尚品格[2]。对儿童进行花卉文化教育的过程，也是帮助儿童了解花的"品格"，塑造良好个性品质的过程。

此外，我国还涌现出了不少相关的纪录片作品，如《花开中国》，该片呈现了中国花卉园艺的历史、技术与景观，揭示了以花卉园艺为内核、面向自然的传统生活美学和生态价值观，并以花为媒，向世界传播了中国文化理念与价值观念[3]。该纪录片的拍摄行程覆盖了中国 21 个省、自治区、直辖市，还深度调研及拍摄走访了英国、法国、美国、日本、荷兰等国家近 20 个城市，探索中国花卉文化的传播发展历程。这部纪录片选择了 5 种中国人耳熟能详的花卉：茶花、杜鹃、月季、菊花和牡丹。从山野到园林，从中国到世界，花虽无言，却用美连接起不同地域的文化和生活。让儿童观看花卉园艺纪录片，对于儿童是一种良好的熏陶，有利于儿童形成正确的审美观。

近年来，花卉文化不断发展壮大，花卉所蕴含的丰富文化内涵也逐步为人们所认识。弘扬花卉文化，普及花卉知识，不仅有利于增进儿童对花卉文化的了解，还有利于儿童追求更加丰富、更高品质的生活，更有利于儿童修身养性、陶冶情操，能够让儿童在欣赏花卉的同时尽情感受花卉文化的无限魅力[4]。

2. 园林文化

儒家思想、道家思想和禅宗思想都对中国园林产生了深刻的影响。古典园林中的这

---

[1] 陈晓, 王博, 陈立羽, 等. 珠海市青少年群体亲近自然情况调查及其与心理健康的关系 [J]. 中国健康心理学杂志, 2017, 25（2）: 307-314.
[2] 马艳梅, 王晓飞. 中国花卉文化初探 [J]. 安徽农学通报, 2015, 21（14）: 78-79.
[3] 鲍燕萍, 陈敏南.《花开中国》中国园艺美学的呈现与传播 [J]. 当代电视, 2021（5）: 76-79.
[4] 马艳梅, 王晓飞. 中国花卉文化初探 [J]. 安徽农学通报, 2015, 21（14）: 78-79.

种具有古代中国人审美特征的园林自然观，造型和色彩上的视觉感受可以给儿童带来良好的审美体验。中国园林艺术的造景手法有借景、对景、点景、隔景、框景、夹景、障景和添景等，巧妙地利用造景手法，可以形成清新唯美的园艺景致。在儿童园艺教育中教师如果能够讲授园艺造景知识，这对于打造儿童友好的教学景观是非常有益的。此外，运用通俗易懂的语言教儿童造景知识，也有助于儿童更好地理解传统文化、培养审美意识、进行艺术创造启蒙。此外，园林艺术对人的生活环境的调节也有重要的价值[①②]。这对儿童的审美和人生观的树立有着重要的价值。

3. 农耕文化

农耕文化是指我国在长期的农耕实践中积累的农耕思想及与之相适应的民族性格、社会心理的时代性综合文化，倾向于在科学认识、发挥农业作用的同时，开放性培育优秀传统农耕精神的时代意义[③]。传统农耕文化是国学教育的重要内容。实施中华传统农耕文化教育，对于继承和弘扬中华优秀传统文化，助力乡村振兴战略的实施有助益作用。伴随开心农场网游的风靡，许多沉迷网络偷菜的孩子在现实中却五谷不分，一些学校专门开辟"学农基地"，种植瓜菜蔬果，对学生进行农耕文化教育。学校菜园全部由学生自己打理，翻耕、播种、浇水、除草都是由学生自己完成，使孩子们在"汗滴禾下土"的耕耘中体验到收获的喜悦和劳动的快乐[④]。

校园园艺与农耕文化的结合，让学生不仅学到了平时课堂中学不到的知识，提高了社会劳动实践能力，也改变了对农业劳动的传统认识，学生的身心素质得到了有效的锻炼和提高。中国的农耕文化反映了中华民族对人与自然之间的关系、规律的认识与把握，是农村社会的主要文化形态和主要精神资源；农耕文化是中国劳动人民几千年生产生活的实践，也是以不同形式延续至今的精华，具有"应时、取宜、守则、和谐"的哲学意蕴[⑤]。中国在长期的农业生产实践中积累了丰富的农耕经验，《齐民要术》《农政全书》等文化典籍，都是中华传统农耕文化的见证。儿童在解决实际农耕难题时可以从这些传世之作中窥探祖先的智慧，借以增长自己的智慧。在农耕过程中儿童能体会到劳动的艰辛，勤四体食五谷，明白自力更生、艰苦奋斗、勤俭节约的含义。

---

① 刘乾先，董莲池，张玉春，等. 中华文明实录［M］. 哈尔滨：黑龙江人民出版社，2002.
② 吴隽宇，肖艺. 从中国传统文化观看中国园林［J］. 中国园林，2001（3）：85-87.
③ 王笑，江明辉. 特色校园文化视域内农耕文化的概念与时代价值［J］. 山东农业工程学院学报，2020，37（6）：83-85.
④ 王秀艳. 人本、生态、和谐——论中国当代的都市农耕体验［J］. 北京农业，2013（23）：26-29.
⑤ 夏学禹. 论中国农耕文化的价值及传承途径［J］. 古今农业，2010（3）：88-98.

4. 诗词文化

中国有着如此丰富的园艺教育资源，这也是优秀传统文化的一种体现。在儿童园艺教育中要强调季节、节律的重要性，注重儿童在种植操作中的规则性与秩序性的培养，追求儿童与自然、与人、与社会之间的和谐相处，促进幼儿的身心发展[①]。儿童作为中华文化的传承人，应该从小就给他们播种热爱自然、热爱园艺的"种子"，使儿童在成长过程中牢固树立"绿水青山就是金山银山的理念"。与园艺有关且适合儿童阅读和学习的内容有很多，这些经典诗文对提高儿童的文化素养及培养良好的道德品质和行为习惯都很有帮助[②]。例如：

"我家洗砚池头树，朵朵花开淡墨痕。不要人夸好颜色，只留清气满乾坤。"

"咬定青山不放松，立根原在破岩中。千磨万击还坚劲，任尔东西南北风。"

"停车坐爱枫林晚，霜叶红于二月花。"

在这些我们耳熟能详的古诗词当中，都表达了对园艺植物的欣赏与赞美。儿童通过参与校园园艺活动，能够与植物进行亲密接触，在对古诗词句有了更深刻理解的同时，对园艺植物、对大自然也有了更多的热爱。

此外，也可以从国外的文学作品中找素材。例如，《莎士比亚植物诗》总体介绍了莎士比亚的植物情缘、莎士比亚时代的植物学发展，之后全书以名物分类为导向，综合梳理莎士比亚戏剧中不同分幕的名物诗歌作品。书中囊括了莎士比亚文学作品中的175种植物，在植物描写中莎士比亚运用了隐喻、双关、象征和典故等多种写作手法，这对儿童来说既是很好的植物科普，又是提高文学素养的极佳材料。就如书中所说："植物能说话，奔腾的溪水像书本，石头蕴含道理，万物都有其益处。"让儿童能够从大自然中汲取智慧，从诗词文化中领略植物之美，在儿童心里播种下一颗热爱植物、热爱文学的种子。

5. 中医药文化

中医药学凝聚着深邃的中华哲学智慧和中华民族几千年的健康养生理念及实践经验，是中国古代科学的瑰宝。在校园中开设中草药生态的儿童园艺教育课程，其课程内容涵盖药用植物种植、药用植物品鉴、药用植物自然笔记、药用植物标本制作四方面的内容，学生从种植到认识品鉴中草药的学习过程，其实就是在将园艺教育与医学领域延伸融合，真正实现园艺教育的功能性作用，让学生从小接受中医药文化教育，做中华传

---

① 杨露露.幼儿园"自然园艺"园本课程实施的个案研究[D].洛阳：洛阳师范学院，2020.
② 王维君.城市"花文化"背景下小学园艺综合实践活动课程开发的初步探索[J].中国校外教育，2020(19)：79，81.

统文化的接班人①。

在校园情境下，在专业教师指导下，中医药文化的相关课程能激发学生对中草药的兴趣，增加学生对中草药的药用、食用和观赏价值的认知。在教学过程中，可以从"望、闻、碰、尝"等感官体验来选择适合学生感知和认知的模块植物②。为学生介绍中草药的生长习性与药用价值，并进行采集和使用的体验活动，由此来丰富学生的中草药知识。除此之外，在校园中建设小药园，能为学生"动手种植药材—观察药材生长特性—享受收获成果—了解药材功效"提供场所。

这些经验告诉我们在校园中建设小药园应该结合学生认知特点、贴近学生生活，让小药园成为学生的乐园，成为学生享受中医药文化浸润的家园。在校园情境，也许缺乏有中医药学术背景的教师，但学校也可以依托高校、科研院所提供的智库支持，从而丰富学生对中医药知识的认知。

---

① 黄美芳.学科融合视域下种植课程研究——基于深圳市龙华区玉龙学校的实践探索［J］.中国教育学刊，2020，（12）：61-63.
② 李清缘，罗蔚榕，陈静.华容道上的药草——植物科普认知融入儿童寓教于乐［J］.园林，2018（11）：48-51.

第二章 儿童园艺教育与心理学

儿童参与园艺活动是外显的，能被大众感知到的，但是在参与活动的过程中，是不是还伴随着内心认知活动的发展？通过参与园艺活动会促进哪些认知和社会技能的提升？上述问题与儿童心理学息息相关，因而在本章中，首先，从心理学角度分析儿童参与园艺活动的作用。其次，掌握儿童一般心理发展规律，也可以学习如何将心理学部分知识应用在儿童教育中。最后，介绍当前儿童园艺与心理学领域的结合应用，即将儿童园艺引入孤独症儿童治疗，探究儿童园艺的医疗意义。

第一节 园艺活动对儿童的指导意义

一、促进多元智能发展

在本节中，主要从美国心理学家霍华德·加德纳所提出的多元智能理论（The Theory of Multiple Intelligences）角度，来阐述儿童参与园艺活动的意义。该理论由霍华德·加德纳在20世纪80年代，基于反对当时只注重儿童语言和数学逻辑思维的智商测试的背景，从而提出全新的智能结构理论，分为言语语言智能、数理逻辑智能、视觉空间智能、音乐韵律智能、身体运动智能、人际沟通智能、自我认识智能、自然观察智能[①]。霍华德·加德纳认为以上某种智能也可以进行侧重发展，比如一些音乐天才或者数学神童，但是对大多数人而言，是不同智能呈现的不同比例的组合发展，从而创造了人类智能的多样性。

（一）促进视觉-空间智能发展

根据霍华德·加德纳早期对视觉-空间智能的研究，人类对于空间位置的判断，是由大脑的右半叶来控制，如果大脑的右半部分受损，就会失去辨别空间的能力[②]。视觉-

---

① 钟志贤. 多元智能理论与教育技术［J］. 电化教育研究，2004（3）：7-11.
② 霍华德·加德纳. 多元智能［M］. 沈致隆，译. 北京：新华出版社，1999.

空间智能则是集中了相关技能，包括视觉辨别、再认知、投射、心理图像等，每个个体都可能拥有或表现出上述技能的部分或全部。视觉－空间智能是获取、处理和呈现信息的基本方式，在促进心智模式方面，不同于通常的语言模式。

基于上述理论，儿童开展园艺活动也是学习管理花园的过程。例如：各种盆栽的摆放、种植区域的合理规划，以及花园的养护，都需要儿童发挥视觉－空间智能。在这个过程中儿童会通过植物的形状、颜色来认识这个世界，感知世界；搬运后的物体按照个人喜好摆放，建立对事物的空间位置感；通过观察植物的横纵枝叶结构，逐步建立良好的秩序关系，并最终形成个体的视觉－空间记忆，让儿童更有效地回想和储存先前活动的事实与经验[1]。

（二）提升身体运动智能

霍华德·加德纳最开始在探究身体运动方面的智能时，会研究一些身体运动方面的极端案例，例如一些天才型的运动员。在大脑分析研究中，身体运动是由大脑的运动神经皮层来控制，大脑的左右半球分别控制另一半身体的运动，例如对于一个惯用右手的人，支配部位通常为大脑的左半球，从事特定的身体运动，确实有利于人类对工具的使用。具体到儿童身上，身体运动智能就是儿童能对自己身体达到的平衡、协调与控制，并且也能够通过运用一些肢体动作来实现自己的情感表达。

在参与园艺活动的过程中，对儿童身体运动智能的提升主要表现在以下方面。从整体来看，园艺作为实践性活动，应满足儿童在这一年龄阶段好奇、活泼、爱动的特点，因而整个园艺过程通过手、脚等各个肢体部位支配整体活动，促使儿童主动、积极地观察、体验、思考和探究，而这些能力也可以被运用在以后的生活实践中[2]。另外，从微观角度来看，不同身体部位的重复训练也能促进儿童特定能力的发展，例如奔跑跳跃等动作，可以发展儿童耐力，促进心血管与呼吸系统的发育；涉及的转身跳、侧向跳跃的动作能够训练腿部力量；精细的手部动作，能提高手指的灵敏度；标记绘画，能锻炼儿童上肢和手部活动的速度和灵敏度，也能促进手部的精细活动发展[3]。

（三）提高自然观察智能

自然观察智能是霍华德·加德纳教授在1995年提出的，并将其作为在此前已经提出的七种智能的补充，正式将其列为第八种智能。加德纳教授认为自然观察智能体现在对动植物的辨识分析能力上，具体表现为照料、饲养或者敏锐地与各种生物互动。这种

---

[1] 姚璐. 基于视觉－空间智能的中班幼儿绘画研究［D］. 深圳：深圳大学，2018.
[2] 熊曦. 不可忽视的舞蹈教学与身体——动觉智能［J］. 四川戏剧，2013（8）：150-151.
[3] 魏文俊. 4—5岁幼儿身体运动智能培养的实验研究［D］. 西安：西安体育学院，2017.

自然观察的能力在不同职业会有不同呈现,有时甚至可以体现在与自然方面毫不沾边的能力上,比如根据发动车声音来分辨汽车,在科学实验室发现新模式等[①]。

儿童参与园艺活动可直接促进自然智能的发展,儿童天生就有探索自然世界的倾向。儿童在开展园艺活动时,通过对植物的茎叶、果实等进行观察,记录和比较植物生长的习性和特点,了解不同环境、不同季节、不同生长条件下植物的状况,可以有效提升儿童的观察能力、比较能力和思维能力[②]。

二、促进儿童社会化的发展

儿童社会化(children sociality)是指儿童在一定社会条件下逐渐独立掌握社会规范、正确处理人际关系、妥善自治、适应社会需要的发展变化。如果发展顺利,就会在未来掌握社会发展的各种技能,在社会中找准自己的定位[③]。社会行为分为积极的亲社会行为与消极的破坏性、攻击性行为。结合儿童的生长环境考虑,儿童阶段,最亲密接触的就是家庭和学校。所以,家庭中积极的亲子关系与家庭教养会促进儿童亲社会行为的发展,反之则导致破坏性、攻击性行为的出现,学校也类似。具体表现在如下层面:

(一)促进儿童亲社会行为的发生

亲社会行为是指符合社会期望,对他人、群体及社会有益的行为,例如帮助、分享和安慰行为[④],这种行为具有利他性,同时也具有社交性。儿童的亲社会行为受自身内部动机和外部刺激,内部动机包括儿童出于个人意愿,包括移情、自主选择、对他人的内疚以及对他人的感激,进而引发的亲社会行为;外部动机主要是顺从成年人的权威、出于对他人的互惠期待以及声誉的考量[⑤]。

园艺活动可以在很多方面促使儿童出现亲社会行为,例如一棵小树苗受伤,儿童表现出来的安慰情绪,收获果实时儿童展示出来的合作,与他人互相帮助、相互分享,上述儿童亲社会行为都能在园艺活动中展示出来。在亲密的互动中,儿童逐步学会了分享、与他人合作、互助等社会化行为,并可将其迁移在其他社会场景中,从而展现出更多的亲社会行为[⑥]。

---

① 加德纳,霍力岩.智力的重构:21世纪的多元智力[M].北京:中国轻工业出版社,2004.
② 虞永平.日常生活、游戏中幼儿自然观察者智能的培养[J].早期教育,2006(11):4-5.
③ 戴军.父母教养方式与幼儿社会化行为的个案研究[D].兰州:西北师范大学,2009.
④ 寇彧,王磊.儿童亲社会行为及其干预研究述评[J].心理发展与教育,2003(4):86-91.
⑤ 岑延远.基于自我决定理论的学习动机分析[J].教育评论,2012(4):42-44.
⑥ 郑庆友,卢宁.幼儿父母陪伴自尊和亲社会行为的关系[J],2016,37(1):71-73,77.

（二）培养社会能力

当前对"社会能力"还没有统一的概念，学者主要从技能取向、结果取向和综合取向三个角度定义。首先，技能取向方面，学者认为社会能力就是个人学习到的各种具体的社会技能，而社会技能是指个体在特定的社会情境中，运用已有的社会知识，与他人进行积极交往以实现互动目标的行为方式①。但是，该类的解释将社会能力等同于某些社会技能，过于狭隘，也有学者已经对两者的区别进行了研究。其次，在结果取向方面，学者们所作出的定义，也主要以个体所作的行为结果为标准来看个人是否具有社会能力，如果一个人实现了自己的目标，得到了较好的发展，我们就认为其有社会能力②。但是目前学界对于行为的结果缺少统一的标准，多数是主观性的评价，缺少量化的评价标准。最后，在综合取向方面，相关学者将技能和结果取向进行结合，认为社会能力者在不同的社会情境中，掌握有效应对情景技能，并实现个体良好发展的能力③，该观点弥补了技能取向与结果取向的不足④。

儿童社会能力的发展有诸多益处，一方面，社会能力的发展有助于儿童社会创造性的提升，在园艺活动中，儿童在管理动植物的过程中会产生许多新的想法，并将这种想象与创造力应用在生活的各方面。另一方面，儿童发展社会能力还可以有效降低孤独感，在儿童发展早期，社会能力缺乏的儿童往往不能顺利发起交往活动并维持友谊，经常游离于同伴群体之外，导致其同伴关系差，产生孤独感，而这种孤独感反过来会影响其社会技能的获得⑤，宁可独处，远离社交群体，这样就会导致可能会错过与同伴互动、模仿和学习社会技能的机会，进一步限制了其社会能力的发展⑥，形成一种恶性循环，但是在园艺中，儿童通过小组活动，彼此之间开展交流与合作，在完成园艺任务的同时，与伙伴共同玩耍，收获友谊，提升社会能力，降低孤独感。

（三）促进儿童自我整合

儿童自我理论与动机息息相关，儿童对于"自我"的认知，能够有效激发个体动

---

① 王美芳.儿童社会技能的发展与培养［M］.北京：华文出版社，2003.
② FORD, MARTIN E. Social cognition and social competence in adolescence［J］.Developmental Psychology, 1982, 18（3）：323-340.
③ 刘艳，邹泓.武汉地区大学生社会能力的结构及其问卷编制［J］.心理学报，2005（4）：502-510.
④ 张静，田录梅，张文新.社会能力：概念分析与模型建构［J］.心理科学进展，2012，20（12）：1991-2000.
⑤ 王英杰，杨婷婷，李燕.学前儿童社会技能与孤独感的交叉滞后分析［J］.中国临床心理学杂志，2019，27（6）：1215-1219.
⑥ QUALTER P, VANHALST J, HARRIS R, et al. Loneliness across the life span［J］.Perspectives on Psychological Science A Journal of the Association for Psychological Science，2015，10（2）：250.

机。自我和动机的展示是基于儿童自我效能感、自我价值理论、自我决定理论[①]，进而促进儿童对于"自我"认知的整合。下面对这三个理论分别进行阐述。

自我效能感是班杜拉自我效能理论中的一部分，是个体在特定情景中是否有能力操作行为的预期[②]，具体分为结果预期和效能预期。结果预期是指个体关于某种行为可引起某种具体结果的信念；效能预期是指自己是否具有引发某一结果的能力的信念。例如，学前儿童相信参与园艺活动能让自己获得奖励（结果预期），但是为了激发他采取行动相信自己能完成这个目标，他还要相信自己具备完成这一活动的能力（效能预期）。值得注意的一点是，班杜拉在提出自我效能感时，就已经关注到自我效能感在社交情景中的特殊化，即社会自我效能感。研究显示，社会自我效能感会对个体主观幸福感产生积极影响[③]，同时还与适应相关联[④]。所以，对学前儿童而言，较高的自我效能感能让儿童尽早适应学校和社会。

自我价值理论由马丁·科温顿提出，是指个体对于自身重要性所做的主观评价，该理论基于两个假设：一是人天生就有维护自我价值的倾向，二是自我价值是人最为看重的价值，人类的基本需要就是要维持自我价值。基于学生为"追求成功"和"避免失败"的驱动，可以将学生分为追求成功型、避免失败型、过度努力型和自甘失败型四种类型。儿童的自我价值获得会受到来自家庭和社会的双重影响，例如家庭中家庭功能、父母陪伴对儿童自我价值感的影响[⑤][⑥][⑦][⑧]。

自我决定理论是由心家西和瑞恩等提出的一种动机理论，自我决定就是个体基于先前的经验，再结合当前所处的环境和个人需要，对行动所作出的自由选择[⑨]。根据自我

---

① 莉萨·博林，谢里尔·西塞罗·德温，乌拉·里斯-韦伯.教育心理学：激发自主学习的兴趣（原书第2版）[M].连榕，等译.北京：机械工业出版社.
② 班杜拉.自我效能：控制的实施[M].缪小春，等译.上海：华东师范大学出版社，2003.
③ FAN J，MENG H，ZHAO B，et al. Further validation of a U.S. adult social self-efficacy inventory in Chinese populations [J]. Journal of Career Assessment，2012，20（4）：463-478.
④ SMITH H M，BETZ N E. An examination of efficacy and esteem pathways to depression in young adulthood [J]. Journal of Counseling Psychology，2002，49（4）：438-448.
⑤ 徐丹璐.初中生学业情绪与亲子沟通、自我价值感以及关系研究[D].天津：天津师范大学，2015.
⑥ 王蕾.父母教养方式对中学生自我价值感的影响[J].健康心理学杂志，2000（5）：507-510.
⑦ 翟洪昌，史清敏，黄希庭.影响中学生自我价值感形成的诸因素研究[J].心理科学，2000（4）：408-411，509.
⑧ 陈淑梅，张琬，李燕.父母参与对儿童学校适应的影响研究：教师支持和儿童自我效能感的多重中介效应[J].中国特殊教育，2020（12）：75，76-82.
⑨ 刘海燕，闫荣双，郭德俊.认知动机理论的新进展——自我决定论[J].心理科学，2003（6）：1115-1116.

决定程度不同可以将动机分为无动机、外部动机和内部动机[①②]，有两点值得注意，一是这三种动机类型并非独立，会随着个体自我调节程度的加深沿着无动机最终向内部动机转化[③]，即个体作决策由最开始完全无动机到受他人影响，到最终完全由个人自主决定，不受他人影响。二是外部动机又可被细化为四种类型，其中的整合调节与内部动机尽管还有一定差异（内部动机完全自发，整合调节是工具性行为），但是二者都已经极其强调自我特性了。例如：小学高年级学生将来想要成为一名园艺师，经常参与学校、家庭或者社区的园艺活动有助于他达成目标（整合调节），而当他初步深入该活动后发现了其中的乐趣，在活动中感受到了快乐，最终真正喜欢园艺（内部调节）。此外，内部动机的实现还要基于人要满足胜任力（competence）需要，自主（autonomy）需要和关联（relatedness）需要的假设。因为胜任力代表个体参与事件带来的成就感，这会激发个人的内部动机；如果个体获得了成就感，但是没有体会到自主感，依然被他人控制，其内部动机也不会增强；关联感并非内部动机所必需，但是如果在获得上述两种感受的同时，还能够感觉到自己在一个团队或者与重要的人物高度关联时，会获得一种强烈的归属感，从而会激发更强烈的内部动机[④]。儿童胜任力、自主感和关联感的获得离不开实践活动的参与，也离不开各相关主体的教育教导方式。

总的来说，儿童自我整合，并不像上述亲社会行为、社会技能一样能够通过参与园艺等活动获得直接发展。它更类似于中介变量，即儿童先通过参与活动提升自我整合能力，再作用到社会事件中。

第二节 儿童心理学相关理论

一、儿童心理发展理论

儿童发展心理学作为发展心理学的一个分支，主要研究儿童在不同年龄阶段的心理

---

① EDWARD L, DECI AND RICHARD M, Ryan and Geoffrey C, et al. Need satisfaction and the self-regulation of learning [J].Learning and Individual Differences，1996.
② DECI, EDWARD L，VALLERAND, et al. Motivation and education: the self-determination perspective. [J]. Educational Psychologist, 1991.
③ RYAN R, DECI E. Self-determination theory and the facilitation of intrinsic motivation[J]. American Psychologist, 2000, 55（1）：68-78.
④ 王婷婷, 庞维国. 自我决定理论对学生学习自主学习能力培养的启示[J]. 全球教育展望, 2009, 38（11）：40-43.

特点和规律。结合当前关于儿童发展心理学的教材来看,学者们在进行书籍内容编排时,主要从两方面展开,一方面是从不同年龄段展开,介绍所属年龄段的相关理论[1][2];另一方面是从儿童发展所涉及的理论展开,描述儿童在不同年龄段上的心理发展特点[3][4]。这两方面只是编排方式不同,所涉及的内容大致相同。一般而言,儿童发展心理学涉及的年龄段,从胎儿期一直到青少年期。

本书并非专门研究儿童心理发展的书籍,因而结合本书重点关注的儿童园艺年龄段(3/4~12岁),在内容选取和编排上,只涉及与儿童参与园艺活动关联性较大的认知、行为和动作技能方面进行论述。

借助发展心理学对儿童年龄阶段的划分,儿童年龄阶段按照本书研究重点涉及(3/4~12)岁,主要分为学前期(3~7岁)和儿童期(7~12岁)。在不同发展时期,儿童在认知、行为和动作技能方面呈现不同的特点。

认知方面,学前儿童主要以形象记忆和机械记忆为主;还处于具象思维阶段,对事物的概括还不能把握本质,且思维具有不可逆性和不守恒性;采用多种感官认识事物;通过模仿成人来学习动作;该阶段,游戏是儿童的主要活动形式。

行为方面,已有研究显示,学前期儿童的积极行为和消极行为开始出现并发展。积极行为主要是亲社会行为,消极行为则表现为打骂、嘲讽、威胁等。在积极行为中,儿童合作行为出现的频次最多,对他人的安慰行为最少。当年龄逐步增加后,积极行为出现频率增加,消极行为的表现方面出现较大差异,具体来说,呈现出身体方面的消极行为,如抢夺等减少,而语言方面的消极行为,如嘲讽,则逐步增加[5][6]。总体来看,儿童积极行为的呈现仍然超过消极行为。

动作技能方面,儿童期主要发展基本的动作技能,包括位移技能和操作技能[7]。通过实验测试可发现,儿童的位移技能,如跑、跳的发展超过了控制物体的能力;操作技能,如用脚控制物体的能力(如用脚踢球)要高于用手(用手拍球、投球)控制能力。但总体而言,儿童的位移技能和操作技能会随着年龄的增加而增长[8]。

---

[1] 张丽锦.儿童发展[M].西安:陕西师范大学,2016.
[2] 王惠萍,孙宏伟.儿童发展心理学:第2版[M].北京:科学出版社,2018.
[3] 王振宇.儿童心理发展理论[M].北京:人民教育出版社,2011.
[4] 洪秀敏.儿童发展理论与应用[M].北京:北京师范大学出版社,2015.
[5] UNDERWOOD B, MOORE B. Perspective-taking and altruism[J]. Psychological Bulletin, 1982, 91(1): 143-173.
[6] 满晶,马欣川.幼儿互助行为发展的实验研究[J].心理发展与教育,1994(3):7-10.
[7] 佩恩,耿培新,梁国立.人类动作发展概论[M].北京:人民教育出版社,2008.
[8] 李静,刁玉翠.3~10岁儿童基本动作技能发展比较研究[J].中国体育科技,2013,49(3):129-132.

二、儿童认知发展

一般而言，认知即为个体获取信息、对信息进行加工及再利用的过程，它与人的感觉、知觉、记忆、思维息息相关[①]。在小学阶段之前，家庭与幼儿园环境会显著影响儿童认知能力的发展[②]。儿童参与园艺实践活动也是解决问题的过程，在此过程中，儿童需要将整个园艺活动进行分解，包括理解概念、模仿内化、推测下一步活动、自行或合作思考和总结，从而达到解决问题的目的。所以有必要对儿童认知的发展过程进行了解，知晓儿童认知的具体运作。基于此，我们提出了第二种认知的情景主义，即强调社会环境对于儿童认知的影响。

（一）皮亚杰儿童认知发展理论的主要观点

我们所研究的3~7岁年龄段，归属于皮亚杰的前运算阶段（2~7岁），运算是指个体通过思维逻辑推理将一种状态转化为另一种状态的过程。儿童此时已经开始用语言或者其他较为抽象的符号来代表事物，但是还停留在表象思维，即仅关注物的外观图像；认识活动较具体，往往只注意事物一方面，思维具有刻板性和不可逆性[③]；未获得"守恒"概念，即物体外界形态无论如何变化，其质量总是恒定不变。

7~12岁对应皮亚杰的具体运算阶段（7~11岁）和形式运算阶段（11~12岁），在具体运算阶段，儿童已经可以根据具体事物的表象来进行逻辑思维和群集运算，但是思维仍然需要具体事物的支持，还不能进行抽象思维。儿童已经能理解原则与规则，但是只刻板遵守，不能改变。在形式运算阶段，儿童已经超越可感知的具体事物，可以从具体的内容中大致概括出形式，思维能以命题方式展开，从而可以一步步发现命题中的关联；能够根据逻辑推理、归纳方式概括命题，思维已经发展到成人基本水平。儿童不再刻板地遵守规则，有时会出现违抗大人的情况。

（二）情景认知主义

情景认知主义强调社会环境对儿童认知发展的重要性，且儿童与其所处的社会环境是一个不可分割的研究整体，在儿童认知形成过程中，成人的帮助和指导起关键作用。

情景观的理论版本很多，但是都强调社会环境对认知领域的影响和联系，大致包括两方面：一是宏观层面上的环境因素，即社会、文化、历史时刻，将社会、历史、文化中的价值、规则和信念通过潜移默化的方式影响儿童；二是与儿童较为接近的周围社会

[①] 彭聃龄.普通心理学[M].北京：北京师范大学出版社，2010.
[②] 刘成奎，王宙翔，任飞容.努力与儿童认知能力[J].经济学动态，2019（4）：49-62.
[③] 王春阳，杨彬，张婕.教育心理学[M].西安：电子科技大学出版社，2016.

环境因素，主要包括父母、教师、同伴和其他重要人物，通过与这些人物之间互动，提升个体的发展水平，所以这些人物也被称为"认知发展的助推器"[①]。在这些互动中，成人通过安排活动、关注儿童的反应、指导儿童解决问题等一系列过程，推动儿童认知的发展。

此外，在学习层面上，情景认知主义注重学习与其所处环境，并将二者的关系视为研究重点。该理论认为，学习不仅是指人通过大脑的内部系统运作发生认知的过程，也是个体与环境在不断地相互磨合的过程，发生在参与性活动中，通过合作参与者之间的互动交流，从而形成的认知系统。情景认知主义强调了儿童实践和参与的重要性[②]。儿童参与教育活动，表面看是学生学习了具体内容、完成主题相关动作，促进技能的迁移，但更重要的是，在活动后，学生学到了训练能力的方法、合作探究学习的方式，加深了对活动主题的理解，在潜移默化中被养成了活动主题突出的价值观。

三、儿童行为发展

行为是指儿童通过外显活动把内在的心理展示出来，具体到本书研究的学前期和儿童期的行为主体来看，通常指其在家庭和学校以及社会中的各方面的表现。行为主义注重研究人的具体行为与环境之间的关系，认为人的成长是在不断接受环境的刺激。在实际的儿童园艺活动过程中，儿童出现的行为与家庭或学校提供的环境相关。

（一）华生的经典行为主义

（1）行为产生原理。华生的经典行为主义通过研究刺激与反应之间的关系，进而研究人的行为。用公式来表示其关系，即刺激—反应。华生认为，最基本的刺激—反应的联结，被称为反射，所有的复杂行为，最终都可被归结为一套反射关系。刺激分为无条件刺激和条件刺激，条件刺激也称替代刺激。当无条件刺激引起的反应被一个条件刺激所取代时，就会形成条件反射。例如：儿童在开展园艺活动时，如果被绿植的刺扎到手（无条件刺激），会立马有将手缩回（条件反射）的反应，而如果被扎到手和铃声（条件刺激）同时出现，经过多次结合之后，单纯只出现铃声也能引起将手缩回的反应，这个时候，铃声代替了被刺扎到手，一个条件反射就会形成。其实我们可以发现，条件刺激的数量其实远远超过无条件刺激，因为它是可以被人为创造的。

（2）行为习惯的形成。儿童所产生的行为习惯是在不断适应内部和外部环境的情况

[①] 邓赐平，桑标，缪小春.认知发展理论的沿革与新发展[J].华东师范大学学报（教育科学版），2001（4）：53-59，72.

[②] 贾义敏，詹春青.情境学习：一种新的学习范式[J].开放教育研究，2011，17（5）：29-39.

下形成的。具体来说，该过程是人先接受内部环境（内脏、体温、肌肉等）的某些刺激，再通过视觉、味觉、触觉等感觉器官与外在环境进行互动。也就是说，当人们再次遇到与之前相似或者相同的情景时，能够快速做出反应或者整体动作变得更加整合，就认为他"学习"或者"形成"了一种行为习惯。这一过程也是一系列的条件反射。例如：一个刚入幼儿园的3岁儿童本已经掌握一些技能（捡起、抓握、打击），再让该儿童自己想办法打开一个装有玩具的小箱子，该儿童发挥自己所有的技能来实现打开箱子的目的，最后第一次打开箱子共用了20分钟。之后再次打开所用的时间会不断缩短，到最后，该儿童只使用了2秒钟就可以打开箱子，这就是在不断地练习中，形成动作习惯的过程①。

（二）斯金纳的操作性行为主义

（1）儿童行为原理。斯金纳的操作性行为是对华生经典行为的发展，修改了华生"刺激—反应"之间的单一联系，加入了刺激与反应之间可能产生的条件。用公式来表示：R=f（S.A）。

在公式中，R表示反应，S表示情景带来的刺激，A表示影响反应程度或者反应强度的条件。该理论更注重对行为进行控制。只能当通过操纵自变量而影响行为发生时，才可以说他已对行为进行了说明②。具体来说，行为主要分为应答性和操作性行为，应答性行为即为上文论述过的经典性行为，不再赘述；操作性行为并非直接通过刺激被激发出来，而是当该行为发生后，如果我们想要增加行为发生的频率，就应该在行为发生后再有一个强化事件紧随其后，从而使得被强化的行为在以后类似的情境中增加出现次数。

（2）儿童行为强化控制。强化分为正强化和负强化，正强化是指当儿童出现某种行为后，给予其一定刺激，该刺激能增强行为和提升重复该行为的可能性。例如，儿童在园艺活动中展示出很好的助人行为后，教师或者家长及时给予表扬或者奖励，可以增加其助人的概率。负强化是指通过排除一个刺激，来加强某种行为的发生概率。例如：儿童喜欢吃肉，不喜欢吃青菜，那么用负强化策略就是，如果不吃菜，就不给儿童吃肉。但无论是正强化还是负强化，都是为了增加再次发生的频率。

（三）班杜拉的社会学习理论

上述的理论均关注个体在自我直接经验基础上，对刺激物展开的反应，而班杜拉则认为有些行为的获得并不一定非要个体亲身经历，通过观察来进行的学习是一种更普遍、更有效的方式。观察学习也称替代学习，班杜拉将观察学习或者替代学习定义为

---

① 华生.行为主义［M］.李维，译.北京：北京大学出版社，2012.
② 黎黑.心理学史——学心理学思想的主要趋势［M］.刘恩久，等译.上海：上海译文出版社，1990：409.

"一个人通过观察他人的行为及其强化结果而习得某些新的反应，或使他已经具有的某种行为反应特征来获得矫正[①]。"其中榜样示范作用至关重要，比如说，4~6岁的儿童从电视动画片中看到很多关于小园丁种植的视频或者音频，而后学习到相关的动作技能，这也是观察学习的成果。

所以，总的来说，班杜拉的社会学习理论在注重外界环境影响的同时，更注重内在主体因素，也就是说个体可以不需要亲身参与，而是通过观察来习得行为，所以这还是一种个人层面的学习[②]。

四、儿童动作技能发展

儿童时期动作技能的发展是其一生中身体发育最重要的时期，尤其是学前幼儿阶段，该阶段主要发展基本动作技能，这些动作的发展不仅为日后精细动作的发展奠定基础，也为儿童大脑神经系统的发展提供刺激[③]，同时还与儿童认知和全面发展密切联系。所以，本节将从儿童技能的习得，以及学习迁移两个角度出发，探讨儿童技能发展的特征。

（一）动作技能的学习

技能是指结合已有的认知水平和知识基础，通过练习而得到的一种符合法则的活动动作方式[④]。

动作技能的形成一般由认知阶段、联系形成阶段和自动化阶段三部分组成。在认知阶段，学习者主要通过他人指导或者观察来形成对某一动作最初始的印象。例如：在教儿童弹琴时，应该首先向儿童示范琴键音和手部动作的连贯过程，能让其对于整体动作有大致印象。这个阶段对于儿童而言，主要任务就是理解技能的重点和要求。在联系形成阶段，儿童要将之前习得的动作做进一步理解，对于其中个别动作继续深化，目的就是要减少失误和多余动作，在这一时期，儿童动作之间的转化虽然还有停顿，但是会逐步实现动作连贯化。最后，自动化阶段最大的动作特点就是流畅，上述动作会最终成为自动系统。儿童可以准确并快速完成整套动作，不再需要特殊的注意。上述动作技能过程的形成是基于儿童大量的练习，在大量学习的过程中纠正和修改动作，完善整体动作[⑤]。

---

① 高申春.人性辉煌之路——班杜拉的社会学习理论［M］.武汉：湖北教育出版社，2000.
② 吴刚，黄健.社会性学习理论渊源及发展的研究综述［J］.远程教育杂志，2018，36（5）：69-80.
③ 陆清.关于少年儿童动作协调能力的研究综述［J］.体育科研，2005，26（92）：73-77.
④ 何奔，李艺，毛文林.教育心理学［M］.成都：电子科技大学出版社，2020.
⑤ 莫雷.教育心理学［M］.广州：广东高等教育出版社，2002.

(二)学习迁移

学习迁移是指在某种环境中学习到的新技能或在学科中学习到的知识、理解和态度,对另一种环境或学科中技能、知识、理解和态度的影响,类似我们日常学习活动中的举一反三。迁移现象多种多样,按照不同参照标准,学者对迁移进行多种分类。按照迁移性质,可以将迁移分为正迁移和负迁移。正迁移就是一种学习能够促进另一种学习的正向作用。之前学习的知识或者技能在面对一个新的问题时,依然能被很好地应用。例如,儿童已经在游戏中或玩具中学习了如何做菜,那么在实际做饭活动中就会对其产生帮助作用。负迁移就是一种学习对另一种学习产生的阻碍作用。例如:儿童最开始学习了汉语拼音,后续在学习英文字母时,会因为二者形状相似而导致发音混淆,不能在短时间内分清二者的正确发音,从而导致的一种干扰现象。

第三节 儿童园艺疗法

儿童园艺疗法是园艺疗法的一个分支,与园艺疗法密切相关。当前园艺疗法的概念有很多,其中最简单的理解即为:利用园艺来进行治疗,它是以植物、园艺及人与植物的亲密关系为推力,结合精神投入、希望、收获与享受的过程。它借助从事园艺活动的过程,帮助人们了解自己及周围世界[①]。园艺疗法起源于国外,尤其在美国、英国和日本开展得较好,所以当前国际上普遍采用美国园艺疗法协会(the American Horticultural Therapy Association,AHTA)对其所做的定义:园艺疗法是对于有必要在其身体以及精神方面进行改善的人们利用植物栽培与园艺操作活动,从其社会、教育、心理以及身体诸方面进行调整更新的一种有效的方法[②]。

一、儿童园艺疗法的起源与发展

园艺疗法一直以来被人们视为一项技术应用类型的治疗,但实际上其作为一门学科出现还是近些年来的事情[③]。事实上,植物的治疗效果在很早时期就已经为人们所知,园艺疗法在精神不安和神经疾病治疗方面可发挥作用,后期人们将其治疗范围扩大,不仅包括疾病康复,也包括提升人们的生活质量。

---

① 朱建军,吴建平.生态环境心理研究[M].北京:中央编译出版社,2009:242-245.
② 李树华.尽早建立具有中国特色的园艺疗法学科体系(上)[J].中国园林,2000(3):15-17.
③ 张少莉,邓学忠.世界园艺疗法综述[J].林业勘查设计,1999(3):52-55.

本小节主要包括三部分，第一部分是对园艺治疗整个发展阶段的介绍；第二部分论述目前在园艺治疗方面开展得较好的国家现状；第三部分对园艺治疗在我国的发展进行介绍。

（一）园艺疗法的发展阶段

萌芽期。早期古埃及人就意识到农耕等作业活动有益于身心健康，作业疗法在那时开始萌芽，例如，古埃及的宫廷医生就会给王室患者开具可以在王室的花园散步的处方[1]。与此同时，古希腊人和古罗马人相信，如果让患者在视觉和肢体上感触到大自然，如在花园中呼吸新鲜空气，感受阳光和植物，则会非常有利于患者的恢复。而该时期的园艺疗法萌芽随着中世纪的黑暗而暂停，直到文艺复兴和宗教改革时期才重新被人提及。

创立期。该时期从18世纪至第二次世界大战结束，欧洲一些国家已经意识到园艺活动的治愈作用，主要治疗对象为精神病患者和身心障碍者。值得一提的是在19世纪后半叶，园艺疗法对智能障碍儿童的治疗。1896年，海伦·坎贝尔（Helen Campbell）通过观察发现，如果给低收入家庭儿童植物，会对儿童产生积极影响。在一所学校，学者让贫苦家庭的孩子拿回家一株植物，结果发现，比起照顾年幼的弟弟妹妹，小孩子更有耐心照顾植物。另外，1895年有花卉社将十多万束花分发到医院和身心障碍者家庭中。1899年，约翰逊（E. R. Johnson）提出，对于智能障碍儿童来说，园艺能起到较好的治疗效果，同时他还指出可以通过园艺实际操作来实现眼、鼻、耳等五官感觉的培训目标。

变革期。该时期从第二次世界大战结束到1970年[2]，其中以美国发展最为迅速，主要治疗对象为在"二战"后回国的退伍军人，学者将园艺活动作为恢复军人健康的一种疗法，后来还有专门为患者设计的园艺课程。雷亚·摩柯坎德利斯在1949年为退伍军人设计的第一个园艺治疗项目，标志着该疗法正式被认可。[3]

成长期。随着园艺治疗的正式确立，欧美国家在该方面的研究不断被推进，其中以美国和英国为代表，形成了较为齐全的研究体系。例如英国建立园艺治疗协会（Society for Horticulture Therapy），美国1973年成立园艺治疗和康复全国委员会，现称美国园艺疗法协会（AHTA）。与此同时，该时期还建立了专门的培训机构，目的是推进园艺疗法和培养园艺医生[4]。此外，在美国还设立了园艺疗法专业课，除了进行日常的专业课程和心理学课程之外，学生还要参与临床实践课，并进行多场园艺疗法讲座。直至今

---

[1] 刘建华. 园艺疗法[J]. 绿化与生活，1999（1）：11.
[2] 同①：9.
[3] 李树华. 园艺疗法概论[M]. 北京：中国林业出版社，2011.
[4] 吴秀华. 园艺疗法在发展[J]. 森林与人类，1994（1）：10-11.

天，美国还有很多大学开设园艺治疗课程，包括园艺学、治疗学、管理学等课程。

(二) 美国、英国、日本园艺治疗发展

美国。1812 年本杰明·拉修教授发表《精神疾病的医学询问与观察》(*Medical Inquiries and Observation upon Diseases of the Mind*)，拉修在书中提到，对于有狂躁症的患者而言，参与花园的体力劳动更有利于身体恢复，可促使其病情获得明显好转。于是在第二年，就有了以园艺疗法作为治疗背景的弗兰兹精神病收容所。"二战"后，园艺治疗主要针对退伍军人因战争导致的身体和精神疾病。1946 年至 1953 年瑞亚·麦克康迪斯因在一所医院中设计园艺治疗项目，因而也被称为第一个专业的园艺治疗师。1972 年园艺疗法开始作为大学专业课程，1976 年还出现了第一个园艺治疗博士学位。1987 年更名并沿用至今的美国园艺疗法协会成为美国具体开展园艺治疗相关活动的唯一官方组织，同时兼有园艺疗法师资格认证和推进园艺治疗项目的作用。

英国。英国作为园艺治疗较为发达的国家之一，其园艺治疗的发展离不开社会公众的认同，在他们看来，园艺疗法对于患者而言可治愈疾病，于健康人群而言，可放松身心以及预防疾病。1699 年莱纳多·麦加将园艺作为保持身心健康的疗愈手段。在 1972 年，当时的精神病医院还让患者与兔子等小动物展开互动，同时开展园艺活动，作为治疗的一环。而后在 1940—1949 年，英国公众甚至开始将园艺作为开展健康活动的一种形式。到 20 世纪 60 年代，开始将园艺活动作为一种娱乐活动，而对于身体障碍的群体来说，园艺治疗效果影响力相对被弱化。1978 年，英国也建立了园艺疗法协会，该协会除了履行与美国园艺疗法协会的近似职能外，还兼运营出租莱顿庭院、特殊需求庭院等 4 所展示庭院。

日本。日本园艺疗法虽然发展历史短暂，仅有三十余年，但是发展迅猛，且未来潜力较大。1993 年，美国弗吉尼亚理工大学戴安博士接受日本邀请，进行了第一次日本园艺疗法报告会。次年，日本又开展了园艺疗法国际讨论会，各个国家在园艺疗法领域内的知名学者参会交流并发表了意见。1995 年，日本又成立了园艺疗法研修会，此举更好地推动了园艺疗法的发展。1996 年开始，日本相继建立多个疗法庭院，满足了全国超半数以上比例的残疾人对园艺疗法的需求。1997 年，日本举办了第一届世界园艺大会，与 1994 年的国际讨论会类似，用于分享该领域内的学者研究成果，以及交流意见[①]。最初日本园艺疗法的一个主要特征就是养老主题的园艺疗法方案，这也适应了日本人口老龄化的主要特征，目前则扩展了研究范围，涉及各年龄群体、精神障碍患者、

---

① 李雅娜，张建华. 一门新兴的学科体系——园艺疗法 [J]. 上海商业职业技术学院学报，2003 (1)：55-56.

智力障碍患者[①]。另外，日本目前尚未建立统一的园艺疗法协会，而是由相关园艺活动的举办和关注园艺疗法的人自发组成了研究会，例如西神户园艺疗法研究会、园艺疗法研修会、大阪园艺疗法研究会等[②]。

（三）中国园艺疗法的发展

自古代起，我国就已经出现园艺疗法思想。在《黄帝内经》中就提出了人与自然合为一体的思想，论述了人的身心健康与环境之间的联系[③]；与此同时指出，中医中药的性能和疗效如果能被有效利用，也会是园艺疗法的完善，例如有15种草药的香味对于心脑血管疾病、神经衰弱和肝硬化具有重要疗效；丰富的观赏植物资源也为园艺疗法的发展提供了物质基础，但当时并没有人对园艺的效果与作用开展系统阐述。

直至20世纪90年代，在我国最新出现的关于园艺疗法的文章还只是对其进行科普性的介绍。进入21世纪，李树华发表《尽早建立具有中国特色的园艺疗法科学体系》一文，才将园艺疗法的概念、发展史、现状和功效等进行系统的阐述，算是有了一个较为实质性的进展[④]。该文章的发表，就此开启了我国园艺疗法的进程，出现了将园艺疗法应用于治疗各种群体（中老年人、未成年人、精神病患者、孤独症患者等）的情况[⑤]，至此社会逐渐开始加大了对孤独症患者的关注。2007年，中国残联发布信息，开始将孤独症患者的康复纳入精神病患者康复的系统中，并且明确指出每一个省都要建立儿童孤独症康复训练机构[⑥]。针对自闭症儿童的园艺疗法的研究和相关试验的展开在2011年以后陆续开始进行。目前，随着生活节奏的加快和生活压力的增大，我国对园艺疗法的需求呈现上升趋势，我国也建立了园艺疗法园，在2019年北京召开的世界园艺博览会的生活体验馆，运用各种园艺技术，让参会者体会到了园艺对健康的作用。

二、园艺疗法干预儿童孤独症的研究分析

（一）儿童孤独症概述

孤独症，是广泛性发育障碍（PDD）的代表性疾病，通常发病于婴幼儿期[⑦]，后期的干预治疗并不能治愈该问题，只能起到减缓症状的作用，但是越是早期发现，干预效

[①] 李树华，姚亚男.亚洲园艺疗法研究进展［J］.园林，2018（12）：2-5.
[②] 李树华.园艺疗法概论［M］.北京：中国林业出版社，2011.
[③] 黄瑜勤，颜庆璋.园艺疗法在国内的发展现状与应用前景［J］.现代园艺，2017（23）：51-53.
[④] 李树华.尽早建立具有中国特色的园艺疗法学科体系［J］.中国园林，2000（3）：15-17.
[⑤] 张立均.国内自闭症儿童园艺疗法及康复花园设计研究综述［J］.现代园艺，2019（9）：116-118.
[⑥] 程军，密忠祥，崔志茹，等.我国残疾人康复机构建设现状及对策［J］.中国医院，2012，16（6）：5-8.
[⑦] Association American-Psychiatric. Diagnostic and statistic manualof mental dimrders［M］. 4th ed. Washington DC：Author，1944：65-71.

果越好。孤独症主要表现在三个方面：一是社会交往（交流）障碍，通过观察发现，孤独症儿童在治疗过程中不会与医生直接进行眼神交流，而且注意力不够集中，活动持续不久，如果对某种游戏不感兴趣就会出现到处乱跑行为[①]；二是沟通障碍，具体表现为语言发育迟缓，回声性语言（鹦鹉学语与延迟性重复），语言声调失衡，说话没有感情，比较刻板[②]；三是行为障碍，多以简单重复而且刻板的行为方式呈现，而且会出现攻击性行为、自残行为和情绪失控行为。

由于不能掌握孤独症病因，所以对于儿童孤独症还没有特效治疗药物，当前国内主要治疗方法还是采取行为的干预和训练疗法，具体来说分别是应用行为分析法（ABA）、游戏疗法和音乐疗法。而园艺疗法作为治疗孤独症的辅助疗法之一，主要是采用心理治疗的方式提升自闭症儿童的社会能力。具体来说，园艺疗法就是利用植物的种植和园艺活动的操作，从而帮助患儿提升身体素质和改善精神状态的方法。其具体方式为：植物认领园艺疗法、植物种植园艺疗法和自然植物接触园艺疗法[③]，这三种治疗方式也会在后文中继续介绍。

（二）园艺疗法对儿童孤独症干预机制

园艺疗法在理论和实践上均具有可行性和有效性。理论上，景观植物与人的认知，情感行为之间是紧密相关的，具体表现在当人与植物接触后，自然环境会对人类身心产生调节作用，大脑此时会呈现脑皮层额叶 α 脑波振幅的提升、血压和肌张力的降低等一系列有益变化，且无副作用，最终呈现患者情感、生理上的自我价值满足，增加其自我接受程度[④⑤⑥]。

实践方面，研究表明，儿童对待植物的态度如何，是园艺疗法能治疗自闭症儿童的前提条件，而孤独症儿童对植物的态度包括常态反应和特有反应。

常态反应是指自闭症儿童对植物的反应与其他常人一样，例如在舒适的植物中让自己心情平静。性别不同也会使得人们选择植物时存在差异，男生更倾向于叶类植物，女孩更倾向于花类植物。

---

① 喻斌，朱柯，吴开腾，等.我国自闭症儿童的现状研究[J].科教导刊（下旬），2019（15）：136-137.
② 李彩芳.孤独症孩子问题行为与干预策略探析[J].广西教育，2021，(29)：5+37.
③ 李树华.园艺疗法概论[M].北京：中国林业出版社，2011.
④ ULRICH R S. Natural versus urban scenes some psychophysiological effects[J]. Environment and Behavior, 1981, 13（5）：523-556.
⑤ GMITROVÁ, VLASTA, GMITROV J. The primacy of child-directed pretend play on cognitive competence in a mixed-age environment: possible interpretations[J]. Early Child Development & Care, 2004, 174（3）：267-279.
⑥ WILSON K, RYAN V. Play therapy: a non-directive approachfor children and adolescents: 2nd ed.[M]. England: Oxford, 2005.

特有反应是指儿童对待植物的反应与常人不同的地方，例如孤独症儿童对植物的生命力理解较常人差，大部分孤独症儿童很难与植物之间形成情感交流[①]。所以，对自闭症儿童需要具备实施园艺疗法的条件。园艺疗法在改善孤独症方面呈现的功能见表2-1。

表2-1 园艺疗法改善孤独症的一般功能

活动	要素、特性	功能
栽培	松土、平整、播种、移苗、浇水、除草、修枝	栽培活动促进新陈代谢、强化生理机能，冲动的适度发泄，增强交流意愿、认知表达，有利于技能学习、提升自我评价及行为矫治
陪伴及管理	培育及管理植物也是陪伴过程	恢复季节感与时间感，自我育成与回想，社交能力习得，环境适应力与耐性的培养
感觉体验	视、触、嗅、听、尝	调动感官动力，促进情绪转换及舒压，有利于疲劳恢复
采收	收获成果	成就感、自我的保持及扩大，提升认知任务完成效率、责任心及合作意识，增强自信
使用	烹饪与品尝、观赏、园艺产品制作及交易	增强互动式情感交流，增强问题解决能力，自我开放、欲求满足

园艺疗法治疗儿童孤独症可采取的方法：植物认领园艺疗法、植物种植园艺疗法和自然植物接触园艺疗法。植物认领简单来说就是让患儿领取一株属于自己的植物，通过对患儿进行指导，让其照顾植物，从而达到与植物之间的交流和提升与改善自身行为的目的；植物种植园艺疗法，主要引导儿童种植和管理植物，在这一过程中，提升儿童专注力，改善儿童情绪，修正儿童行为；自然植物接触园艺疗法，是让儿童参与和自然植物之间互动的活动，如植物手工艺等方式，让患儿体会到不一样的感受[②]。

三、儿童园艺疗法案例分析研究

在该部分共进行两个案例分析，一个是对患儿应用园艺疗法进行分析，介绍园艺疗法干预儿童自闭症的具体过程和效果；另一个是康复花园，其作为园艺疗法干预儿童自闭症的环境物质基础，应该如何设计、注意哪些重点才能更好地发挥作用，同样值得探究。

（一）园艺疗法干预孤独症患儿案例分析

考虑到园艺疗法针对儿童孤独症治疗周期较长，所以本案例选取了其中个案进行研究。

[①] 郭成，金灿灿，雷秀雅.园艺疗法在自闭症儿童社交障碍干预中的应用[J].北京林业大学学报（社会科学版），2012，11（4）：20-23.

[②] 郭常见.园艺疗法对孤独症谱系障碍儿童社交障碍干预效果的个案研究[D].沈阳：沈阳师范大学，2017.

患儿基本情况：患者××，性别男，年龄5岁，确诊患有孤独症。在认知方面，注意力不够集中，一节课大概只能保持10分钟注意力，容易分心。记忆力较好，对英语和数字敏感，喜欢识记英语单词，能够读出日常常用的单词，如水果（apple，lemon等）、日常礼貌用语（thanks，don't worry等），认知能力较好。语言方面，经常自言自语，但其他人听不清或者不理解他说的话，若感兴趣的如英语单词则可以清晰发音，会唱歌，可以写字。行为方面，喜欢一个人玩，无不良行为，有重复刻板行为。整体社会交往特点，喜欢独自玩耍，不与陌生人接触，与熟悉的教师或者妈妈亲近。没有主动交往欲望，与人很少有眼神交流，不会拒绝他人。

干预方案制订。除其他治疗方案以外，预计每周对患儿进行一次园艺疗法课程。大体来看，整个课程分为4个专题：一是玩土，引导儿童在该过程中练习手部精细动作、注意力和社会交往能力。二是植物认养及植物种植，引导其照顾植物生长，学会与植物交流情感，提升社会交往能力。该方案中园艺治疗是重点，所以会安排多次具体课程，如进一步认识自己的植物，并锻炼沟通能力。三是植物接触和比较，引导患儿观察植物的不同之处并表达出来，提升其社会交往能力和注意力。第四，自然种植和植物接触活动，在实际的园艺养心基地，让他种植、采摘蔬菜植物，在感受种植的快乐过程中，提升其社会交往能力。

整个干预方案按照上述4个专题依次顺序进行。每个专题设计符合该专题需要的课程活动，共计24个活动，每周1次干预活动，共计24周，每次时间为45分钟左右，户外活动时间视具体情况而定，计划为2小时。

具体活动如下（见表2-2）。

表2-2 课程单元设计表[①]

单元主题	课程名称	活动目标
玩土	黑土白面硬石头	建立联系； 对新鲜事物表达惊喜和情绪分享； 遇到困难请求帮助； 发展注意力
	下雨后的泥土	
	聚沙成塔	
	我是小小建筑家	

---

① 郭常见. 园艺疗法对孤独症谱系障碍儿童社交障碍干预效果的个案研究[D]. 沈阳：沈阳师范大学，2017.

续表

单元主题	课程名称	活动目标
植物认养及植物种植	植物大百科	学习教师、同伴的表情； 锻炼精细动作； 对活动产生好奇和惊喜； 协同合作，学会寻求帮助； 培养责任意识； 锻炼精细动作
	我自己的花	
	薄荷盆栽	
	我爱柠檬薄荷水	
	穿心莲移植	
	碰碰香	
植物接触和比较	端午节艾蒿	测试对数量的敏感度； 模仿、参照、学习教师、同伴的表情； 锻炼精细动作； 对活动产生好奇和惊喜； 进行长短、颜色的分辨
	薄荷艾蒿大不同	
	树枝画	
	剥豌豆	
	瓶子里的豆子	
	狗尾巴草	
	莲花、莲蓬、莲子	
	画荷花盖印章	
	鲜玉米与干玉米	
	蔬菜大不同	
	蔬菜沙拉	
自然种植和植物接触活动	园艺基地大考察	锻炼精细动作； 培养仔细观察的能力； 初步配合成人的活动； 能够思考日常生活中问题的解决办法； 锻炼触觉与知觉
	蔬菜大作战	
	丰收的喜悦	

患儿在整体活动中的变化[①]：在整个活动过程中，××进步明显。他一开始蜷缩在妈妈怀里，不喜欢与其他小朋友沟通，仅仅只是看，或者悄悄与妈妈说话，似乎对所有事情充满抗拒。后来，随着活动的深入，他会主动搬来小板凳坐在桌子前等待上课。面部表情逐渐丰富，会主动和指导者微笑，不再出现最开始抗拒的现象。通过园艺治疗课程，××对植物名称也有了一定认识，而且对于植物的生长习性等也增进了了解。在"植物接触和比较"活动中，用英语表达苹果、西瓜等词语，锻炼了口头表达能力。在后续的活动中，他主动说话的频率以及对人的回应越来越多，对于一些情绪的解读理解和动作的模仿也表现得更好。目标行为，如目光注视，主动交往和情感表达分享出现的频率逐步增加。

园艺疗法干预效果讨论。通过采用园艺疗法，××的语言能力、表情变化、动作能力、目光注视行为、主动交往行为和情感表达都有了很大程度的提升，这也说明园艺

---

① 郭常见.园艺疗法对孤独症谱系障碍儿童社交障碍干预效果的个案研究[D].沈阳：沈阳师范大学，2017.

疗法的干预是有效果的。从最开始每天在妈妈怀抱里,到后来,逐步走出妈妈怀抱,慢慢开始与人接触,自己想要的东西如工具,也会主动表达。这也可以看出,××有较好的认知能力,对语言有着很好的理解能力,喜欢英语,有着良好的介入点,通过英语可以很快与他建立联系,有助于他更好地参加到课程活动中来。

(二)康复花园设计案例分析——考特花园(Garden Court)

考特花园位于美国芝加哥伊利诺伊州儿童医学中心,设计者为园艺治疗师罗伯塔·赫斯特豪斯,这是一个下沉式开放性天井花园,整个庭院两边是高层建筑物,占地面积广,但由于位于地下缺少足够阳光,所以在园内的植物种类设置方面格外用心。

整个康复花园的总体布局和特征如下:整体花园规划从考虑患儿的实际需求出发,没有太多的花哨设计,以柔和的曲线作为平面的构图基调。区域主要划分为不同植物种植区。该花园的最大特色就是天井式花园,因而所有人都可以直接清晰地看到整个花园,可以直接提高人们的参与兴趣[①]。

康复花园具体景观要素如下:整个花园共分为娱乐、训练和休息3个主题空间。花园南侧为3个出入口的主入口,这里的平台设计高于整个花园,因而可以鸟瞰整个花园的景观。进入花园的方式有两种,一种是台阶,另一种是为行动不便的患儿专门设计了便于其乘坐车辆的一侧长坡道。花园中心的圆形种植花池与周围的绿色种植带可形成私密的休息区域,种植带中间有休息长椅作为连接,为患儿提供安静的休息场所。园区内还有两个深受儿童喜爱的卡通石雕造型。花园内的训练游戏设施包括一个可折叠拼接桌子、一张活动专用桌子、沙盘、泡泡机、若干喷水壶和桶,可以用于满足儿童的活动需要。旁边的儿童平板触摸屏和紫荆花等植物,可以满足其感官兴趣。风铃和风筒等一些听觉元素可以为有视觉障碍的儿童提供指引。还有一个"魔术屋",在那里儿童们还可以通过观看戏剧表演参与治疗活动。

以上所有活动类设施都可以移动,室内、室外均可使用,所以有时候工作人员会把沙盘移动到储藏室,改变平时设施格局,以增加新鲜感。园区中的植物都被设计成矩阵形式,可以支持坐轮椅的患儿参与其中。所以,设计师在进行花园设计时,真切考虑到所有类型患儿的需要,给予大家平等机会,创造了属于每个人的小景观作品。

花园景观设计理念与特色。

第一,建设多彩主题空间[②]。康复花园的建设原则就是突出其功能性和治疗目的性,

---

① 胡婷婷,汤晓敏.面向自闭症儿童的景观——考特花园设计及其启示[J].上海交通大学学报(农业科学版),2016,34(3):85-89.

② 张立均.国内自闭症儿童园艺疗法及康复花园设计研究综述[J].现代园艺,2019,(9):116-118.

所以在该花园中娱乐、训练、休息三大主题中，每一个主题都极大程度地体现出其治疗特色，但在突出特色的同时，也尽量对患儿进行治疗，让他们摆脱"枯燥"的传统医学治疗方法。花园根据材质、纹理、季节性因素等多个方面来增添园区内的治疗元素，最终形成了多彩的康复主题空间环境，让儿童释放压力。

第二，增加感官体验的项目[①]。感官体验结合自闭症儿童"五感"治疗特点，花园中的体验项目也重在让儿童多层次、多维度地感受环境。考特花园的魔术屋、沙盘、植物栽培都是训练自闭症儿童感官的项目，魔术屋可以从视觉上为儿童提供多样的视觉刺激；沙盘疗法结合庭箱疗法可以刺激儿童触觉；植物栽培可以直观实现视觉、触觉体验，锻炼儿童精细运动能力，提高身体协调能力[②]。

第三，植入园艺相关疗法来实现景观辅助治疗。园艺治疗方法主要是让患儿在照顾花草的整个生长、开花到结果的过程中，感受生命的规律，建立亲密的关系，同时实现情感的寄托。所以，花园不仅设置了室外植物栽培，还设置了室内无菌植物栽培，通过园艺等其他治疗方法的植入，实现医学疗法与植物景观的集合，为患儿增加治疗过程的趣味性。植物的选择方面，选取了带有药理性的植物，可以为嗅觉治疗增加帮助；提供季节性植物，让儿童一年四季不间断欣赏不同植物，深入了解植物自然生态；选择颜色丰富的植物，从视觉上吸引儿童，让儿童主动融入自然。

第四，设置吸引儿童的特色项目。结合儿童孤独症治疗的游戏疗法，把游戏作为交流媒介，通过让儿童玩游戏来实现儿童内心世界与外界的连接。治疗师通过与患儿游戏，鼓励患儿分享游戏经验，促进患儿与他人的交流意愿，提升其人际关系[③]，从而尽可能缓解患儿社会交往障碍。同时还可以通过游戏方法，指导儿童在自然环境中动手操作，锻炼实践能力，创造属于自己的小小世界。

[①] 王小珍.园艺疗法对自闭症儿童刻板行为干预的研究实践［J］.中小学心理健康教育，2017，（4）：47-50.
[②] 胡婷婷，汤晓敏.面向自闭症儿童的景观——考特花园设计及其启示［J］.上海交通大学学报（农业科学版），2016，34（3）：85-89.
[③] 郭晶，徐钊，徐忠勇.康复景观环境设计研究［J］.现代装饰（理论），2014（2）：70-72.

# 第三章 儿童园艺教育的实践形式

环境的教育可以美化心灵，在美丽的环境下长大的孩子会更加爱惜自己。那么，儿童园艺教育该如何进行实践呢？

第一节 儿童园艺实践载体

根据园艺活动场所的不同，可将儿童园艺实践载体分为家庭园艺、社区花园、学校花园和营地园艺。

一、家庭园艺

关于"家庭园艺"的定义有不同看法，有学者认为"家庭园艺"是指在室内、阳台或庭院等空间范围内，从事园艺植物栽培和装饰的活动[1]。我国资深研究者结合我国具体情况，提出"家庭园艺"为："家"是指室内空间，而"庭"则是指堂前院后，即庭院。随着现代人居住环境的改善，"家庭"的概念已经由"家"延伸到"家"与"庭"并重，而家庭园艺只不过是还原中国传统私家园林家庭的本质归属[2]。在本节中，会涉及家庭园艺在国外和我国的发展历程及现状，当前家庭园艺的发展模式，以及亲子互动共创的家庭园艺活动。

（一）家庭园艺在国外的发展历程及现状

家庭园艺在国外由来已久，可追溯到公元前3000至公元前1100年，当时古希腊克里特岛人就已经开始用色彩丰富、形状多样的花盆来种植枣椰等植物，以供观赏[3]，此后古埃及皇室同样选用芳香植物来装扮自己的宫廷，以供观赏。18—19世纪，植物作为家庭装饰物这一现象在欧洲已经较为普遍，例如，1964年英国开启了"花开美丽英

---

[1] 陆宇菲.杭州市家庭园艺经营与消费市场调研及分析［D］.杭州：浙江农林大学，2010.
[2] 王捷."友家花园生活"引领中国家庭园艺走向产业化［J］.中国花卉园艺，2008（1）：26-27.
[3] ALSTON K. Container Gardening［J］.Bamboo：the magazine of the American bamboo society，2008（6）：29.

国"的街道景观活动。瑞典超过一半的成年人会从事园艺活动，所以园艺活动也成为瑞典人最喜爱的休闲活动之一[①]。自1980年开始，美国家庭的植物种植率达到75%，此时植物也开始作为一种重要的装饰材料进入世界各地的家庭中[②]。

当前，欧美国家已经形成了稳定的家庭园艺市场，市场的细分已经基本完成，整个家庭园艺产业链发展完善，科技化程度高。当然，除了欧美国家之外，亚洲国家的一些大中城市也提倡和推动家庭园艺事业，例如在印度孟买，阿德里安娜所推动的"阳台种菜运动"，以及日本1898年推出的"趣味园艺"节目，均用于提升本国国民参与家庭园艺的热情；韩国人朴熙兰将自己的种菜经历汇集成书，还提出"新时代幸福阳台农场"概念，引领了韩国家庭园艺种植热潮；新加坡也在1970年提倡"花园城市"，提升了市民参与家庭园艺的兴趣。目前不少国家都已经形成了系统化的家庭园艺产业，发展均已趋于稳定[③]。

（二）家庭园艺在我国的发展历程及现状

家庭园艺在中国同样起源很早，可追溯到河姆渡时期[④]，所以早在新石器时代，我们的祖先就有了家庭园艺意识。后来，在唐朝、宋朝、清朝，家庭园艺均有发展，尤其是在宋朝，每逢喜庆节日，人们就会用花卉等植物装饰室内外，从而烘托节日气氛，这也是我国家庭园艺的最初表现形式[⑤]。

进入21世纪，我国的家庭蔬菜、阳台农业等家庭园艺新形式也在悄然出现，2008年，倡导"我的花园我做主"的家庭园艺服务场所——友家花园生活广州旗舰店试营业，这一年也被称为"2008中国家庭园艺生活元年"，标志着中国家庭园艺开始走向产业化时代[⑥]。另外，国家政策也为家庭园艺的发展提供了引导和支持。北京市政府在2011年就已经颁布相关政策以推进"城市空间立体绿化"，从而实现拓展绿色空间、改善环境气候目的[⑦]。上海市也在2015~2022年不间断推出"立体绿化专项计划"，其中在2011年的文件上，对立体绿化进行了中长期发展规划[⑧]。

---

① 陈思妤，王辉，王云萍，等.家居园艺研究现状及发展趋势[J].中国园艺文摘，2015，31（6）：50-51.
② 徐惠风，金研铭.室内绿化装饰[M].北京：中国林业出版社，2000.
③ 陈思妤，王辉，王云萍，等.家居园艺研究现状及发展趋势[J].中国园艺文摘，2015，31（6）：50-51.
④ 彭春生，李淑萍.盆景学（第2版）[M].北京：中国林业出版社，2001.
⑤ 卢思聪，等.室内观赏植物——装饰养护欣赏[M].中国林业出版社，2001.
⑥ 王捷."友家花园生活"引领中国家庭园艺走向产业化[J].中国花卉园艺，2008（1）：26-27.
⑦ 北京市园林绿化局.北京市人民政府关于推进城市空间立体绿化建设工作的意见[EB/OL].（2011-08-08）[2023-04-24]. https://www.beijing.gov.cn/zhengce/zfwj/zfwj/szfwj/201905/t20190523_72625.html.
⑧ 上海市绿化和市容管理局.关于普陀区立体绿化专项规划（2021—2035）的审核意见[EB/OL].（2022-02-22）[2024-04-24]. https://lhsr.sh.gov.cn/zcqfzgh/20220225/f7125eae-c20d-4ac5-851d-be766bcfefd8.html.

(三) 当前家庭园艺的发展模式

按照家庭园艺所处的不同位置，可以将其分成家居环境内部和建筑外部的发展模式。

其中家居环境内部家庭园艺模式又分为台架模式、一点中心模式、近窗模式、环绕模式和节奏摆点模式。台架模式就是将园艺物件凭借墙架、多宝格等形式来进行科学化摆放，进一步衍生出室内园艺景观；一点中心模式通常是将物件放置在面积不大且视野较为集中的区域，例如客厅茶几或者餐桌上；近窗模式，顾名思义就是将物件摆放在窗户周边，确保不同窗子的整体空间得到有效利用；环绕模式是将景观按照围合或半围合的空间内部摆放，让人有一种身处大自然的感受；节奏摆点模式就是在走廊等位置将景观进行定点摆放，从而呈现出景观的趣味性和简约性[①]。

建筑外部家庭园艺模式可分为庭院园艺模式、阳台园艺模式和屋顶园艺模式。庭院园艺模式一般存在于大型的别墅中，我国的庭院园艺模式通常包括风格化种植模式和花架式种植模式[②]，风格化种植模式可以根据户主的需要和喜好来选择自己的庭院风格，一旦选定风格，就不能再进行较大变动。花架式种植模式则可以根据庭院形状，来灵活搭配所选景观，可以迎合户主不同时期的心理需求[③]。阳台园艺模式符合当前大多数城市家庭的现状，该类园艺多数是脱离土壤的新型栽培方式，是让家庭感受自然的人造空间环境，一般而言位置或者空间会相对较小，也就需要运用当前的技术和高密度的园艺空间环境，实现立体式高效率栽培。屋顶园艺模式相对于前两种家庭园艺模式并不常见，原因在于该类型土地较少，屋顶园艺也分为很多类型，广场型、宾馆酒店型、家居式，以及科研型屋顶花园，具体采用何种类型，需要结合屋顶形状和设计者喜好进行选择。

(四) 亲子互动共创的家庭园艺活动[④]

儿童参与家庭园艺活动需要一个过程，可以将该过程分为两个阶段，一个是引导儿童参与自然活动的阶段，另一个是正式家庭园艺活动阶段。

在引导阶段，家长可以利用游戏方式让儿童先爱上自然。游戏对于儿童具有天生的吸引力，已有的实验也证明游戏对于儿童的身体素质和认知方面的正向作用[⑤]。具体来说，游戏种类很多，可以是简单地带儿童去户外，通过与昆虫、植物互动[⑥]，或者观察

---

① 史芳芳.我国城市家庭园艺模式分析[J].现代园艺，2016(22)：122.
② 周颖.我国城市家庭园艺模式研究[D].长沙：中南林业科技大学，2015.
③ 侯智超，翟玉莹，马玉鑫.浅谈家庭园艺现状与应用[J].现代园艺，2019(15)：61.
④ 胡巍.疫情防控背景下中职园林专业家庭园艺实训课"亲子反哺式"教学模式的研究与实践[J].职业教育(中旬刊)，2020，19(4)：61-63，74.
⑤ 薛官星.亲子游戏对4-5岁幼儿身体素质的影响研究[D].兰州：西北师范大学，2020.
⑥ 登亚.亲子版趣味淘宝大游戏认识自然[M].北京：北京出版社，2014.

不同时段的天空等多种方式,从而让儿童对自然充满爱和期待。

在前一阶段的铺垫完成之后,就可以开始正式的家庭园艺活动,考虑到儿童爱玩和注意力分散的特点,家长暂时不必急于展开正式的家庭园艺栽培活动,可利用家庭园艺景观来创造新的活动,比如插花DIY、家庭花饰DIY等。插花DIY不追求专业或特别的美感,亲子共同完成即可,可按照儿童意愿,发挥其想象力,加上儿童自己喜欢的其他要素,如画画或者贴纸等,实现创意插花[①]。家庭花饰DIY主要是将花与无生命物品结合形成创意有趣的花饰作品。比如说,将一些废弃物与花饰结合,像鸡蛋小盆饰;或者自然花工艺,将真花通过风干再做成装饰画;还可以利用生活中的一些材料做成纸卷花、纸雕花以及金属花等。

二、社区花园

社区花园是社区居民在公共场所种植蔬菜、花卉或进行其他公共活动的绿地,是城市绿地景观形式之一[②]。社区花园在国外发展历史悠久,下面对社区花园的发展历史进行简单的回顾,如图3-1所示。

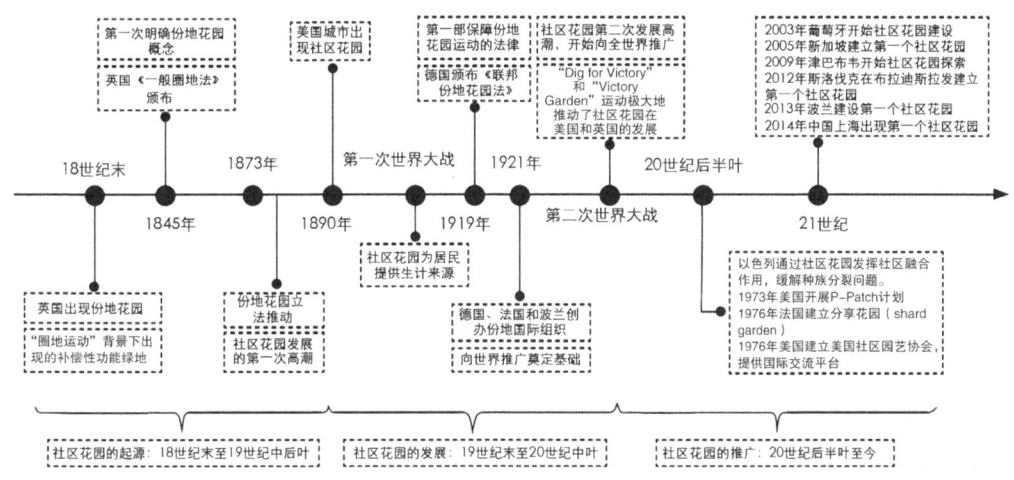

图 3-1 国际社区花园历史演进

社区花园始源于18世纪末的英国,最初名为份地(allotment),由英国资本家和慈善家出资购置土地[③],后来英国明确提出了"份地花园"的概念,但当时实施份地方案

---

① 浦冰洁. 校本课程《家庭园艺DIY》的开发与实施[J]. 生物学教学,2004(6):10-12.
② BAOJIE H, JIN Z. Constructing community gardens? residents' attitude and Behaviour towards edible landscapes in emerging urban communities of China [J]. Urban Forestry and Urban Greening, 2018, 34: 154-165.
③ 赵继龙,史克信,刘长安. 美国城市农园的发展历程及其启示[J]. 世界农业,2011(9):61-65.

主要目的是维持贫穷人口的生计。1873年，迎来了份地运动的第一次高峰[①]。此后，美国开始仿照英国的经验，在1890年设置了以教育为目的的社区花园，同时该类花园还为贫困人口和失业者提供劳动机会，自此，社区花园流行起来[②]。在"一战"期间，社区花园还被用来缓解经济危机和粮食短缺等问题[③]。随后，德国、法国、波兰等国也开始通过法律推动社区花园建设[④]，至此，社区花园建设开始向全球推广。今天人们已经不再将社会花园作为生产用地，而是作为满足城市居民的娱乐，解决社会问题，实现整个城市融合发展的场所。

我国社区花园的起步较晚，从2000年开始发展，与国外社区花园建设目的不同，我国建设社区花园主要目的是让居民强身健体、促进社区活动和交流[⑤]。最初，社区花园的建设是以政府倡导为主。从2008年起，随着对社区花园理论研究的深入，国内开始逐步将社区花园融入绿地规划管理，发掘社区花园对邻里建设和社区发展的作用[⑥]。自2014年以来，国内学者开始将社区花园的建设目的转向完善城市社区规划和提升社会效益方面，刘悦来的四叶草团队在上海建设了一个社区花园——火车菜园，加上此后的百草园和创智农园等多种类型的社区花园，共同助力中国社区花园的发展。党的十九大召开后，得益于国家对生态文明的重视，国内对于社区花园的研究开始转向自然教育、可移动景观的设计和发展，人们开始更加注重生态性与开放化的多功能社区花园，注重其可持续发展性[⑦]。

（一）基于儿童自然教育的社区花园

社区花园的建立对开展自然教育具有现实意义。一方面，融入自然教育理念的社区花园作为自然教育的空间载体，通过引导社区中的家庭带动儿童从劳动、玩耍、交流中学习自然知识，从而帮助儿童加深对于自然的认识，促进儿童对于健康、食物和生态环境的保护，鼓励儿童在大自然中体验，拉近儿童与自然的距离。另一方面，通过上述过程，儿童在具体实践过程中，可以观察自然、爱护自然、保护自然，而这一过程也重塑了社区景观。

---

① 钱静.英国份地花园的历史与未来[J].中国园林，2010，26（12）：72-76.
② 陈蓉蓉，金荷仙，颜越.近20年社区花园演进历程及热点趋势研究[J].风景园林，2021，28（11）：114-119.
③ 张雅玮，闫爱宾，方田红.国外社区农园的发展及对国内的启示[J].北方园艺，2019（17）：170-175.
④ 钱静.西欧份地花园与美国社区花园的体系比较[J].现代城市研究，2011，26（1）：86-92.
⑤ 王志芳，蔡扬，张辰，等.基于景观偏好分析的社区农园公众接受度研究：以北京为例[J].风景园林，2017（6）：86-94.
⑥ 刘娟娟.我国社区农园发展机遇与挑战[J].风景园林，2013（3）：147-148.
⑦ 陈蓉蓉，金荷仙，颜越.近20年社区花园演进历程及热点趋势研究[J].风景园林，2021，28（11）：114-119.

(二)基于儿童参与的社会花园营造案例

儿童参与的社会花园建造体现在花园建造的整个流程中,刘悦来(2020)也曾让儿童参与到社会花园的建设中,他们采取了一系列措施,带领孩子共同调研,让孩子们画下他们心中理想的花园模型,进行空间建构,进行初次方案设计,随后团队会与儿童讨论获取材料的途径,最后建设一个小花园作为实验场地[①],提升儿童参与自然活动的积极性和热情,给孩子带来潜移默化的影响。另外,也有学者将儿童参与社会花园的营造过程分成了设计参与、建设参与、后期活动参与三部分。

三、学校花园

学校花园是一种创新的教学工具和策略,让教育者将符合国家或地方教学标准的多个学科在动手活动中融合为一个完整的知识体系,体现了跨学科的教学理念[②]。在学校花园中,能真正让儿童变成学习的主体,在动态、真实的环境中去观察、去探索,让儿童在真实的生活中学习。

四、营地园艺

营地园艺并非专有名词,也不像上述的三种园艺活动可以形成独立主题来专门探索。它依托于营地教育活动,只作为营地教育中的一部分,而且其重要程度取决于营地教育的主题。所以在本节中,我们会讨论营地教育及其发展,在了解营地教育之后,再讨论营地园艺对营地教育的意义,最后再分析含有园艺设计的营地教育具体案例。

(一)营地教育概述

营地最早是指军队扎营的地方,后来发展为指代重要的教育场所,在这里大家集体生活与活动,此后语义进一步扩展,指代房车营地、拓展营地、自然户外营地等。营地教育则属于营地创新模式,1998年,美国营地协会对"营地教育"重新定义,即"一种在户外以团队生活为形式,并能够达到创造性、娱乐性和教育意义的持续的体验。通过领导力培训以及自然环境的熏陶帮助每一位营员达到生理、心理、社交能力以及心灵方面的成长"。

营地教育结合不同标准可分成多种形式,例如按照主题划分,有军事营地、生存类营地、运动类营地、自然教育营地等[③];按照是否住宿划分,有寄宿营地和非寄宿营地;

---

① 王梦茜.社区花园,城市隙地中的自然学校[J].教育家,2020(34):43-45.
② 冯文荣,李洁琼.学校花园:一种值得在中国推广的中小学健康教育理念[J].科教文汇(中旬刊),2015(2):119-121.
③ 张玉玲.青少年营地教育综述[J].内江科技,2018,39(1):81,103-104.

按照性质划分，有公益性营地和经营性营地；按照管理主体划分，有公办营地、私立营地和公私合作营地；按照营地所处位置划分，有海边营地、森林营地、沙漠营地、草原营地等；按照活动主题或目的划分，有休闲营地、运动营地、探险营地、艺术营地、教育营地等。我们主要讨论面向青少年的教育营地。

营地教育起源于美国，距今约150年历史，后续发达国家相继引入该种教育模式。目前发达国家营地教育课程主要围绕自然与社会研究、野外生存、户外运动等主题，侧重培养儿童生存能力、沟通力与合作力等综合素质。相比之下，国内营地教育会更侧重通过实践，促进儿童综合素质的提升。在这种目标导向下，衍生出多种类型与主题的营地教育活动形式。比如专业开展营地教育的网站：教育营地网，该网站借助"互联网+教育"的方式，设计了主题营、户外体育、自然教育、研学旅行、文化艺术、航空科技、亲子假日以及国际营共八大主题一百多种具体活动。

中国营地教育起步晚，但是发展迅速。2016年，教育部等11部门印发《关于推进中小学生研学旅行的意见》。2017年，教育部印发《中小学综合实践活动课程指导纲要》，要求各地要将综合实践课纳入义务教育和高中必修课程，开展多项实践活动[①]。2019—2020年，中共中央、国务院颁发《关于深化教育教学改革全面提高义务教育质量的意见》《关于全面加强新时代大中小学劳动教育的意见》，明确提出，"五育"并举，发展素质教育，鼓励在营地开展劳动教育。2021年7月中共中央办公厅、国务院办公厅颁布的《关于进一步减轻义务教育阶段学生作业负担和校外培训负担的意见》[②]提出，减轻学生作业负担，提供多种实践方式满足学生多样化的发展需要。在国家政策的积极推动下，我国营地教育迅猛发展。

（二）营地开展园艺的形式

教育营地有几个主要特征：（1）主要场所位于自然环境中，强调利用自然资源作为训练基础；（2）面向的人群主要为4~15岁儿童，符合本书园艺活动的绝大部分群体；（3）目标是强调实践，在实践中提升能力，包括动手操作、参观学习和听课，为体验式教学；（4）有整体课程安排，营期一般为多日；（5）有一定规模，且包括教学、食宿和训练活动的场地[③]。

此处介绍含有园艺部分的营地教育形式，例如：学农基地、青少年社会实践基地、

---

① 中华人民共和国教育部.教育部关于印发《中小学综合实践活动课程指导纲要》的通知［EB/OL］.（2017-09-27）［2022-11-01］. http://www.moe.gov.cn/srcsite/A26/s8001/201710/t20171017_316616.html.

② 新华社.中共中央办公厅 国务院办公厅印发《关于进一步减轻义务教育阶段学生作业负担和校外培训负担的意见》［EB/OL］.（2021-07-24）［2022-11-01］. http://www.gov.cn/zhengce/2021-07/24/content_5627132.html.

③ 林雅橙.乡村中的儿童自然教育营地规划设计策略研究［D］.广州：华南理工大学，2019.

第三章 儿童园艺教育的实践形式

亲子农场、教育农园、自然学校、农业体验园。其中学农基地和青少年社会实践基地均为教育性质基地，均包含活动场地、教室、餐厅、住宿和其他设施。农业体验园、教育农园、亲子农场以旅游观光休闲性质为主，与营地有区别，但是也有相似的活动形式，下文将简要概述。

学农基地是面向中小学生，兼顾其他阶段人群，通过农业生产、生活等资源，提供农业人士体验及相关教学服务的场地[①]。场地多以乡村或郊区为主，包括活动场地、种植场地、教室、餐厅、住宿，以及其他设施，通过体验、科普和教学等活动，实现教育和生产双重功能。与单纯的园艺活动不同的是，学农基地在强调实践的基础上，也凸显了教育教学功能。

学农基地是由学校进行管理的，基地区域规划多样，可结合学校教育和生产需求进行设计。以大连市沙河口区中小学学农基地为例，这里建立了家禽区、蔬菜种植区、果树区、生活区、渔场等多个区域[②]。当然，其中起到园艺教育作用的区域主要集中在蔬菜种植和果园区。该基地自1999年建立以来，不断完善新课程，创设了"我们基地的农作物""我们基地的水源""亲近基地的土地""我们基地的野菜""我们基地的小野花"等23个活动课程[③]，并且早已经积累了白菜、土豆、芸豆等农作物的种植教学经验。所开发的蔬菜种植课程体系中，以学生动手实践为主，设计了蔬菜和粮食作物的播种、灌溉、施肥，以及管理储存的方法课[④]。

青少年社会实践基地以教育部门和学校为主导，以中小学生为主体，以推进素质教育、加强思想道德建设为目标，开展各类综合实践活动（含农业体验活动）[⑤]。目标是通过让儿童参与、体验活动，从而获得知识，树立正确的生活态度，学会生存和探究，从而实现全面发展[⑥]。其场地不限于乡村，资源丰富的地点均可。和学农基地一致的是，两者都需要在课程的指导下来开展相关活动。课程设置一般包括国防类、素质拓展类和农业类，各地可根据自有资源继续拓展。以山东泰安山青世界户外体育营地为例，这里包含森林探险区、茶叶种植区、假日农庄等八大区域，其中假日农庄分为蔬菜园、瓜果园、五谷园，由学生亲自播种管理农作物，作物成熟后也是由学生进行果蔬创意加工、烹饪等成果展示，目标是让学生在体验农耕生活的同时，学会关爱并享受快乐。

---
① 赵岩，黄梦婷.青少年学农教育实践基地发展研究[J].农业科技管理，2022，41（1）：59-63.
② 李洪玺.创建学农基地 实施素质教育[J].辽宁教育研究，2001（8）：75-77.
③ 刘彩莲.有效开发基地资源 科学构建课程体系[J].辽宁教育，2014（23）：54-55.
④ 周雍.让学农课程更加精彩——《我们基地的农作物》的实践探索[J].辽宁教育，2015（5）：8-9.
⑤ 高燕青，陈东田，时玉芹，等.青少年户外体育营地规划研究——以泰安山青世界为例[J].青少年体育，2015（2）：21，130-132.
⑥ 姜伟信.如何在青少年社会综合实践基地有效组织开展实践活动[J].初中生优秀作文，2015（18）：9.

考虑到上述基地实践活动参与程度高、对学生的身体素质和认知能力有要求，所以主要适合的人群是中小学生。学龄前儿童可以在家长和教师的带领下，参与农业体验园、教育农园等基地的活动。另外，这几类活动与营地相比最大的差异在于，开展活动的时间主要以单日为主，而营地则可达数日，另外营地会有课程作为活动规划和依据，而此类活动一般没有课程规划，主要取决于园区的成熟程度。

农业体验园。农业体验园集农业科技、农业观光、科普教育、都市休闲、文化传承为一体，是以体验观光、农作物采摘、自然教育为核心的生态农业专类园[①]。农业体验园的意义在于让孩子们通过认识农作物，参与农村动植物生长过程，体验农村生活，传承和延续农业文化[②]。以北京爱体验苹果主题公园为例，该园区苹果主题园分为观光采摘区、设施栽培区、品种展示区、展览展示区和亲水休闲区五个大区，以观光采摘区作为中心。基地在大力发展体验式旅游的同时，开设多种主题的体验课程。以农耕体验、生活实践课程为例，针对1~3年级学生，开设农事观察，林下捡鸡蛋，制作苹果醋、苹果派、寿司、香草饼干等活动，从而提升儿童实践创新的科学精神[③]。

教育农园从观光农园发展而来，属观光休闲农业形态中的一种[④]。孔令亚（2008）认为，教育农园是同时保障农业生产与科普教育功能的农业经营形态，是进行农业科技示范区的科普教育和观光休闲活动的场所[⑤]。以我国台湾地区台一生态教育休闲农园为例，该园区作为生态农业园，最大的贡献就是成为儿童接受生态教育、自然教育的天然教室。园区内设有DIY插花教室、文化艺廊、花园餐厅、浪漫花桥等多个功能区，为儿童接受生态教育和感受自然提供多样化场所[⑥]。在这里，解说员可以向儿童介绍园区动植物和景观；在蝴蝶生态馆儿童可以近距离观察蝴蝶，了解其生活习性；在已经建立的温室大棚中有很多珍稀植物种类，可供儿童进行观赏[⑦]。

无论是农业体验园还是教育农园，其举办活动和具体设置会有很多相似性，比如都注重体验性、实践性，提升儿童动手能力，从而提升儿童的综合素质，只是在具体的主题和侧重点上稍有差异。在生活中，如果仅仅是让儿童体验园艺乐趣，可以借助上述的

---

① 陈妍妹.基于自然教育理念的丰台怪村亲子农业体验园景观设计研究[D].成都：成都理工大学，2020.
② 潘刚.休闲农业：发展现代农业的重要路径选择[J].中国乡镇企业，2013（3）：44-45.
③ 陈妍妹.基于自然教育理念的丰台怪村亲子农业体验园景观设计研究[D].成都：成都理工大学，2020.
④ 罗依浓，马尚平.教育农园发展研究[J].农村经济与科技，2018，29（9）：101-102.
⑤ 孔令亚.科普教育基地模式创新与探索[J].陕西农业科学，2008（5）：191-193.
⑥ 张国珍，陈元阳.台湾地区生态旅游教育发展与展望——台一生态教育休闲农场[C]//休闲农业与乡村旅游发展——第二届"海峡两岸休闲农业与观光旅游学术研讨会"论文集.北京：中国矿业大学出版社，2004：224-229.
⑦ 张海.教育农园的发展与规划设计研究[D].南京：南京农业大学，2013.

任何一种活动。

（三）自然教育营地中的园艺案例

大地之野自然营地位于浙江省杭州市临安区，依托天目山丰富的自然资源，为儿童提供自然教育专业营地。营地以科学、探索、艺术和生活作为主要方向，锻炼儿童德智体美劳综合素质。

整个营地分为体验中心、天空之城、林间活动基地、户外露营地、自然艺术手作基地和田园生活基地等多种类型。营地以科学、探索、艺术为主题，针对不同年龄段儿童设计多样化主题探索课程，例如，针对7~13岁儿童，设计竹筏渡河课程，锻炼儿童的协作、社交和动手能力；设计夜行课程，锻炼儿童克服对黑暗的恐惧心理，帮助其了解不一样的自然；设计观鸟课程，培养儿童科学素养；设计自然笔记课程，培养儿童发现生活美的审美能力、创造力和动手能力[①]。

在众多基地中的田园生活基地，主要是由田园课堂、食物教育体验基地、民俗餐厅、民俗文化体验区、蔬菜种植与采摘基地和料理区构成。在该基地内，儿童在田园课堂和食物教育体验基地中认识日常蔬菜和植物；在蔬菜种植与采摘基地内儿童可以体验播种、拔草、采摘、浇水等相关活动，然后在料理区儿童可以尝试在成人指导下，协力合作，完成烹饪。此外，田园生活基地内还种植了很多农作物，例如油菜，利用油菜花等作物可以让儿童完成艺术插花或艺术创作，从而培养儿童发现美、感受美的能力。

第二节 儿童园艺物质载体

一、儿童园艺工具

园艺工具经历较长的发展时间，是从人类早期农业生产工具变化而来，但是在当时，此类工具主要以木头、石材等为原料。由于当时的生产方式简单，所以工具外形一般比较粗糙。从19世纪中叶开始，伴随着园艺从农业中分离出来，园艺工具也逐步专业化。后来，工业化的迅速发展使得金属材质（铜、钢、铝）等原材料被大量应用在园艺工具的生产中[②]。进入现代，各种电动、柴油类、智能类园艺工具层出不穷，种类多样，在减少人们园艺工作负担的同时，也推动了园艺产业的发展。

---

① 孙琪.滨州打鱼张自然教育营地景观规划设计研究［D］.济南：山东建筑大学，2021.
② 罗钧骏.B园艺工具公司市场竞争战略研究［D］.宁波：宁波大学，2015.

（一）国内外园艺工具产业发展现状

进入 21 世纪以来，伴随人们环保意识的增强，欧美发达国家开始在园艺工具设计中加入环保理念，例如堆肥器、集雨器等开始被应用到园艺活动中，这也使得园艺用品朝着更绿色环保的方向迈进①。目前，全球对园艺用品的需求仍然集中在欧美和日本。欧美园艺用品发展已经步入成熟期，市场上有很多具有代表性的国际品牌，发展历史悠久，且销售规模巨大，例如以制作手工具类园艺用品为主的芬兰企业 Fiskars，其出产的菲斯卡品牌的橘黄色手柄剪刀是全球著名的园艺剪刀之一。美国企业 Ames，是全球最大的草坪及无动力工具制造商之一。我国园艺用品仍处在发展阶段，目前面临园艺用品制造企业规模较小、创新能力有待提高、技术水平待提升和销售渠道不够完善等问题。

（二）儿童园艺工具产品设计原则②

儿童园艺工具产品既符合儿童产品设计的一般特点，同时也有其独特性。

安全性。这是儿童园艺工具设计的首要原则。日常产品都应尽可能对工具进行外观上的圆滑处理，在园艺工作过程中，难免涉及危险性质的刀具、修枝剪等工具，可设置安全锁或者是刀片套，以防止非正常使用情况下的刀口外露。结构上整体与部分间的关系不宜复杂，可拆卸产品的零部件大小也要反复考虑，防止儿童误食和伤害自身；材质选择上应确保无毒无害③。

趣味性。儿童的好奇心促使其对外界产生兴趣，但是儿童的注意力又容易分散，此时有趣味性的产品能很好抓住儿童的兴趣点，让儿童在兴趣中学习，同时还能提高自身的动手能力④。儿童产品外观的趣味性设计可以参照现有的卡通形象，并选用明亮鲜艳的色彩。

易用性。儿童工具要求儿童能迅速掌握使用技能。这就要求设计者结合目标儿童市场的认知心理特点和儿童的接受能力，设计出最好能让儿童一看就懂、一学就会、减少使用障碍的工具，从而为儿童提供一个轻松、愉快的使用前提⑤。

（三）当前园艺工具分类

中华人民共和国《园艺工具通用技术条件》对园艺工具进行了分类和命名，并在此基础上规定了对园艺工具的技术要求。该规定按照用途、功能和形式标准对园艺工具进

---

① 赵平.园林机械行业趋势［J］.中国花卉园艺，2001（3）：9-10.
② 张珍.面向可持续生活方式的儿童园艺工具设计研究［D］.上海：东华大学，2013.
③ 林楠，陈烈胜，张景文.行为引导在儿童产品设计中的应用研究［J］.设计，2021，34（16）：17-19.
④ 刘应生.基于可持续设计理念的儿童产品设计研究［D］.青岛：青岛大学，2021.
⑤ 张珍.面向可持续生活方式的儿童园艺工具设计研究［D］.上海：东华大学，2013.

行分类，主要将其划分为5大类18小类①（如表3-1所示）。

表3-1 园艺工具的分类

剪类	刀类	锯类	花卉工具类	叉耙铲类
剪枝剪	园林用刀	手锯	花卉叉铲	叉系工具
高枝剪	胶园用刀	修枝锯	花卉耙锄	耙系工具
整篱剪	农田用刀	高枝锯	花卉移栽工具	铲系工具
果剪	植保用刀	—	—	—
桑剪	—	—	—	—

由表3-1可以看出，此处的园艺工具涉及范围很广，不仅包括本书涉及的园艺用具，也包括农田类型刀具。儿童园艺工具正是基于上述分类，在确保安全的园艺工具类别中进行再细化分类。

按照园艺工具的属性，可再将上述园艺工具进一步细化分类，主要包括五个种类：手工类、机械类、灌溉类、装饰类以及资材类（如表3-2所示）。儿童园艺工具的作用主要有两点，一是开发儿童智力，二是让儿童更加亲近大自然。从具体产品类型来说，包括花园锹、花园耙、整枝剪以及锯子等②。

表3-2 园艺工具产品分类③

类别	代表型产品
手工类	堆肥器、手锯、耙子、铲子、剪刀等
机械类	割草机、剪枝机、电动手锯等
灌溉类	水管接头、水管、水车、喷雾器、洒水壶等
装饰类	墙饰花架、花园装饰品、花盆和吊篮、风向标、喂鸟器、烛台等
资材类	化肥、种子、地膜、建材等

二、适合儿童园艺的植物种类

园艺植物是指供人类食用或观赏的植物，包括果树、蔬菜、花卉④。本节会先对常见的园艺植物按照各种标准进行分类，然后在常见园艺植物分类的基础上，列举儿童园

---

① 中华人民共和国国家质量监督检验检疫总局，中国国家标准化管理委员会.国家标准 园艺工具通用技术条件（GB/T 6866-2008）[EB/OL]，(2008-12-30)[2024-04-24] http://openstd.samr.gov.cn/bzgk/gb/newGbInfo?hcno=A5C4F8665F4051C0466A49869DC0956A.
② 陆路.JL公司儿童园艺工具中国市场营销策略研究[D].青岛：中国海洋大学，2014.
③ CFNA FLOWER BRANCH.全球园艺用品行业发展综述[J].农业科技与信息（现代园林），2011（2）：56-59.
④ 范双喜，李光晨.园艺植物栽培学[M].北京：中国农业大学出版社，2001.

艺植物的特征、种类和种植方法。

（一）园艺植物分类

园艺植物的分类标准众多，最初大部分是按照植被或者物体的经济性状进行分类的，例如果树中果实的大小、形状、颜色、花序等。但是，仅仅依靠标本的形态，会带有局限性，而细胞学、遗传学、生理学等方法可以深入研究植物内部结构、染色体数目、授粉受精百分数和生理生化性质，能够更好说明植物形状多种多样的原因。总的来说，对于园艺植物的分类标准，已经从形态描述与比较分析阶段，逐步到了深入实验阶段①。

全世界植物有40多万种，其中高等植物有30多万种，归属300多个科，绝大多数科中都含有园艺植物，本书只介绍重要以及常见的园艺植物②（不包含芳香及药用植物）。在《园艺植物分类学》③一书中，作者从园艺植物的实用和系统角度来对其进行分类，根据实用角度可分为果树、蔬菜、花卉和草坪4种类别。另外，《园艺植物栽培学》一书则分别从植物学角度、果树角度、蔬菜角度、农业生物学角度对园艺植物进行划分，在上述大类下，还划分了不同小类，例如按植物学分类分为十字花科、蔷薇科、豆科、菊科、茄科、葫芦科、芸香科、百合科、葡萄、唇形科、禾本科等43种科目④。还有学者根据植物归属的科和属，采用植物检索表，将园林园艺中的植物分成观花类、观果类、观叶类、观干类、荫木类植物。

上述分类是基于整体园艺植物立场来进行的综合性分类，也可以按照园艺具体实践形式对其进行分类，例如家庭园艺和社区花园植物。对于普通的家庭园艺而言，也很难根据一套标准涵盖所有类型的植物，一般可根据其观赏特性及实用功能将家庭园艺植物分为观花类、观果类、观叶类、攀缘植物类、芳香植物类、观赏草类、水生花卉类、观赏果蔬类、多肉类植物及仙人掌类十大家庭园艺植物种类⑤。

（二）儿童园艺植物的特征与种类

儿童园艺植物并没有严格的分类标准，结合当前市场上儿童植物科普的书籍来看，学者们对于儿童植物的归类，有些是以植物所属的纲、目、科、属的方式⑥，还有根据季节变化以及植物的功能进行的分类⑦。值得一提的是，以2021年最新出版的《中国儿

---

① 俞德浚.关于园艺植物品种分类和命名问题［J］.园艺学报，1963（2）：225-232.
② 李光晨，范双喜.园艺植物栽培学［M］.北京：中国农业大学出版社，2001.
③ 崔大方.园艺植物分类学［M］.北京：中国农业大学出版社，2011.
④ 李光晨，范双喜.园艺植物栽培学［M］.北京：中国农业大学出版社，2001.
⑤ 申星.杭州市家庭园艺植物材料筛选及景观设计研究［D］.杭州：浙江农林大学，2018.
⑥ 李继勇.植物百科寻奇［M］.北京：天地出版社，2016.
⑦ 于颜慈.超有趣儿童植物课堂［M］.广州：广东科技出版社，2016.

童植物百科全书》[1]为例,该书由儿童植物学家、科普学家、博物学家以及园艺工程师共同编写,涵盖儿童植物分类学、器官、生态、农作物、园艺、本草六大类植物知识,在对植物进行知识科普的同时实现了园艺模块知识的迁移。

总体来说,上述书籍尽管分类标准不同,但是所有书籍均按照——列举的形式展开,基于此,本书也将参照上述书籍列举方式,推荐常见的适合儿童种植的园艺植物。

适合儿童种植的园艺植物的特征:首先,一定要安全。带刺或者荆棘的植物虽然漂亮,如月季、仙人掌,但是儿童会不小心触碰到。还有一些是有毒的植物,如夹竹桃等,儿童一旦触摸容易发生瘙痒、红肿等症状。另外,要容易种植且生长期短。播种后要很久才能发芽的种子对儿童吸引力不大,且儿童难以掌握复杂的种植技术,因而在选择儿童园艺植物时应尽可能选择容易成活的种类,例如芽苗菜、萝卜和胡萝卜,种植简单而且收获也很快。

其次,可以开花结果的植物,几个月辛苦的照看需要有激励物作为奖励,如果植物可以开花或者结果,会让儿童充满成就感。

最后,需要经常浇水的植物,大部分儿童都难以拒绝可以玩水的项目,例如西红柿作为一种需要定期浇水的植物不仅可以满足儿童的兴趣,而且作为一项任务还可以培养儿童的责任感。

此处,我们列举了一些适合儿童种植的常见的园艺植物,也就是在儿童园艺中,涉及最多的花卉、蔬菜和水果(但注意科学上的分类是根据纲、目、科、属进行区分,不分水果、蔬菜)。在园艺中,花卉一般指供人们观赏的作物,例如荷花、凤仙花、菊花;蔬菜一般指供人们食用的草本作物,如茄子、西红柿、青菜等;水果一般被定义为多汁且主要味道为甜味和酸味、可以被食用的植物果实。但是在园艺中,三者也没有严格的区分,经常会有把蔬菜视作花卉种植的情况,如羽衣甘蓝、南瓜,它们通常集观赏与食用价值于一体[2],有些植物既是水果又是蔬菜,例如西红柿。因而本书主要从列举角度推荐儿童园艺植物,并且不区分类别(具体品种此处不作讨论)。

萝卜:萝卜是最简单和收获最快的地作物之一,还可以在整个春秋季反复播种,这样不仅可以提高产量,而且儿童还可以观察其生长过程。萝卜可以在任何容器中种植,且发芽时间较短。

胡萝卜:同样也是一种容易种植的作物,尤其是当前市场上流行的水果胡萝卜,可以作为日常的小零食,营养也很丰富,儿童可以在收获之后直接食用。另外,还可以引

---

[1] 《中国儿童植物百科全书》编委会.中国儿童植物百科全书[M].北京:中国大百科全书出版社,2021.
[2] 唐黎标.花卉与蔬菜[J].甘肃林业,2005(1):40-41.

导儿童将带叶子的胡萝卜顶端放入水中，植物还可以再次生长，这个过程也会让儿童充满兴趣。

万寿菊：万寿菊是一种生命力非常顽强的作物，它不需要儿童进行太多的养护，只要一片区域或者容器，播下种子后就可以自己生长，是让儿童观察发芽过程的优秀样本。更重要的是其花朵颜色艳丽、朵型硕大，非常具有观赏价值。

西红柿：中等高度的小灌木丛非常适合儿童身高，种植西红柿需要定期浇水和施肥，刚好符合儿童爱玩水的特点。可购买培育好的幼苗直接种植，交给小朋友定期浇水的任务，丰收的果实会让他们充满惊喜和成就感。

生菜：也是可见的生长，可以刺激儿童的兴趣，种植周期也很短，两到三周就可以把生菜的外衣叶子摘下来做菜了。还可以尝试引导儿童食用自己亲手种植的食物，有助于其均衡营养。

黄瓜和南瓜：如果黄瓜栽种后不进行垂直支架处理，就会和南瓜一样，向四周蔓延开来，爬满整块地。此二者的果实不仅可以食用，也可以做南瓜或者黄瓜的雕刻手工艺品，甚至可以让儿童发挥想象力，制作帽子、南瓜灯，整个过程充满趣味。

向日葵：明亮多彩，高大而成长快速，多数人喜欢向日葵的特色外观，尤其是儿童。向日葵明亮的色彩很容易鼓舞儿童。向日葵需要很大的生长空间，所以最多种植两棵。它们在一周内发芽，并在两周内成为小苗。在 8 周时，枝芽就会开花，数百个葵花籽仁就会变得可见。

多肉植物：肉嘟嘟的外形很受儿童喜欢，而且养护非常简单，只需要经常将其放置在阳光处，每周浇一次水就可以很好地生长。一般可以直接作为盆栽，移动也很方便。

绿萝：如果家里真的没有开展园艺的条件，还可以尝试找一杯清水，在其中放置几棵绿萝，从而让儿童观察绿萝在水中冒出来一点点白色根须的过程，感悟生命力的顽强。儿童可以随时观察植物的变化，也可以将此过程作为一种亲近自然的方式。

上述列举无法穷尽所有适合儿童园艺种植的植物。除此之外，还有很多可以让儿童尝试种植的植物，例如：风信子、花生、豆角、扁豆、丝瓜、吊兰、西兰花、花椰菜、洋葱、迷迭香、金盏花、土豆、豌豆、茄子、大蒜、玉米、菠菜等植物，只要能够启发儿童探索和实践，符合儿童兴趣，都可以鼓励和引导儿童去尝试。

（三）儿童园艺植物种植流程举例

一般而言，园艺植物有专业的种植流程，对选种、育苗、种植方式、种植的地点都有要求，但是由于是对应儿童这一主体，所以本节涉及的种植流程都较为简化，力求贴合儿童实际。

适合儿童种植的园艺植物也有很多类型，在此仅举例介绍胡萝卜、小番茄的种植过程。

1. 胡萝卜

可以选择种植时间为4—7月。

第一步：先让儿童准备一个透明的小袋子，可以往里面装一些胡萝卜种子（10~15粒最佳，太多的话撒种时儿童较难控制）。

第二步：让小朋友蹲下来，拿好种子袋，口袋朝下，在大概距离土壤5厘米处轻轻抖动种子袋，这样种子就可以从袋口一粒粒落下来。

第三步：小朋友轻轻用手给种子上撒一些土，将其盖起来。提醒儿童只需要薄薄的一层土，能够把种子盖上就可以了。

第四步：手心朝下，轻轻压一压土壤，这样可以更好地使种子埋入土中，提醒儿童只要确认种子不会裸露在表面就可以了，压的时候千万不要太大力，不然胡萝卜还没有长出来就已经不能发芽了。

第五步：用一个装有莲蓬头的洒水壶给种子浇一点水，千万不要直接用水龙头，因为洒水壶的莲蓬头有一个个的小洞，这些小洞可以保证浇出来的水均匀且细密。

接下来就是每天给胡萝卜浇一点水了，在大概种下两周后，胡萝卜的嫩芽就会长出来。继续保持耐心，三四个月后（具体结合种植地区与季节），就可以收获胡萝卜了[①]。

第六步：准备采收。和萝卜相似，胡萝卜在成熟的时候也会露出地面一部分，也被称作"露肩"。此时就意味着胡萝卜的身体挤开了土壤，在露出2~3厘米时就可以收获了[②]。这时候可以指导儿童用手握住胡萝卜根基处的叶子，就可以很容易将其拔起来了。

2. 小番茄

第一步：播种前先用带有莲蓬头的洒水壶洒水，目的是湿润土壤，然后用小铲子等工具将土壤挖一个小坑，将苗种下（直接取已育好的苗），就可以将其放置在阳光下。

第二步：2~3周后，需要摘掉侧芽和开出的第一朵花（该过程需要成人或者小学高年级学生进行，后期如发现长出侧芽，也需要立即将其摘除）。

第三步：在此一周后，番茄的茎已经长到一定高度时，要立下支柱引导其生长，可以找一个细长杆和一些绳子，将番茄的茎与杆绑在一起，该步骤可由指导者与儿童共同完成。

第四步：上述步骤结束三周后，番茄会开始开花，这时候儿童可以在指导者的引导

[①] 菲利普·阿斯雷.我的播种与收获（小小园艺家系列）[M].郭容川，译.武汉：湖北科技出版社，2016.
[②] 伊丽莎白·米勒德.家庭厨房小菜园[M].北京：机械工业出版社，2015.

下,将花朵的前端剪掉,这样接近主枝的果实也会长得更大。

第五步:开花大约35天后,当果实完全成熟后,就可以开始采收了。当果实变红,花萼往上卷起就表示要成熟了。

上述种植过程并不唯一,而且仅为学龄前儿童可以大致完成的步骤,还有选种、施肥、育苗、定植、消灭害虫和病菌等过程需要指导者来完成,尤其是向日葵这种喜肥植物,需要施一些磷、钾肥,每个月还需要追施一次稀薄的氮肥。当然对于小学生,也可以尝试由指导者协助完成上述过程。

现有的儿童科普类园艺植物绘本中也包含植物种植步骤,在《有趣的植物(小小园艺家系列)》[1]中,作者分别介绍了儿童常见植物,例如捕蝇草、沙漠植物、风信子、鳄梨、花生、仙人掌、蘑菇等植物,向儿童介绍植物的生长习性、功效,并且用辅以图画的方式吸引儿童;该系列下的另一本书《我的播种与收获(小小园艺家系列)》[2]中则鼓励儿童打造属于自己的小花圃,教授儿童播种、种植、移栽、扦插、浇水等一系列步骤,还教授儿童制作园艺日历,记录植物的生长过程以及自己的小苗圃的发展情况。此外,指导儿童种植园艺植物的电子版绘本也在逐步进入大众视野,叶倩莎(2020)在自己绘制的电子版植物科普绘本《哇!仙人掌》中,以卡通形式、互动功能、有趣的动态小情节设计的方式,向小学低年级学生教授仙人掌种植的具体步骤,受到儿童和家长的喜爱[3]。

第三节 校园园艺的起源与发展

校园是儿童活动的重要场所,一天当中儿童有超过7个小时的时间在学校里度过。既然校园在儿童的生活中扮演着如此重要的角色,那么,国内外的"学校花园"是如何产生与发展的呢?

---

[1] 阿斯雷.有趣的植物(小小园艺家系列)[M].郭容川,译.武汉:湖北科学技术出版社,2016.
[2] 阿斯雷.我的播种与收获(小小园艺家系列)[M].郭容川,译.武汉:湖北科学技术出版社,2016.
[3] 叶倩莎.面向小学低年段儿童的植物科普类电子绘本设计研究[D].成都:四川师范大学,2020.

第三章 儿童园艺教育的实践形式

一、国内外"学校花园"发展概况

（一）国外"学校花园"发展概况

1. 近代早期有关"学校花园"的思想与实践

在欧洲，"学校花园"可以追溯至16世纪附设于高等学校的植物园，而在基础教育阶段的学校花园只散见于思想家的论述中[1]。夸美纽斯在《大教学论》中提出："每所学校都应该有一个花园，孩子们可以经常在其中观赏花草树木，学会享受自然。"在他看来，花园让儿童释放天性，为儿童提供愉悦的学习环境[2]。卢梭提倡："大自然是儿童最好的老师"[3]，花园在卢梭的教育思想与实践中扮演着重要的角色。花园及其相关的园艺、农学、农庄管理等也是裴斯泰洛奇重要的教育实践内容。在福禄培尔创办的幼儿园中，也体现着花园教育的思想，在这里有他自己设计的花园和与之相关的游戏活动和教育内容，其中最主要的是自然观察和园艺劳动[4]。蒙台梭利认为花园除了可以用作教学工具，还可以培养学生的耐性，提高学生的道德觉悟，增强学生的责任感、环境保护意识，以及提升社交技巧[5]。

由此可见，园艺教育在西方儿童教育中由来已久，很多有广泛影响力的教育家都主张园艺教育，注重儿童在学习过程中的互动与体验，从而发展儿童的天性、激发儿童的潜力。这些花园教育的思想，为学校园艺的发展奠定了良好的理论与实践基础。

2. 19世纪后期至20世纪前期"学校花园"的普及发展

19世纪后半期，"学校花园"在基础教育领域从早期的实验阶段进入普及式发展阶段。这一时期的"学校花园"与当时在基础教育阶段兴起的自然科学教育、实业教育和劳动教育等密切相关，是自然学习的户外教室和实践园地，服务于农学、博物学等课程，以此来培养儿童对农业、劳动和自然科学知识的兴趣[6]。

在欧洲，法国、比利时、瑞士、瑞典、挪威等国先后颁布"学校花园"的相关法令，使其在制度层面上被确认。这些法令在实践层面最初作用于农业改良和农业教育，主要关注的是乡村学校和"学校花园"的农学园艺教育，并逐步扩展到博物学、植物学

---

[1] 张蕾，徐苏斌.20世纪前期中国中小学学校园发展述略[C]//中国风景园林学会2013年会论文集（上册），2013：219-221.
[2] 夸美纽斯.大教学论·教学法解析[M].任钟印，译.北京：人民教育出版社，2006.
[3] 卢梭.爱弥儿：论教育[M].李平沤，译.北京：商务印书馆，2012.
[4] 张蕾.花园里的儿童教育：近代至当代西方基础教育中的"学校园"[J].中国园林，2015，31(10)：51-55.
[5] MONTESSORI M. The montessori method[M].New York：Schocken Books，1964.
[6] 张蕾，徐苏斌.20世纪前期中国中小学学校园发展述略[C]//中国风景园林学会2013年会论文集（上册），2013：219-221.

等自然科学的教育领域。

此外，第二次世界大战时期，由于对食物的迫切需求，促使中小学利用"学校花园"这一工具开展生产。如1916年，美国有超过100万的学生在花园中劳作，从而提供了大量的食物；"二战"期间美国著名的"胜利花园"（Victory Garden）运动，即为增加食物生产，将家庭、社区的各类庭园改作战时的菜园，其中很大一部分便是中小学校的"学校花园"[1][2]。

同时，这一时期一些学者也注意到城市化背景下"学校花园"的重要性正在逐渐被削弱。如美国著名教育家杜威1915年发表的《明日之学校》一书中就探讨了都市学校中自然研究课程与社会课程，如社会调查、手工劳技等之间的关系，并指出都市儿童正在与自然疏离，自然研究课程和"学校花园"的实用性正在降低，且更加趋向于审美化与精神化[3]。这在一定程度上预示了"二战"以后"学校花园"发展的衰落。

3. "二战"后"学校花园"由衰落至复兴

"二战"以后，"学校花园"的发展进入低潮期。20世纪60年代开始，环境运动的兴起、儿童教育理论的发展，使"学校花园"的教育价值不断被重提，从而开始复兴式发展，并在20世纪90年代以后受到社会广泛关注。其中，基于花园的体验式教学、生态环境和可持续教育、儿童饮食健康、治愈都市儿童的自然缺失，是当代"学校花园"复兴的主要推动力，也是"学校花园"在当前最受关注的四大价值。近年来基础教育领域所倡导的教学方法，其基础是"体验式教学"（experiential education）、儿童心理学、环境心理学[4]。

4. 当代西方国家"学校花园"的研究与实践现状

在当代，"学校花园"在西方国家主要是由各类政府机构、学校组织、社区组织、环保和儿童教育组织及农学园艺等行业组织等推动，形成各类"学校花园"计划和项目，整体呈自下而上、多元化的发展[5]。此外，联合国教科文组织、粮食及农业组织等国际机构也推动了"学校花园"教育理念在国际的推广传播。

基于对儿童与自然关系的肯定，国外开展了大量有关绿色校园环境景观建设的研究，从理论到实践，包括欧洲"生态学校"（eco schools），澳大利亚"可持续校园"

---

[1] Shoemaker C A. Encyclopedia of Gardens. History and Design [M]. 2001.
[2] HAYDEN-SMITH R. Soldiers of the Soil: The work of the United States school garden army during World War I[J]. Applied Environmental Education and Communication An International Journal, 2007, 6（1）: 19-29.
[3] 约翰·杜威. 学校与社会·明日之学校[M]. 赵祥麟，等译. 北京: 人民教育出版社, 2005.
[4] 张蕾. 花园里的儿童教育: 近代至当代西方基础教育中的"学校园"[J]. 中国园林, 2015, 31（10）: 51-55.
[5] BLAIR, DOROTHY. The child in the garden: an evaluative review of the benefits of school gardening[J]. The Journal of Environmental Education, 2009, 40（2）: 15-38.

（Australian sustainable schools initiative），日本的"生态学校"（eco schools）或"绿色学校"（greening schools），美国有永续校园（sustainable schools）、绿色学校（greening schools）、健康学校（health schools）、高成效学校（high performance schools）、智慧学校（smart schools）、华德福教育、森林幼儿园等不同名称、概念，但都以生态、美观、节源、减废、健康及教育为核心[①②]。

近年来"学校花园"在实践中的发展日趋多元化。从传统的小型植物园、花卉园、菜园到主题花园，如昆虫花园（如蝴蝶园）、食物花园（比萨园或面包园）、雨水池塘花园、食品废物再利用花园，以及历史文化或乡土主题花园等。"学校花园"的范畴也从独立园地拓展到整个校园户外环境的再设计，并拓展到社区、乡村、野外，与社区组织、地方自然保护组织、环保组织，以及大学农林园艺院系等展开广泛合作。

但也需认识到当前仍然存在影响"学校花园"发展的障碍因素，如基础教育领域对"学校花园"缺乏足够的认识；缺少地方政策支持；相较于花园，社区和学校仍然更加重视游戏、体育设施。在未来应在教育主流系统中对"学校花园"予以制度化落实，从而促进学校花园健康有序发展[③]。

（二）国内"学校花园"发展概况

在我国，"学校园"是 20 世纪初开始在学校中推广设立的，以自然科学教育和农业教育为主要目的，实践载体主要为小型种植园、植物园或综合性园林[④]。

1."学校花园"理念的引入

这一时期我国开始翻译和引入有关学校花园的日文文献和专著，如 1903 年《教育世界》杂志发表的译自日文文献的《述学园》，详细介绍了"学校花园"在欧洲各国的发展，并指出"学校花园"对于儿童的智育、德育、体育以及农业教育方面的重要意义。同时这一时期也出现了学校花园的早期实践，如在当时的直隶，新创办的保定模范小学堂就附设了植物园。

2."学校花园"在制度层面的确认

在 1912 年至 1913 年颁布的壬子癸丑学制中，第一次明确提出了在中小学校中应

---

① 邱茂林，黄建兴.小学、设计、教育［M］.台北：田园城市文化事业有限公司，2004：34.
② 祝怀新.环境教育论［M］.北京：中国环境科学出版社，2002：51.
③ Blair, Dorothy. The child in the garden: an evaluative review of the benefits of school gardening［J］. The Journal of Environmental Education，2009，40（2）：15-38.
④ 张蕾，徐苏斌.20 世纪前期中国中小学学校园发展述略［C］//中国风景园林学会 2013 年会论文集（上册），天津大学建筑学院中国文化遗产保护国际研究中心，2013：3.

设置"学校花园"的要求，《小学校令》中规定："小学校应设备校地、校舍、校具及体操场、学校园。高等小学校加课农业者，应设农业实习场"。北洋政府颁布的《国民学校令》《高等小学校令》《预备学校令》以及《小学规程》等中，延续了对"学校花园"的设置要求，并将其作为学校应设置的一项重要设施。国民政府颁布了一系列"课程标准"对学校课程设置、目标、内容和教学要求进行统一规定，如小学阶段的自然、常识、劳作、园艺课程，需利用学校花园进行相关教学，如1922年颁布的《小学自然（包括自然园艺）课程纲要》中就对"学校花园"的设计和布置、不同年级自然园艺教学内容的逐级进阶进行了详细规定①。

3. "学校花园"的普及发展

1912年设置学校花园的规定被纳入新学制以后，"学校花园"便开始了普及式发展。1919年教育部刊行的《优良小学事汇（第一辑）》汇集了直隶、江苏、浙江三省十一所优秀小学事例，除一所无明确记录外，都设有"学校花园"，有的还设有规模不小的农事和园艺试验场。

在这一时期，还涌现出一批颇具特色的学校花园，如创建于1911年的上海万竹小学（今上海实验小学）的"学校花园"。近代著名教育家朱剑凡1905年创建了长沙周南女子中学，该校的学校花园则被誉为这一时期的典范，该园分为学级园、公共学级园和美育园三部分，其中，学级园就按各年级来分区种植各种植物。而财政支出有限、用地紧张的学校，也会利用校园边角地，或仅采用盆栽方式充当"学校花园"，如1917年《绍兴教育杂志》就报道了"就校中隙地，略辟小园，种植几种花草，以备研究理科之用"的学校花园建立方式。这些理论与实践成果都说明，学校花园在当时正在普及发展。

4. "学校花园"受到重视和提倡

1915年农商部、教育部联合发布文件倡导设立"学校花园"。1937年，新生活运动促进会为推行劳动服务教育，在各地发起了建造学校花园的运动。"学校花园"在这一时期受到了政界、教育界及社会各界的重视和提倡，探讨"学校花园"的相关文章和专著也大量增加②。

5. 当代"学校花园"的高速发展

1985年，邓小平同志提出，"我们国家，国力的强弱，经济发展后劲的大小，越来

---

① 课程教材研究所.20世纪中国中小学课程标准·教学大纲汇编[M].北京：人民教育出版社，2001.
② 张蕾，徐苏斌.20世纪前期中国中小学学校园发展述略[C]//中国风景园林学会2013年会论文集（上册），天津大学建筑学院中国文化遗产保护国际研究中心，2013：3.

越取决于劳动者的素质，取决于知识分子的数量和质量。"也正是在这一阶段，小学校园在公共空间的设计上开始了最初的突破和转变。小学校园开始重视学龄儿童除课堂学习之外的其他行为模式。学生课余时间的互动、交流等行为也开始在小学校园里寻找到更多更舒适和适宜的发生场所。

目前国内有很多"学校花园"的实践，如生态校园、绿色校园、学校花园等。以"学校花园"为场所的教育让学生在校园里参与种植蔬菜、水果、花卉等活动，帮助学生了解花园生态系统各因子之间的联系和植物生长等知识，教会学生园艺和农业方面的理念和技巧，帮助学生建立与自然的连接。

在"学校花园"中进行的儿童园艺教育，与传统的教学方式相比，有着不可替代的优势。首先，"学校花园"帮助儿童认识自然规律和当地自然地理条件，学校花园的课程通常是根据当地的气候、水文、动植物特点和其他自然地理条件，来设计课程和活动的，这种遵循自然规律的课程设计有助于学生深刻理解和体验生态系统的运作和植物生长的过程，也能让学生通过在实践中取得明显的耕作效果而获得成就感。其次，"学校花园"进行的是一种体验式的学习活动，学习自身是一个"体验→反思→概念化→提炼→解决问题"把所学到的新东西"内化"的过程，学生能通过自己的体验学到最深刻的知识。再次，"学校花园"进行的是一种跨学科的学习，可将多学科的知识融入"学校花园"的教学实践中。这有利于培养学生的跨学科思维与创造力。如今越来越多的学校认识到"学校花园"的价值，学农劳动教育实践基地、校园"一米菜园"等在校园中陆续出现，让越来越多的儿童从中受益[①]。

二、校园园艺发展的必要性

学校的教学任务已经很繁重了，为什么还要开展校园园艺活动呢？这是很多一线教师经常面临的困惑。本书在第一章对儿童园艺教育的意义进行了阐述，在第二章更是从心理学视角对儿童园艺教育的价值进行了分析。在儿童园艺教育的实践中，有越来越多的成果表明儿童园艺教育的意义。那么具体应用到校园情境，儿童园艺教育有何必要性呢？

（一）校园环境视角

学校是儿童接触最多的环境，校园的环境、学校的教学方式都会影响儿童的成长。校园绿色度更是对儿童的学习发展、心理健康都有着积极的促进作用。亲生命假说、压

---

① 杨金兰.美国环境教育的新趋势——以学校花园为基础的环境教育[J].中学地理教学参考，2013（10）：68-70.

力恢复理论、注意力恢复理论、散件理论等理论，为绿色校园对儿童的积极影响提供了理论支撑。相关研究成果也表明了校园绿色度对儿童的学业发展、心理健康等方面的促进作用[1]。

然而，受财政投入、教学模式等多种因素的影响，部分校园设计仍然停留在解决基本需求的层面上。设计师们更多考虑校园的建筑形式，如何改善室内环境，而缺乏对使用者的关注，导致部分场地设计偏离儿童的行为特点。

校园的户外活动场地是学生们课间活动的首选，然而目前在很多校园，户外活动场地基本只由运动场和集散广场组成，使用功能单一，设计改造也只是着眼于提高校园绿化率、增加各类游乐设施等，虽然这种方式能快速提升校园景观环境，但这并没有将校园真正提升为适合儿童学习与身心发展的场地[2]。

在理论层面，打造绿色度高、儿童友好的校园环境对儿童的发展有诸多地益处。在实践层面，则受到多方因素的制约，校园环境的打造并未得到与其价值相匹配的重视。因此，打造高绿色度的校园环境，进行校园园艺教育很有必要。

（二）儿童身体健康视角

儿童园艺教育是食育和健康教育的形式，能帮助儿童对水果和蔬菜产生积极的态度，从而形成健康的饮食习惯。因此，从健康与营养方面来看，在校本课程设计时，可以将教育、烹饪和园艺元素以及家庭环境的元素融入其中[3]。

从医学的角度来看，自然环境景观对儿童身体健康颇有助益。对于缺乏维生素D的儿童和青少年，应该多到户外活动，多与太阳光接触[4]。在自然环境中玩耍，不仅能促进儿童运动能力（平衡性和协调性）的发展[5]，还能预防维生素D缺乏。因此，对儿童进行校园园艺教育，让更多的儿童到户外环境接受日光的照射很有必要。

此外，儿童近视问题一直是备受关注的话题。近年来，随着电子产品使用的增多和儿童青少年学业的加重，近视在儿童和青少年中的发生率越来越高。我国儿童视力问题

---

[1] 付文中.论绿色校园对儿童的积极影响[J].绿色科技，2021，23（3）：197-198.
[2] 戴静然.小学校园户外自然教育场地评价与设计研究[D].长沙：湖南农业大学，2020.
[3] HUTCHINSON J，CHRISTIAN M S，EVANS C E L，et al. Evaluation of the impact of school gardening interventions on children's knowledge of and attitudes towards fruit and vegetables：A cluster randomised controlled trial [J]. Appetite，2015：91.
[4] HUH S Y，GORDON C M. Vitamin D deficiency in children and adolescents：Epidemiology，impact and treatment [J]. Reviews in Endocrine and Metabolic Disorders，2008，9（2）：161-170.
[5] FJØRTOFT I. Collected Papers：Landscape as Playscape：The Effects of Natural Environments on Children's Play and Motor Development [J]. Children Youth & Environments，2004，14（2）：21-44.

严峻，增加户外活动时间能有效防控儿童和青少年视力不良的产生①。儿童园艺教育大多在户外的场所进行，在这个过程中儿童与绿色植物互动，对近视的预防与缓解有积极的促进作用。因此，在校园对儿童进行校园园艺教育很有必要。

（三）儿童心理健康视角

现今许多教育的热点问题，譬如"男孩危机"、学生心理健康、小学生课业负担大、幼儿教育小学化、学生身体素质差、健康教育等问题，可以通过儿童园艺教育的形式解决。有调查发现，对于"问题儿童"（孤独症、厌学、叛逆），自然环境有助于他们放松神经，调节情绪，有助于他们恢复到正常儿童的水准。因此，对儿童进行园艺教育，让儿童到户外环境与自然亲密接触很有必要。

（四）儿童创造力培养视角

英国皇家园艺学会（Royal Horticultural Society）于 2007 年发起了学校园艺运动（The RHS Campaign for School Gardening），鼓励学校积极发展、有效使用学校花园，并对园艺运动设置了以下三个目标：第一，鼓励所有学校将园艺教育作为教学工具；第二，鼓励学校通过园艺来丰富学校课程、发展儿童的生活技能，从而促进儿童的身心发展；第三，论证园艺在培养儿童成为未来的好公民的过程中所扮演的关键角色。在英国皇家园艺学会的支持与帮助下，不同层级的学校因校制宜开设了以园艺教育为中心和以"3Rs"（学习准备、弹性、负责任）为主旨的创造性课程（creative curriculum）。该课程有助于培养儿童的独立思考能力、知识与技能应用能力、创造性思维能力、灵活处事能力、团队合作能力、责任心、自信心和爱心等。

为了激发学生的创造力，皮顿·希尔小学的教师安排学生按小组进入学校花园种植南瓜，并要求学生观察和记录南瓜的整个生长过程，协同管理南瓜的日常维护工作，邀请学生父母或亲友参与活动，并及时总结和分享自己的心得和体会等。通过南瓜种植活动，学生们可以全面了解一粒南瓜子变为一盏南瓜灯的全过程。活动过程充满了各种惊喜和意外，包括种子的发芽、花朵的绽放、果实的形成、虫子的突然出现等。这样的生命过程，挑战和激发了儿童的想象、思考和行为，使花园不仅成为培育南瓜的园地，也成为发展儿童创造力的绿色基地②。

（五）教育教学视角

大卫·庞丽斯（David Polis）在《云雾森林学校》（Cloud Forest School）一书中说

---

① 王思佳，李佑发，李爱华，等.户外体育活动影响小学生视力健康的追踪干预研究［J］.首都体育学院学报，2021，33（6）：679-685.
② 陆小兵，钱小龙，王灿明.国际视野下教育促进创造力发展的分析：理论观点与现实经验［J］.外国教育研究，2015，42（1）：28-38.

道:"我们必须通过书本向我们的学生传授知识吗?让他们观日月星辰,游名山大川,看草木枯荣,他们在这个过程中自然而然就会主动思考,而思考正是真正教育的开端。"

儿童园艺教育是一种"体验式教学"活动,相比其他教育活动,其优势主要体现在:对教学内容和知识的记忆更持久;学习动机和成就感更高;跨学科学习,提高相关各科的学业和成绩;培养学生个性和团队精神[①]。在校园中开展园艺教育对教育教学有诸多益处。

首先,校园园艺教育有助于学生学业成绩的提高。一项涉及40所学校400多名学生和250名教师的研究表明,利用环境资源接受园艺教育的学生表现出以下优势:对学习活动的兴趣、热情和参与度更高;出勤率更高、出现纪律问题的概率较小;标准化考试的分数和绩点更高。这些研究表明,利用户外活动作为教学工具可以激发学生对学术活动的热情和兴趣,进而提升他们的学习成绩。

其次,校园园艺教育有助于增强学生的注意力。近年来,被确诊为注意力不集中症的儿童显著增长。有研究指出,户外学习活动对减少学生注意力不集中的症状有明显的助力。花园环境教育给学生提供了更多的在自然空间和户外学习的机会,帮助他们集中注意力,激发他们的想象力和创造力。自然而然,对学生在课业上的表现也会有相应的帮助。有研究表明,参加学校花园项目的学生,科学测验成绩远高于其他没有参加此项目的学生[②]。

最后,校园园艺教育可以促进其他学科的教学。学校花园不仅为科学和环境教育的教师提供了良好的教育场所,也可以融合其他课程。花园环境教育可以融入学校的任何其他课程,如绘画、音乐、数学、语文和生物等。这样的融入,能够让学习变得更加有意义。例如,在美国新罕尔士州学校一年级的课程中就设计了让学生了解植物发芽、开花和结果的生长过程的课程。教师为学生准备了自然日记本,带领学生在每个星期固定的时间,安静地坐在花园里,选择一棵自己感兴趣的植物,用画笔将他们所观察到的植物记录在日记本里,同时用语言描述他们所看到的变化。与直接讲授相比,在花园里的教学不仅可以帮助学生了解植物的生长过程,而且培养了他们的写作能力、观察能力和绘画能力。花园活动能更好地帮助学生学习那些在教室里较难实现的教学活动。陶行知先生在其创办的晓庄学校中,倡导"不会种菜,不算学生"的理念,以"不会烧饭,不得毕业"为口号,由此可见生活教育在学校教育中的重要性。对于学校而言,随着花园

---

① CC Cheang, Ng W K, Wong Y, et al. Planting a seed of experience long term effects of a co-curricular ecogarden-based program in higher education in Hong Kong [J]. Frontiers in Psychology, 2021, 11: 583319.

② 杨金兰. 美国环境教育的新趋势——以学校花园为基础的环境教育 [J]. 中学地理教学参考, 2013(10): 68-70.

环境教育项目的推行，原来不起眼的花园或是空地会被合理利用，学校将会多出一块生物多样性丰富的、学生自己建立和管理的教育和活动基地[①]。

校园园艺丰富了教学方式。目前，传统的教学方式还是以课堂讲授为主，讲授内容和形式有时难免单调，难以激发学生的求知欲。另外，辅助教学的工具和设备又相对较少，直观体验式教学较少。《小学教师专业标准（试行）》中指出："促进小学生生动活泼学习、健康快乐成长"，这一理念就要求在教学中更加关注学生的体悟。将知识与园艺教育结合起来进行教学，更能激起学生参与的积极性，直观的教学现场也能提高学生对抽象概念和知识的理解[②]。学校花园是进行体验式学习、探究式学习、问题导向式学习、启发式教学的良好工具，也是将各学科知识融合，让儿童接受跨学科学习的极佳场所。因此，对儿童进行园艺教育，可将其作为传统教育模式的必要补充。

（六）生态文明视角

"各级各类学校要以校园绿化为载体，开展丰富多彩的宣传教育及主题实践活动，培养广大青少年热爱自然、保护自然的情趣和改善环境的责任意识、破坏环境的忧患意识、保护环境的法律意识，促进青少年参与生态文明建设，影响和带动整个社会生态文明意识的提高。"生态文明建设是"五位一体"总体布局中的重要一环，培养生态文明意识更是要从娃娃抓起。

《户外教室——学校花园手册》是一本专注于校园朴门永续种植的指南，该书从儿童、教师、教育学的角度说明了儿童园艺教育的诸多好处。在儿童层面，花园为儿童带来了很多乐趣，这种亲身实践性的活动，可以促进儿童对食品问题的理解，帮助儿童掌握生活技能，形成强健体格和自律品质。在教师层面，花园是教学和课程的极佳素材，还能培养学生的主人翁意识；在教育教学层面，花园环境能提供多种教学风格，帮助教师从广阔的视野来看待课程，增加儿童与教师一对一的接触时间，促进儿童身体发育、对职业的理解、对社会的理解等。在生态文明视角下，更是应该利用学校花园这一工具，促进学生的成长与发展。

校园园艺作为一种"体验式教学活动"，对学校、学生、教师，甚至社区的发展都有着重要的价值。在主流的学科领域，对我们当今社会关注的健康教育、环境教育领域都有着重要的价值。这是一块很有开发价值的"新蓝海"，相信在未来会有越来越多的教育工作者，共同参与进来，挖掘与发现它更多的价值。

---

① 杨金兰.美国环境教育的新趋势——以学校花园为基础的环境教育［J］.中学地理教学参考，2013（10）：68-70.

② 冯文荣，李洁琼.学校花园：一种值得在中国推广的中小学健康教育理念［J］.科教文汇（中旬刊），2015（2）：119-121.

三、校园园艺存在的问题与未来展望

我国的校园园艺尽管已经有了一些实践成果，但是理论研究滞后于实践，在现有文献中多为幼儿园、小学阶段的校园园艺实践，与理论建构相关的文献相对较少。

2019年11月发布的《中国自然教育行业发展现状及展望》指出，人才缺乏、资金及盈利不足和扶持政策不足是目前自然教育机构面对的最大问题。儿童园艺教育与自然教育也面临着相似的问题，其存在的问题如下。

（一）应试教育压力

长期以来，多数人一直把对知识的学习放在课程目标的首位。在落实过程中，会在一定程度上忽视了想象力、创新能力与实践能力的培养，从而限制了学生思维的发展。教师在这种思想指导下，在教学过程中往往容易采用讲解、讲授、讲述及演示等单一的教学手段，对学生进行知识的灌输，从而更加剧了这种约束与限制[①]。事实上，全世界的学校都对学习成绩越来越重视。例如，挪威学校花园的一个实践案例表明，为了让学生在国家考试和国际比较研究中取得较好的成绩，校长和教师会感到越来越大的压力。这可能会使很多教师继续维持传统的室内课堂教学，而较少使用学校花园或其他户外教学方式，以确保教学效率和学生学业成绩。家庭中，家长往往只关心孩子的学业成绩，只要学习好，什么都不用干。学校也因各种升学压力、师资场地限制等，有意无意地忽视了各种与考试不直接挂钩的内容。实际上，这种教育理念，忽视了儿童行为与心理的需要，不利于儿童的长远健康发展。现在随着国家对素质教育的越加重视，招生方式越加多元化，培养方向已经有所扩展，但也局限于音乐、绘画等室内的技能培养，忽视了在自然环境中对综合素质、创造力、实践力的培养。而当代社会恰恰对人的综合素质、创造力、实践能力等方面要求越来越高，相信儿童园艺教育虽然在短期内面临着应试教育的压力，但是从长远来看，随着人们教育观念的改变，儿童园艺教育受到的阻力会越来越小。

（二）模式的本土性与适切性

儿童园艺教育在国外已经发展得较为成熟，并取得了丰硕的成果。因此，在儿童园艺教育发展过程中会借鉴很多国外的成果，但是我国国情与国外毕竟存在差别，不能盲目生搬硬套，外国的儿童园艺教育经验是"舶来品"，有些思路是根据西方的文化习惯提出来的，所以有些内容不是，也不可能直接针对我国国情设计。因此最关键的是我们

---

① 陈勇，万瑾.森林教育：构成、经验与启示［J］.外国教育研究，2013，40（6）：53-58.

应该深入研究国外儿童园艺教育,对其思想彻底理解消化,并在实践中不断改进提升,提取其思想精髓,精心设计出适应我国国情的、有在地化特色的儿童园艺教育内容[①]。

(三)国家政策支持与标准化建设

儿童园艺教育在我国来说还尚在探索阶段,在当前的教育体系中,学科教育占据主导地位。也许有人会质疑儿童园艺教育在国家层面没有像劳动教育、综合实践活动一样有专门的政策来直接指导其发展,也没有直接相关的课程标准、教学方案、师资培训体系等方面的支撑。但是结合前文的总结,我们可以发现有相当多的政策在不断支持其发展。儿童园艺可以作为综合实践活动、劳动教育、环境教育等教育活动的重要组成部分。相信在不久的将来,儿童园艺教育会在学者、一线教师等各行各界的共同推动下,获得更多国家政策的支持,标准化建设也会日趋完善。

(四)师资与课程建设

在幼儿园与小学阶段进行儿童园艺教育的教师,一般为科学课的教师、综合实践活动课程的教师等。这些教师的专业背景大多不是园艺教育,甚至在一些偏远地区,这些教学任务多由语文、数学等主科科目的教师兼任。师资力量先天不足,易导致相关课程质量难以保证。有研究者就表明在幼儿园的种植实践活动中,存在"儿童观缺失"的现象,主要表现为:重形式轻内涵、重结果轻过程、重知识轻能力、重技能轻情感、重教育轻生活[②]。

儿童园艺教育是传统教学模式的重要补充,就在于其重过程、能力、情感等的课程设计,而研究者的结果中所显示的问题正与儿童园艺教育的初衷相背离。值得注意的是,虽然儿童园艺教育师资与课程建设方面存在问题,但是它正在发展中不断完善。当前我国越来越重视素质教育,师资队伍建设也正在向专业化方向发展。

(五)家校协同

对儿童的教育应该是系统连贯的一个整体。儿童在学校可能有教师的耐心指导,但是回到家庭中,如果家长没有儿童园艺教育的观念,甚至不断让儿童学习学科知识,仅学习对于升学有显性优势的"特长",那么儿童园艺教育的教学效果是很难达到的。事实上,现在儿童的家长多为"70后"至"90后",他们当中的大多数人在有着优美环境的乡村中成长,对于自然、园艺种植活动有着深刻的记忆。而当代的儿童更多在遍布钢筋水泥的现代文明中成长,缺乏与自然的接触。因此,家长们也在逐渐转变教育观

[①] 左彩霞,蒋玲玲,范姝屿.蒙台梭利教学法的实践研究——以兰州市两所蒙台梭利幼儿园为例[J].文教资料,2020(24):185-188.

[②] 林海英.儿童观视角下种植课程的生成与整合[J].教育观察,2021,10(16):51-53.

念,希望儿童能够健康快乐地成长,更多地体验与自然接触的乐趣。

综上所述,尽管儿童园艺在发展中遇到了很多问题,但大体来说其发展前景是光明的。相信在未来,国家会更加重视儿童的素质教育,儿童园艺教育的发展会有更多的空间;在对国外先进成果引入的同时,整个行业也会结合我国国情,精心设计出更有在地化特色的儿童园艺教育;儿童园艺教育政策的支持与标准化建设会逐步推进;会有更多的优质师资队伍进入儿童园艺教育领域,儿童园艺课程体系建设也会日趋完善。

第四节 校园园艺设计

在上一节我们对国内外校园园艺的起源与发展进行了介绍,了解到校园园艺教育对儿童发展的重要价值与意义,那么我们如何进行校园园艺教育设计,才能最大程度地发挥儿童园艺教育的教育价值呢?

在本节我们将从校园园艺目标与主题的设计、时间的选择、场地的选择与布置、内容的选择与设计、活动形式的设计角度来展开论述。

一、目标与主题的设计

学校花园的目标与学校本身一样独特,但一般来说,主要有以下四个教学目标:科学精神与学业成绩;生态环境意识和负责任行为;了解食品系统和营养,以及健康饮食,尤其是新鲜水果和蔬菜的消费;积极的发展[1]。在校园场景进行的园艺活动,最重要的是适切学校教育的目标。具体来说可以结合各个学科的课标来进行设计,此外还可以结合劳动教育、综合实践活动中的价值体认、责任担当、问题解决、创意物化等角度来切入。

具体来说,校园园艺的目标是让学生掌握常见蔬菜及观赏植物的种植、培育、繁殖的方法,并通过学习让学生了解常见植物的分类、栽培技术及接受一定的园林造型的美学熏陶。让学生对土地有感情,对生命有感悟,人生观和价值观得到升华[2]。这一目标既匹配了学科知识目标,体现了劳动教育、综合实践活动的要求,同时还兼顾了人生价值等方面的德育目标。

---

[1] SKINNER E, CHI U. The learning-gardens educa tional assessment group. Intrinsic motivation and engagement as "Active Ingredients" in garden-based education: Examining models and measures derived from self-determination theory [J]. J. Environment Education, 2012, 43 (1): 16-36.

[2] 季祥祥. 校本课程开发的困境与对策研究 [D]. 宁波:宁波大学, 2017.

此外，在校园开展的儿童园艺教育的主题要突出，可以结合在地化的特色和一年四季不同的节气来进行设计。要针对不同年龄阶段的儿童，进行有针对性的设计。

二、时间的选择

经常参与园艺活动，可以帮助儿童加深对生命间联系的理解[1]。儿童每日在校时间，除去教学活动进行的时间，仍然有3小时左右的非教学时间，如果将放学后儿童在学校玩耍逗留的时间算在内，这段时间还会更长。一般来说，教师应安排每天至少30分钟的幼儿园艺区活动时间，实现其每天对植物生长情况的观察。在小学校园开展的儿童园艺教育通常以综合实践活动、劳动教育活动的形式呈现，活动时间通常为每周1~2课时[2]。除了固定的课时安排，园艺课程也可以设置学习周期、结合节日活动进行设计。

例如，约翰·S.帕克小学就设置了针对不同学段的每月学习内容。此外，在科学等学科课程中，也会进行种植活动的学习单元，以植物从播种到收获作为一个学习周期。另外，在植树节、地球日等环保节日当天也会进行以环保为主题的儿童园艺教育活动[3]。

三、场地的选择与布置

卢梭说："什么是最好的教育？最好的教育就是：学生看不到教育的发生，却实实在在地影响着他们的心灵，帮助他们发挥潜能，这才是天底下最好的教育。"校园绿地是学生在繁忙的学业之后释放压力最近的场所，也是学生最易接近的自然环境。学校可以将校园翻新，添加一些自然教育的元素。例如，学校也可以从设计一个蝴蝶园等小环境做起，再转到建造穿过自然景观的小径或修复小溪流等大环境的设计。如果校园里有着生态上的多样性，包括自由玩耍的区域、野生动物栖息地、步道和花园，儿童会从中受益良多：他们会更加活跃，有更丰富的营养意识与知识，对人更友善，更具有创造性[4]。

在包含丰富自然元素的校园绿色户外空间活动，学生的所有感官都在与自然环境的互动过程中被充分激活，这是一种有效的、自然的、健康的，也是充满快乐的学习方式。

著名教育家蒙台梭利认为："教育的基本任务是让幼儿在适宜的环境中得到自然的

---

[1] BLICK S. Grow a gadren on school grounds [J]. Skipping Stones, 2006, 18（2）：26.
[2] 吴燕. 关于园艺区的研究及对幼儿教育的启示 [J]. 启迪与智慧（中），2020（2）：12.
[3] 彭佳慧. 约翰·S.帕克小学：将花园作为STEM课程实践场 [J]. 上海教育，2021（32）：16-17.
[4] 范燕燕，章乐. 儿童的自然缺失症及其教育对策 [J]. 教育科学研究，2018（5）：67-71.

发展，教师的职责在于为幼儿提供适宜的环境。"要选择什么样的场地来开展儿童园艺教育才能让儿童从中最大程度地受益呢？这是非常关键的问题。首先，校园场地打造应该按照《幼儿园建设标准》《中小学校设计规范》等标准文件的要求进行。其次，要明确儿童园艺教育的受众是儿童，因此要充分考虑儿童的身心发展特点与个性化需求。在校园儿童园艺场所规划时，设计相近的多样性空间结构是很有必要的[①]。再次，要联系校园情境的实际，校园环境最大的优点在于场地的打造可以根据教育的需要进行，具有较大的自主性，其最大的缺点在于场地面积有限，很多教育元素无法实现。此外，主题是景观规划设计的灵魂，可以借鉴国内外优秀的校园景观规划设计中生态群落、学校花园、可持续性、文化与艺术表现、阐释性等主题来进行校园园艺场地的选择与布置[②]。

校园中可以进行园艺教育的活动空间非常多，教室、公共走廊、公共活动厅、操场、庭院、室外风雨连廊等都属于活动空间。校园户外的植物种植空间并不是随意设置的，也要根据场地的功能性来进行设计。因此要结合每块场地的功能，结合儿童的需求，为每一块场地设置适合的园艺种植空间。近年来，以校园为主要载体的儿童园艺教育发展迅速，接下来将对常见的校园园艺教育载体进行介绍。

（一）自然角

自然角起源于20世纪70年代美国教育界所流行的活动区、活动中心等场所。自然角一般设置在班级的一角或阳台和廊檐下，陈列教师与儿童共同收集来的种子、花朵、果实，植物的根、茎、叶或整株植物供幼儿观察自然、亲近自然、学习科学的场所[③]。

自然角为儿童创设了随时观察的条件，可帮助儿童认识周围事物，培养儿童对自然的兴趣，丰富儿童的生活，美化室内环境，为儿童做一些简单的生物实验（如种子萌发等）提供了场所，在这里可以指导儿童写观察日记（画图）、记录动植物生长过程等的活动[④]。

（二）种植园地

种植园地记录了各种蔬菜瓜果成长的全过程，是儿童感受自然界生命成长的最佳场所，在种植园地中儿童可以体验到观察和动手的乐趣[⑤]。

在种植内容上，选择儿童能亲自动手种植蔬菜、瓜果，如萝卜、青菜、茄子、西红

[①] 谭玛丽，周方诚.适合儿童的公园与花园——儿童友好型公园的设计与研究[J].中国园林，2008（9）：43-48.
[②] 王玮，董靓，王喆.国外中小学校园景观规划设计主题研究[J].四川建筑科学研究，2014，40（2）：302-305.
[③] 张俊.幼儿园科学教育[M].北京：人民教育出版社，2016：205-206.
[④] 祝士媛，唐淑.幼儿教育百科辞典[M].上海：上海教育出版社，1989：156.
[⑤] 赵雯艳.幼儿园种植园地与自然角的优化策略[J].黑河教育，2020（12）：75-76.

柿、葱、蒜、向日葵、玉米等。或在活动中以成人种植为主，儿童参加部分劳动，供其认识、观察植物。种植活动对儿童的科学教育起着关键性的作用，是儿童喜爱的活动，可以通过使用简单的工具对生命进行探索，儿童在探索过程中能够观察到生命的发展过程——生长、发育、死亡，从而了解人与人、人与物、物与物之间的关系，对生命产生热爱。另外儿童通过种植活动能够学习简单的种植技能，从而培养保护大自然的情感[1]。

在种植园地的设计上，场地设计主要体现在场地边界和种植槽、圃地的分割形式，最常见的几种空间划分方式为：条带状分割、规则矩形分割、放射式分割、圆形分割、几何分割和曲线分割[2]。幼儿园无论规模大小，都应尽量设置幼儿种植小园地。儿童种植的小园地要靠近活动室，以便儿童观察和管理。小园地的畦要细而长。畦与畦的间隔要大一些，60~70厘米，能放置小桶、小筐等，能让儿童来回走动。无整块空地的幼儿园，可利用边角地，为儿童打造人造小园地，即在室外砌一细长的空槽，并放进50厘米左右厚的土。

在种植工具方面，园地劳动的工具有小锄、小铲、小筐、小耙、水壶、水桶、水勺、小推车等。这些工具必须轻便安全，适合儿童的体力和身材。工具数量最好比儿童人数略多。为了让儿童在种植活动中接受常识教育，小园地种植的品种要尽量多些。比如，从植物的颜色看，有红的萝卜、辣椒，有紫的茄子，有黄的菜花等；从外形看，有长的丝瓜，有短的菠菜，有硬的棉花，有软的瓜类，有空的麦子，有实的蒜苗；从生长方式看，有地上的，还有地下的等；从种子结的部位看，有在茎顶上的菜籽，有在茎中间的蚕豆，有在地下的花生；从吃的部分看，有吃叶的，也有吃茎叶的，有吃地下茎的土豆，也有吃根的萝卜，还有吃果实的。种植的品种要选择儿童容易管理，能体验收获的品种。

在种植时间上，要考虑各年龄段教学的要求和植物生长的特点。许多植物是春种秋收的，教学计划规定认识的植物，有一些就得在一年级下学期开始种植，否则儿童就会看不到植物生长的全过程。园地收获时，要让儿童亲自动手，劳动果实要充分让儿童享受。这一环节是整个种植过程的关键环节之一，不可忽视。除供儿童种植的小园地外，幼儿园的教职工也应有几块地，作为幼儿园地的补充和准备，可以育种，可以种长年生长的韭菜、瓜类和豆类等[3]。

---

[1] 王志明. 幼儿科学巧育[M]. 南京：江苏教育出版社，1990：143-144.
[2] XIE WEI. Research on preschool children's education space[D]. Dalian：Dalian University of Technology，2007.
[3] 陈国强. 种植小园地的设置[J]. 幼儿教育，1986（3）：20-21.

（三）垂直绿化

在校园中进行垂直绿化的实践，能满足城市儿童从冰冷的"钢筋水泥"的生活中暂时脱离出来、回归和亲近大自然的需求，同时这也为儿童提供了亲近大自然的机会，让儿童可以在校园中探索植物生长、开花等规律。教师还能利用垂直绿化植物开发自然的课程资源，运用好植物"活教材"，寓教于"绿色海洋"之中。

研究表明，在夏季，有绿色植物覆盖的墙面较无绿色植物覆盖的墙面表面温度低10℃，室内温度低7℃，可谓校园天然的"空调"。因此，垂直绿化不仅可以美化幼儿园的环境，也可以调节校园的小气候，有益于儿童身心的健康发展。广东东莞东城圣融生态幼儿园就进行了垂直绿化的实践。在整个幼儿园墙面种植了爬山虎和炮仗花，运用植物光合作用吸收大气中的二氧化碳，有效降低温度，屋顶和墙面的植物仿佛给学校盖上了一层"隔热绿毯子"，让该校的温度比室外温度低9℃[1][2]。

（四）一米菜园

"一米菜园"（square foot gardening）模式，即小空间的升高花床，以一平方米左右为单位，组合成不同形状，这符合多样性、小规模集约等朴门理念[3]。

"一米菜园"为儿童提供了丰富多样的劳动实践活动，儿童通过劳动实践，在劳动教育发生的实景中，实现了身心合一的劳动体验，从而形成热爱和崇尚劳动的积极态度。儿童在亲近自然、进行劳动体验的过程中掌握了简单农耕劳作的方法，感悟劳动的艰辛与快乐，感受到知识来源于实践，体会到团结合作的重要性，萌发对生活、学习积极的态度，更丰富了自己的精神生活，提高了审美情操[4]。

（五）学农劳动教育实践基地

学农劳动教育实践基地是指由各地学校主导建设并管理的，是该校学生进行学农活动的场所。早在20世纪90年代初，我国各地便开展建设了多处学农劳动教育实践基地，旨在坚持"教育与生产劳动相结合"的社会主义教育方针。这种教育形式结合了探究式学习、跨学科学习和社会学习的形式，提高了儿童解决复杂的社会生态问题所需的能力，是应对未来可持续发展挑战的有效策略。现在"学农小菜园"已成为很多学校的标配，作为引导学生们学习农作物知识和亲身体验农事耕作的实践场地，可以让每一个班级都认领一个专属的实践场地，定期开展自然劳作活动，让学生在教师的带领下种植

---

[1] 冯宝梅.垂直绿化在城市幼儿园户外环境设计中的应用探析[J].开封教育学院学报，2019，39（7）：267-268.

[2] 肖敏，张国强.国内外屋顶的绿化设计[J].工业建筑，2015，45（1）：184-188.

[3] 王奕，张耀.基于朴门永续理念的城市公园设计策略[J].设计，2018（19）：79-80.

[4] 周颖慧.一米菜园：儿童劳动教育的第一课程[J].教书育人，2020（31）：10-11.

生活中比较常见且易成活的蔬菜，使学生认识到食物来之不易，加深学生对生活的感悟①。

校园园艺场所在实践中创造出了多种样态，但最终都要回归到"为了学生的发展"而设计。在设计时，要充分调研学生的诉求，也可以让学生参与其中的一部分设计。例如，让学生利用校园一角创造属于自己的园林作品，并将所学的生态知识应用到生活与学习中，为美化校园作出自己的贡献，从而培养学生的审美意识和解决实际问题的能力②。

四、内容的选择与设计

在校园园艺教育活动中，通常以了解园艺种植知识，传递环境保护理念作为最核心的内容。尽管活动形式丰富多彩，但是活动内容应尽可能围绕园艺种植展开。通过多样化的设计，来满足儿童个性化需求，从而促进儿童的成长发展。

在校园园艺设计时，教师可基于教学当中的观察与思考，以问卷的形式来了解学生的兴趣，可设计如常见植物的分类、植物生产规律、常见植物种植技术、科学实践活动基地建设等一系列理论联系实际的教学活动，让学习变成看得见、摸得着的载体。准备阶段，教师们可以着手收集资料，到书店购置适宜学生看的园艺书籍，到互联网上寻找相关种植的教学视频，或去花鸟市场请教专业人士的意见，再对相关资料进行筛选、分类、整理成册。面向儿童的园艺教育应该是图文结合，甚至有配套视频，通俗易懂，操作性强，实践性强③。

五、活动形式的设计

儿童园艺教育在校园中的活动形式十分丰富，有植物科普活动、种植活动、创作活动、五感体验类活动等。

在具体实践中，有亲子插花、多肉种植、亲子制作丝网花等活动，可引导孩子和家长共同布景、设计、建构、种植、移盆、修剪等，进而感受园艺活动带来的魅力。在形式设计上，可以遵照研学旅行的"导研展评"四环节进行。在活动开始的导学环节，可做一些简单的园艺游戏来充分调动儿童的学习兴趣。在研学环节，向学生传授园艺种植

---

① 王利程,吴军.自然教育理念在小学校园景观设计中的应用初探——以天津市河西区梅苑小学为例[J].现代园艺,2022,45（1）：96-98.
② 黄美芳.学科融合视域下种植课程研究——基于深圳市龙华区玉龙学校的实践探索[J].中国教育学刊,2020（12）：61-63.
③ 季祥祥.校本课程开发的困境与对策研究[D].宁波：宁波大学,2017.

相关知识，引导儿童进行动手实践。在展学环节，让学生展示园艺活动成果。在评学环节，通过教师评价、生生互评等方式来对儿童园艺成果进行评价。

（一）植物科普活动

植物科普活动是自然教育的一种重要形式，是指通过一系列的活动、游戏等形式传播植物知识，使人们学习和掌握植物种植技术，树立环境保护的科学观念，崇尚科学精神，还可以让现代都市人缓解压力、释放心情，亲身感受园区特色文化带来的快乐和情趣[1]。

在进行园艺教育时，首先是让儿童认识植物。在校园中最常见的形式就是在校园中悬挂科普宣传牌，而"说教式、教科书式解说词"很难引起儿童的关注。因此，解说牌可以结合儿童的心理特点来进行设计，例如增加卡通形象、使用拟人化语言等，拉近儿童与植物的距离。此外，学校还可以组织科普牌设计比赛等相关活动，让儿童参与校园园艺科普共创。根据儿童的特点进行解说牌优化，可将校园更好地打造为户外教室，帮助儿童对身边的植物有更多的关注与了解。

亲身体验是对植物形成深刻印象的重要渠道。教师可以带领儿童在校园中进行植物的识别，让儿童去看、嗅、摸、触植物的叶片、花、果实等，通过与植物的亲密接触，从而形成对植物的深刻印象。

鉴于人工进行植物识别对专业水平要求较高，且难以保证客观性，因此有时也需要借助专业的植物软件。随着科学研究和科普事业的发展，以及计算机技术的应用，目前植物识别技术已趋近成熟，市面上植物识别的软件层出不穷。许展慧等（2020）对国内8款常用植物识别软件，包括花帮主、百度识图、花伴侣、形色、花卉识别、植物识别、发现识花、微软识花的识别能力进行了测评，得出花帮主、花伴侣、百度识图这几款App识别结果的准确率较高，但对于不同气候区、不同生活型的植物，识别结果略有差异，总体来说，在该测评中，花帮主表现最好[2]。科学合理地利用植物识别软件，可以助力儿童园艺教育的科普活动，让儿童认识生活中周边的植物。在识别植物的同时，教师还可以引导儿童关注植物的分布，了解植物的生长习性，例如植物喜阴还是喜阳，喜干还是喜湿，以及植物种植的搭配技巧等。

儿童园艺的科普教育活动，不只发生在户外教室，还可以在室内进行。例如，组织儿童观看植物纪录片或者园艺相关的书籍，这可以在潜移默化中建立起儿童与植物的情

---

[1] 张建林，段余.论自然地形空间与公园功能空间的耦合性设计——以重庆山地公园为例[J].西南大学学报（自然科学版），2011，33（10）：154-159.

[2] 许展慧，刘诗尧，赵莹，等.国内8款常用植物识别软件的识别能力评价[J].生物多样性，2020，28（4）：524-533.

感连接。

（二）种植活动

儿童亲身参与从播种、养护、收获到分享成果的过程，能让儿童直观了解植物的名称、形态、季节变化等。

江苏省南京市浦口区万江幼儿园进行了户外小农场环境打造。在种植方面，特地邀请菜农奶奶来作为儿童种植课的教师，为儿童传授经验和方法。此外，还上网检索相关信息，以及购买相关书籍来学习，如《阳台上的种植》《田野课程》等。经过搜集、筛选、整合，制订出了"万江小农场四季种植表"，主要分为蔬菜瓜果类、农作物类、水果食材类、植物花草类四种植物类型，并根据季节有计划地提供给班级参考，帮助各个班级及时开展时令种植。

在植物造型方面，该园将种植好的小农场进行巧妙设计，用栅栏、竹竿、植物架等分割、围合、拼搭，做成各种造型：爱心、同心圆、趣味字、十字、尖顶等，并充分考虑植物的攀爬与生长高低层次，在现有基础上适当种上花草，力求让小农场造型美观，植物多样且体现层次性，营造花果园式的种植氛围。

在种植容器方面，该园动员家长、教师共同收集废旧物品，有轮胎、大小水管、石头、筛子、米箩、板车、厚木板、木梯、坛坛罐罐等，并将收集来的物品和孩子们一起动手将其加工美化，设计成彩虹围栏、花园小景、休闲桌椅、农家小院以及小动物乐园等，把小农场改造成趣味十足的游戏场所，让儿童在此扮家家酒、捉西瓜虫、引蚂蚁、采摘果实、除草浇水、涂鸦绘画、掼泥巴等。

在种植园的布置方面，该园组织儿童采用木质材料制作班牌，并组织儿童一起参与美化和装饰；在农场空地上增设工具存放柜，将种植所用到的水管、铁锹、小铲子、箩筐、雨鞋等工具、物品全部有序摆放在那里，供儿童按需使用。此外幼儿园还添置了两个木质橱窗，将儿童从开垦翻地、播种、管理到收获、分享等一系列活动成果展示在橱窗里，按计划有进度地记录小农场活动热闹非凡的生产过程[①]。

这个案例让儿童参与种植活动，充分发挥家长、社区、学校作用，利用闲置废弃物品，来打造小农场。这样小小的改造并不复杂，但美化了幼儿园的环境，促进了幼儿的成长。

（三）创作活动

在校园中生长茂盛的植物景观，给予了儿童视觉之美、嗅觉之清新，令人欣喜，而

---

① 缪登勤.幼儿园户外小农场环境的打造策略[J].科普童话，2019（4）：111.

凋落衰败的植物景观及植物废弃物却没有得到人们足够重视。

在校园中，植物废弃物也可以是开展园艺活动的宝藏。儿童可以通过对植物的落叶、落花、落果进行收集，加工制作小工艺品，如干花工艺品、DIY拼贴画、叶脉书签等，这样不仅能够启发儿童的艺术创作，促进运动，还有利于减轻校园养护管理负担，提升儿童环境保护意识，让儿童更加热爱自然[1]。儿童时期是创造力最强的时期，这些创造性活动不仅可以为儿童创造出可视化的成果而获得成就感，而且还对儿童创造性的发挥、动手能力的培养有益处。

（四）五感体验类活动

蒙台梭利认为，儿童通过五种感官来体验自然环境中的各种形、色、声等，并由此形成记忆、想象和思维[2]。植物能提供的神奇感官体验有芳香、纹理，甚至是美味的口感，一种植物能以多种方式来刺激人的感官[3]。五感呈现的形式主要包括听觉、视觉、触觉、嗅觉和味觉[4]。视觉，是儿童感知外界信息的最基本途径，儿童通过色彩、形状的不同来认知物体。听觉，儿童对源于自然界和人为制造的声音格外敏锐。触觉，儿童获得最直观的体验过程，直接触摸和互动方式是儿童了解和认识外界的主要方式。嗅觉和味觉常使人产生对自然界花香、果实的联想，是儿童喜爱的感知途径。视觉上体现为对色彩敏感，听觉上体现为对鸟鸣敏感，触觉上体现为可动手，嗅觉上体现为对花香敏感，味觉上体现为可食用[5]。

种植采摘发生在集农事、教育、儿童游戏为一体的寓教于乐的苗圃空间领域。儿童在游戏中学习植物的育苗、种植、堆肥及采摘等栽培实践活动。这种亲近土地的种植活动，不仅提高了儿童身体机能和动作协调性，而且培养了儿童对植物的细致观察和分析能力，对自然的热爱和研究兴趣。此外，果实的收获和品尝也满足了儿童的成就感和味觉体验。

在园艺教育中，可以进行场地分区设计，如设置农业博物馆区域，通过古代农耕器具展示，培养儿童对古代农耕经济的探知兴趣；开辟园艺种植区，由专业园艺团队讲授栽培技术，如无土栽培、水培育、种子研究等知识，唤起儿童对自然科学的浓厚兴趣；

---

[1] 游礼泉，赵小利，陈之萌，等.基于自然教育理念的城市公园设计策略研究[J].绿色科技，2020（21）：1-4.
[2] 吕红，张菲菲.五感理论在儿童自然教育公园的景观应用研究[J].赤峰学院学报（自然科学版），2021，37（2）：33-36.
[3] 莫利·施泰因瓦尔德，梅利莎·哈丁，理查德·V.佩森蒂尼，等.运用真实生命体创建真实自然环境的多感官参与[J].自然科学博物馆研究，2016，1（2）：83-90.
[4] 钱靓，叶聪.基于"五感"体验的现代艺术设计研究[J].包装工程，2016，37（20）：220-223.
[5] 王荐，秦华.基于五感的儿童活动空间植物配置研究[J].西南师范大学学报（自然科学版），2017，42（4）：76-80.

提供专门的农产品采摘区，引导儿童在采摘体验中更进一步了解果实的成熟过程。

在市面上，也有很多可供校园景观打造参考的书籍。例如《可食地景》中提到校园可食地景的营造要遵循可观察、可劳作、可关联、可延续的原则，选择适宜儿童的种植品种、考虑过渡空间和停留设施的结合，可采用高种植床、下沉可食地景、螺旋可食、锁孔可食等类型来进行设计。在运营方面，学校可以采取与社区的联动、家长和园艺专家来访基地、专业教师引导与计划等方式来推进校园景观的打造。

此外，《户外教室学校花园手册》提供了"如何启动一个学校花园项目"的指南，该书从如何为花园获得支持、怎样规划学校花园项目、户外教学项目的支持者分析、户外教学的管理、如何建设一个可持续花园等方面，事无巨细，提供了非常详细的指南。

校园园艺的设计是一件"投入小，回报大"的活动，小小的改变与设计，就能把闲置用地打造为"教学景观"，让儿童从中受益。

第五节 校园园艺实践案例

一、校园园艺与综合实践活动

《中小学综合实践活动课程指导纲要》指出，综合实践活动是从学生的真实生活和发展需要出发，从生活情境中发现问题，转化为活动主题，通过探究、服务、制作、体验等方式，培养学生综合素质的跨学科实践性课程[1]。园艺活动可以成为综合实践活动的重要组成部分。

在浙江省慈溪市新浦镇中心小学，进行了基于"创意物化"的园艺种植实践探索。该校的园艺课程共涉及"种球种植""种子种植""苔藓种植""多肉种植""月季种植"和"铁线莲种植"等内容。首先，学生可以在学校的"阳光苗圃"或"阳光花园"、教室的"植物角"、自己家的花坛或阳台等地方，进行种植实践。其次，该校还专门为园艺课程编写了相关教材、相应的配套教案、教学课件，邀请热衷于园艺种植、有一定园艺种植经验的教师来校任教。最后，学校把学习自主权交给学生，让学生去进行创意物化的实践。在这个过程中，学生不仅可以了解和掌握某种（类）植物的习性、特点，还

---

[1] 房丽丽.道德能力在植根生活土壤的综合实践中迸发多样精彩——由《试种一粒籽》想到的[J].安徽教育科研，2019（19）：3-4, 25.

可以了解它的种植要求[①]。

"创意物化"是《中小学综合实践活动课程指导纲要》的目标要求，在小学阶段的具体目标是：通过动手操作实践，初步掌握手工设计与制作的基本技能；学会运用信息技术，设计并制作有一定创意的数字作品。运用常见、简单的信息技术解决实际问题，服务于学习和生活。

在上面的案例中浙江省慈溪市新浦镇中心小学，贯彻落实了"创意物化"目标要求，打造了高质量的园艺教育课程，让学生参与体验并创造属于自己的成果，这种模式值得借鉴与推广。

研学活动是综合实践活动的重要组成部分。甘肃省金昌市金川区第二小学就依托本地园艺资源，开展了"花海研学"综合实践活动。该校主要从知识积累、科学探究、快乐种植、成果展示四个层面进行研学活动。知识积累主要是进行植物园参观、资料查找、知识讲座；科学探究则围绕"影响植物扦插成活率的因素"展开；快乐种植，主要进行移植、扦插、培育植物；成果展示包括举办校园园艺节，辨识植物，"小小园艺家"评选活动等[②]。

在甘肃省金昌市金川区第二小学的案例中，让学生亲历园艺活动，参观植物园，有助于价值体认目标的达成；让学生参与植物的种植与培育，有助于培养学生责任感，促进责任担当价值目标的达成；让学生进行科学探究并进行成果展示，有助于提升学生解决问题与创意物化的能力。

综上所述，园艺活动是很好的综合实践活动。在对儿童进行教育活动时，可以依托园艺教育资源，促进价值体认、责任担当、问题解决、创意物化的综合实践活动的目标达成。当前在一些小学中也有了初步的实践成果，未来还可以从师资队伍建设、课程内容优化、配套设施建设等方面着手，不断提升园艺教学活动质量。

二、校园园艺与劳动教育

《大中小学劳动教育指导纲要（试行）》指出，劳动教育主要包括日常生活劳动、生产劳动和服务性劳动中的知识、技能与价值观。对小学低年级学段的要求是进行简单的手工制作，照顾身边的动植物，关爱生命，热爱自然；对小学高年级段的要求是初步体验种植、养殖、手工制作等简单的生产劳动，初步学会与他人合作劳动，懂得生活用

[①] 林玲.基于"创意物化"的园艺种植实践探索[J].成才之路，2020（11）：120-121.
[②] 王维君.城市"花文化"背景下小学园艺综合实践活动课程开发的初步探索[J].中国校外教育，2020（19）：79，81.

品、食品来之不易，珍惜劳动成果。

在上海市闵行区七宝镇明强小学，进行了小学"童心花艺"劳动教育特色课程的实践探索。在当今劳动教育大环境下，"童心花艺"课程从学生成长需求出发，从插花艺术入手，整合美学和劳动技艺，开展主题性综合活动。课程实施过程中，充分体现了劳动教育和美育融合的宗旨，全方面培育学生核心素养，开展了创意型劳动教育课程活动[1]。

在上面的案例中，该校依托花艺课程进行劳动教育。这是对当下我们提倡的"五育并举"，培养学生的核心素养，体验式、跨学科学习的生动实践。学生在课程中可以识花、赏花，收获的不仅有花的知识，还有历史文化和审美情趣。如果学校教育能够通过持续性的园艺活动，让儿童感受花艺之美，为儿童创造持续的感动，那么这种幼年美好的记忆，将伴随儿童的一生，让儿童终身热爱劳动，热爱生活。

北京市海淀区台头小学位于凤凰岭脚下，学校开设了"一米菜园"，把过去班级集体种植的大块土地用垫子隔开，划分成一块块约1平方米的小菜地，2~3名学生共同经营一片土地，种植各种蔬菜，配合学校开设的"从种子到沙拉""从小麦到面包"等种植课程，让学生全方位、全过程体验生命、感悟生命。清华附中永丰学校小学部则利用学校闲置地开设了"半亩棉田"课程，让学生体验从播种、收获、展示的种植棉花全过程。这种种植类劳动课程能够引导学生充分体验农业劳动的艰苦，懂得"粒粒皆辛苦"的道理，养成勤俭节约、艰苦奋斗的精神品质[2]。

随着劳动教育相关政策的出台和国家对劳动教育的越加重视，在我国很多的小学校园都开辟了学农劳动教育实践基地。这些基地原本可能只是学校的一块闲置地，经过改造后却创造了很大的价值。校园增添了一处美丽景观，学生的课余时间有了更丰富的活动，课堂教学有了更多的场所可供选择。

热爱劳动是中华民族的传统美德。我们应该依托园艺教育课程，让儿童掌握我国优秀的传统农耕知识，珍惜劳动成果，让热爱劳动的理念蔚然成风。

三、校园园艺与环境教育

《中小学环境教育实施指南》指出："环境教育是学校教育的重要组成部分，在引导学生全面看待环境问题，培养他们的社会责任感和解决实际问题的能力，提高环境素养等方面有着不可替代的作用。"学校花园环境教育就是利用学校花园作为教室，通过各

---

[1] 张敏，蒋春霞.小学"童心花艺"劳动教育特色课程的实践探索[J].上海教育，2021（Z3）：97.
[2] 吴颖惠.劳动教育的育人价值及实践路径[J].基础教育课程，2020（5）：7-12.

种园艺和农业活动，帮助学生重新和大自然建立联系，帮助学生了解食物的真正来源，教会他们有价值的园艺和农业方面的理念和技巧，培养他们的环境意识和行为，并和数学、科学、艺术、健康、体育教育整合起来，以同时实现更多的教育目标，如个人和社会责任感等①。

江苏省常熟市杨园中心小学，遵循"以园艺文化为背景，以环境教育为动力，培养学生创新精神和实践能力为目标"的发展思路，在校园内设计布置了盆景园、稀有植物园、抗污染植物园和微型生态园，使学生亲近自然，接触植物，增长知识。学校还积极探索环境教育与综合实践活动课程的整合途径，积极尝试环境教育小课题研究的"五步模式"，组织引导学生在行动中研究，在研究中行动，使学生的环境意识不断提高，适应环境能力快速增强。环境教育的小课题研究成果斐然②。

因此，学校依托园艺教育资源，打造良好的校园环境，能够很好地发挥"校园环境育人"作用，帮助儿童与环境产生联系，促进其生成良好的学习体验。我国倡导生态文明建设和可持续发展由来已久，儿童是祖国的未来与希望，从小就培养儿童的环境保护意识，将对他们日后投身环保实践产生深远的影响。

四、校园园艺与耕读教育

耕读教育在我国已传承数千年，是优秀农耕文化的核心组成部分，亦是农业文明和生态文明的文化生存样态。习近平总书记强调"农村是我国文明的发源地，耕读文明是我们的软实力"。2021年，中共中央、国务院发布《关于全面推进乡村振兴加快农业农村现代化的意见》，提出了"开展耕读教育"的要求③。

过去多数农村孩子从小对土地、对劳动有一种发自内心的热爱，就如诗词中所说的那样："昼出耘田夜绩麻，村庄儿女各当家。童孙未解供耕织，也傍桑阴学种瓜。"现在我们发现，能够接触土壤是多么珍贵。随着生活水平的提高，农村的学生作为全职学生，也开始远离了祖辈们耕作的土地，他们对于土地变得生疏，甚至不喜欢劳动④。

很多学校有感于此，进行了耕读教育实践。江苏省南通市如东县双甸小学就进行了依托田园地域特色，打造耕读教育农村小学的思考与实践⑤。

---

① 杨金兰.美国西蒙小学花园环境教育项目研究及启示[J].新课程研究（上旬刊），2017（10）：133-136.
② 龚才元.依托地域文化开展课题研究 实施环境教育[J].环境教育，2005（11）：83.
③ 新华社.中共中央 国务院关于全面推进乡村振兴加快农业农村现代化的意见[N].人民日报，2021-02-22（1）.
④ 杨其山.建设田园课程：激活乡村教育的一池春水[J].中小学管理，2021（2）：5-8.
⑤ 刘学军.发挥地域优势，打造耕读教育——农村小学依托田园地域特色办学的思考与实践[J].教育视界，2018（9）：19-22.

这所学校位于一座有着悠久历史的古镇，有如泰河、红英河、江海河相伴，水系发达，适合农耕。这里有着郁郁葱葱的大片田野，留守本地的村民们也依然保持着守望相助、阡陌交通的农耕生活。校园内有一大块适宜种植的空地，这是田园与校园和谐共生的地域优势。学校充分发挥这一优势，深入打造"校园+田园+阅读"的耕读环境。

在耕读校园环境方面，该校充分挖掘自然田园的优势，根据节令的变化带领学生参与不同的农耕活动，让学生感受生命的轮回、四季的变化；巧妙打造人文田园，这里有田园式的生态教室、责任田式的开心农场、复合式的生态园、特色的学校农耕馆，为学生打造良好的耕读环境。

在耕读课堂方面，将各门学科统整、融合。学校策划的"薯香润童年"课程活动，各学科都将这一主题融入教学中：数学课上，测量红薯的体积，发现密度与质量的秘密；语文课上学写红薯小古文，感受语言的魅力；英语课上读关于红薯的绘本故事，体会趣味英语；音乐课上学唱红薯谣，享受艺术的曼妙；美术课上给红薯大变身，飞向创意的天空……

在耕读活动方面，通过耕读活动培养学生能力，陶冶学生情操。

在培养学生能力方面，耕读课程不但将种植、养殖这些儿童喜闻乐见的活动形式纳入其中，还开设了配套的烹饪课程、艺术课程，将学生的劳动成果以多样化的方式呈现。例如，学生用"开心农场"收获的花生、红薯、玉米、番茄、豌豆、萝卜等来烹饪美食，学习如何营养搭配、合理烹调，才能使食物既营养可口，又色香味俱全。通过这项活动，学生从中学到了生活的本领，提高了生活情趣。再如，学生还可以用花生壳、各类豆子、花叶等学习创作工艺品。就地取材，不仅给儿童提供了发现美的视角，更赋予了他们感受美、创造美的能力。

在陶冶学生情操方面，在劳动中，他们自然地学会了合作互助；在每天的种植（养殖）观察记录中，他们的情感变得细腻而柔软；他们开始阅读大地、阅读生活，渐渐开始从单纯地感受快乐到走向思考的深邃。而他们这种情感的驱动，又会产生"力"，进一步推动儿童形成积极向上的情感、价值观。耕读课程的活动激发了儿童与生俱来的对世界、对生命、对自然的思考，带给儿童知识、情感、意志、人生观、世界观等多方面的冲击，儿童在活动中感受、发现世界，体验自我，满足兴趣与好奇心，身心获得自由生长。

在上面这个案例中，双甸小学将耕读教育与学科课程结合，让学生可以通过园艺活动学习学科知识；让学生参与种植、烹饪活动，让学生学习如何营养搭配、合理烹调，来掌握生活本领；让学生利用园艺植物，进行手工艺术创造培养学生的审美能力；在种植过程中培养学生热爱自然、合作精神、责任意识等，培养学生的高尚情操。

耕读教育不只适用于小学和农村，城市幼儿园同样适用。河南省实验幼儿园，就进行了城市幼儿园耕读教育的实践探索。该校开发了基于《3~6岁儿童学习与发展指南》中的健康、语言、科学、社会、艺术五大领域内容，结合耕读苑环境特点，凸显耕读文化特色，以"文、武、农、工、医"的方式将五大领域课程内容融会贯通[①]。

"文"是语言领域和科学领域课程内容的融合，耕读苑适宜开展这一类型活动的内容有田园诗歌、神话传说、农事谚语、寓言故事等。与自然之景、生活之情有机融合的语言教育直抵幼儿心灵，如当一群白鹅从幼儿身边游过时，教师会带着孩子吟诵"鹅鹅鹅，曲项向天歌"；当看见孔雀晚间立在木头上休息时，教师会脱口而出"良禽择木而栖"。

"武"是健康领域与社会领域课程内容的融合，耕读苑适宜开展这一类型活动的内容有田野游戏、传统拳法、动物模仿等。在自然环境中体验耕读生活的同时，教师将中华武术引入其中，筛选适合幼儿学习的活动内容，使儿童感知中华武术精神，增强自身体质。

"农"是健康领域与科学领域内容的融合，耕读苑适宜开展这一类型活动的内容有二十四节气、作物种植、粮食贮藏等。每一个班级在耕读苑都有一块责任田，在教师的带领下，幼儿进行不同的耕作体验，在劳动中体会"粒粒皆辛苦"的含义。

"工"是艺术领域和社会领域内容的融合，耕读苑适宜开展这一类型活动的内容有泥土工艺、陶瓷烧制、土屋建造、树叶创意、木版画等。耕读苑内随手可得的自然材料是激发儿童灵感创作的源泉，如以泥土为媒介，引入陶艺课程，制作各种造型；或利用泥土打土坯，模仿建造土屋。

"医"是健康领域和科学领域内容的融合，耕读苑适宜开展这一类型活动的内容有百草园、果蔬营养、健康记录等。耕读苑拥有丰富的植物种类，也被称为百草园。在保健医生的引领下，儿童对各种植物的功效产生极大的探究兴趣，如蒲公英可以败火、十香菜可以驱蚊等。

此外，针对不同年龄阶段的儿童，该校还设计了不同的耕读教育活动。

小班全日耕读体验。儿童通过和教师、同伴一起劳动，体验农耕种植的乐趣；通过看一看、闻一闻、摸一摸、品一品，感受阳光雨露赋予生命的神奇，建立对大

---

① 张秋萍，臧守栋，李湘菊.城市幼儿园耕读教育的实践探索[J].河南教育（教师教育），2022（2）：74-75.

自然的向往与热爱。小班耕读可以开展"种向日葵""农具辨识""认识果树""庄稼来喝水""风中的麦苗"等主题活动。

中班留宿耕读游学。中班耕读可以开展"整理行李箱""洗洗小袜子""蒸红薯""基地小管家""野菜辨识——马齿苋"等主题活动。

大班常态耕读劳作。大班耕读可以开展"我的车票""归类整理行李箱""移栽辣椒苗""学习使用农具""陶艺、扎染、拓印""草药辨识"等主题活动。

在这个案例中,针对不同学段的儿童,该幼儿园设置了不同的课程。小班阶段的课程,更加注重调动儿童的五感,通过视觉、嗅觉、触觉等多种感官,培养儿童对大自然的热爱;中班的课程主要注重儿童生活自理能力的培养;大班的课程则难度更大,加入了手工艺术创造的课程。

"耕读传家远,诗书继世长。"从《诗经》到汉赋,再到唐诗、宋词,赞美诗意的耕读生活一直是中国诗词的重要内容。其中,最具有代表性的就是陶渊明的那种"采菊东篱下,悠然见南山"的与天地为邻、以自然为友的自由自在的耕读生活,这恰恰是当今时代最需要也最缺乏的生活[①]。

五、校园园艺与校园建设

蒙台梭利指出:"在教育上,环境所扮演的角色相当重要,因为孩子从环境中吸取所有的东西,并将其融入自己的生命之中。"校园园艺不仅可以融入学校的综合实践活动、劳动教育、环境教育等方面的课程实践中,还可以独立成为一所学校的办学教育理念。现在有很多国际幼儿园倡导"以自然为师",将自然教育作为办学理念,将园艺活动融入其中。绿色校园能培育儿童亲社会情感。一项为期两年的跟踪调查研究发现,所在学校的校园被绿化后,儿童表现出更多的亲社会行为,更好的情绪[②]。

(一)华德福学校

澳大利亚科学家、教育家鲁道夫·斯坦纳从自然主义视角提出新的教育理论,并通过共办华德福学校践行。此外,他在1924年为治疗和保护土地提供了一剂良方"生物动力"(biodynamic),这一词源自两个希腊词汇"bio"(生命)和"dynamis"(能量),是指"与创造和维持生命的能量一同进行农事工作"。在鲁道夫看来,土壤实际上也是一个生命体,必须保持其健康和平衡。生物动力农业主张根据星象、季节和自然规律,进行计划耕种,以顺势疗法的原理唤醒土壤自身的肥力和免疫力,避免使用化工肥料和

---

① 张孝德.耕读教育是做人之根[J].教育家,2021(18):13-14.
② 付文中.论绿色校园对儿童的积极影响[J].绿色科技,2021,23(3):197-198.

农药。作为一种农法，生物动力农业不仅仅是使用另外一种肥料（或说另一种有机肥料）来生产，而是包含自身的原则，通过实际的农耕操作确保土壤与植物的健康，从而为人类和动物生产健康的食物[①]。

鲁道夫的人智学理论成为华德福教育的哲学基础，并由此孕育了第一所华德福幼儿园，幼儿园位于德国斯图加特（Stuttgart），学校强调物质环境与精神环境的平衡和谐，给孩子创造一个美好、自然和健康的环境[②]。在幼儿园里游戏场地的材料全是纯天然的，像木头、石子、树叶等自然元素，幼儿园中的小朋友在学校学习的时候，并不是只对课本知识的学习，更多的是大自然的接触，在大自然中玩耍并且学习知识。

成都华德福幼儿园同样以生物动力农业为特色专题活动开展生命教育。农耕活动作为该园的特色课程，主要包括果蔬种植、堆肥等主题。果蔬种植主题下的活动主要包括翻地、除草、施有机肥、下种、浇水、查看萌芽与生长情况、除虫、防病、采摘、食用、留种等。农耕活动遵循传统节气设置，农作物的管养则按照班级轮流值日的方式开展。在堆肥主题方面，每天，值日的儿童把果皮、餐后的部分厨余垃圾、掉落的枝叶等收集起来送到院旁的堆肥区。每隔几天，教师带领较大的儿童把环保厕所里的尿液运至堆肥区堆肥。在农作物收割后，教师也带领儿童一起把农作物秸秆收集起来进行堆肥处理。等到肥料已成，师生一起挖取肥料，给土壤或农作物施肥。看到曾经的生物变成土壤中的肥料，然后肥料又给农作物以"食物"，孩子们会领悟生命的流变和生命之间的联系[③]。

在这个案例中，儿童通过果蔬种植、堆肥等活动对生命有了更为深刻的理解；通过对植物的照料，培养了责任感；通过师生、亲子活动，帮助学生学会如何与身边的人建立良好的亲密关系的能力；通过堆肥，帮助其感受生命的变化。

自然对儿童有无穷的魅力，爱默生在《瓦尔登湖》中写道："回归自然，沉入大自然的怀抱，你就会觉得你的灵魂又完整了。"儿童园艺教育与华德福教育思想不谋而合。通过园艺教育让儿童与自然接触，将会让更多的儿童亲近自然，热爱自然。

（二）森林幼儿园

森林幼儿园是丹麦学前教育家艾拉·弗拉图针对欧洲丰富的森林资源于20世纪50年代提出的学前教育方法，即在森林中组织各种教学活动，让儿童贴近大自然、呼吸新

---

① 骆会欣.用"顺势疗法"唤醒土肥免疫力［N］.中国花卉报，2014-01-23（4）.
② DENG Y P. A study on the scientism core of "curriculum modernization" in the United States［D］. Changchun：Northeast Normal University，2014.
③ 张卫民，王兵.幼儿生命教育的实践逻辑——基于一所华德福幼儿园的个案考察［J］.湖南师范大学教育科学学报，2019，18（6）：107-115.

鲜空气并体验其中的快乐,以达到锻炼儿童身体素质、提高适应环境能力的目的。

森林幼儿园成立的初衷之一,就是通过儿童对森林生活的体验,使其在活动中学到各种林业知识,养成爱护森林的环保意识。因此森林幼儿园在活动内容的设计方面,组织了大量的森林科考与探险等活动。而在这些森林科考与探险活动中,森林自然知识教育与儿童体育锻炼活动实现了良好的融合。如在森林半日探险活动中,教师会组织幼儿在两小时内,穿越两千米长的森林通道来收集不同形状的果实与树叶。教师在带领学生寻找的同时,会有意识地控制行进速度并通过独木桥、小溪等森林自然障碍物,以达到锻炼儿童体能,提高其协调性与平衡能力的目标。

以德国巴伐利亚州森林自然幼儿园为例。该幼儿园将儿童的体育活动由城市的人造环境转移到了欧盟各国不同的森林资源之中,并根据季节变化,利用当地林木的特点,组织具有针对性的体育活动。

> 夏季时,在凉爽的高寒地区利用柔软的苔原地面,组织儿童练习滚翻和倒立等技巧。而在冬季则在相对温暖的地中海地区结合当地树木株高较矮、树干粗壮的特点,在保障安全的前提下让儿童攀爬橄榄树及栎树等硬叶树木[①]。

20世纪80年代,日本长野县创立了第一所森林幼儿园——"森林探险队"。这所幼儿园的教育理念是自然的恩惠与亲手孕育的爱。"自然的恩惠"就是在大自然中游戏散步,充分调动孩子们的五感,激活他们身上的每一根神经,全身心去感受身边的世界。"亲手孕育的爱"则表现为幼儿园所有设施都是孩子们和教师们手工制成的,从而去激发孩子的创意,让孩子感受幼儿园的一切物品中所包含的爱[②]。

森林幼儿园这种教育形式也引起了我国学前教育界和社会的高度重视。2018年中共中央、国务院《关于学前教育深化改革规范发展的若干意见》第二十七条中明确提出了鼓励支持幼儿通过亲近自然等方式学习探索,以促进幼儿快乐健康成长。森林幼儿园,只在户外区域开展,是一种儿童全方位接触自然的教育模式[③]。

森林幼儿园是儿童园艺教育的重要实践形式。在森林幼儿园中,将森林作为教育资源,"以自然为师"的教育模式,正日益受到重视,这也从另一个侧面证实了儿童园艺教育发展的光明前景。

(三)校园可食地景

20世纪80年代,罗伯特·库克(Robert Kourik)首次提出可食地景(edible

[①] 董旭.欧洲森林幼儿园体育活动模式思考[J].体育文化导刊,2015(5):167-170.
[②] 陈勇,万瑾.森林教育:构成、经验与启示[J].外国教育研究,2013,40(6):53-58.
[③] 罗芬,张安妮,曲佩宇,等.欧洲儿童森林环境教育模式研究[J].中南林业科技大学学报(社会科学版),2016,10(6):56-61.

landscape）理念，即运用可食用植物代替观赏性园林植物，将农业生产与景观设计相结合的模式。

可食地景有着多重优势，如活化土地生产力，提高生物多样性；提升作物自给率，缩短食物里程数；助益社区营造，改善人际关系；增强自然教育，增进人地关系等优势。

在国外，结合可食用地景开展的环境教育已形成体系化和规范化的教学模式，并且已在国外许多校园的教育体系中得到发展。相关研究论证了可食地景在校园的应用，对儿童成长与培养具有积极作用，如可食用花园的教学活动可增加儿童蔬菜和水果的摄入量，调整儿童饮食习惯，促使儿童在学习能力和学业成绩上的提高。可食用花园在校园运用中应结合儿童成长教育需要，将蔬菜、药草和果树等环境素材作为食物或课程讲解的道具，将环境与教学课程相结合，可食用景观的空间形式和功能内容结合[①]。

实际上随着我国对儿童综合素质的愈加重视，学农劳动教育基地建设在中小学校园"遍地开花"，相关实践案例非常丰富。在这些实践案例中，园艺教育都取得了不错的效果。

"实践是检验真理的唯一标准"，在上面提到的这些案例中，园艺活动促进了综合实践活动、劳动教育目标的达成，也是环境保护和文化传承的重要手段。

---

① 李自若，余文想，高伟. 国内外都市可食用景观研究进展及趋势[J]. 中国园林，2020，36（5）：88-93.

第四章 儿童园艺与朴门永续的理论与实践

如果说园艺可以净化心灵,保持内核稳定而向上的心态,这是近乎"情"的层面,而朴门永续设计接近"道"的层次,它会让人的生活更积极,活得更有意思,它不是外人眼中那种摒弃现代科技的原始生活,也不是消极的隐居。二者的结合会碰撞出怎样的火花呢?

近年来,随着工业化的发展与生态环境矛盾的日益凸显,可持续发展也日益受到人们的关注与推崇。朴门永续以"照顾地球""照顾人类""分享多余"作为原则,是一种遵循可持续发展理念的农业耕作与管理理念。

第一节 朴门永续概述

一、朴门永续理论概述

(一)朴门永续的概念

朴门永续(permaculture)由"永恒"(permanent)、"农业"(agriculture)及"文化"(culture)这三个单词结合而来,是一种综合的、生态可持续发展的理论体系。这一新模式集合了可持续发展的理念、跨学科的学习方式、系统思维等理念,是进行儿童园艺教育的重要指导思想。

(二)朴门永续的优缺点

朴门永续注重系统效用,强调整体规划思维,不使用农药化肥。其有着诸多优势,如增加耕地利用率,扩宽农场收入渠道并提高农场的生命力,丰富生物多样性,改善土壤肥力,提高产量,增加农作物抗性,增加植物营养度,缓解气候变化的影响等。因此,在儿童园艺教育中,应该向儿童传达朴门永续的优势,让儿童在接受园艺教育的过程中从心底认可朴门永续的理念,并在之后的生产、生活实践中践行这一理念。

鱼与熊掌不能兼得,朴门永续也有缺点。例如,相比现代生产的高效率,朴门永续耗时长，树木不会在一夜之间长大，土壤改良需要时间。教师向儿童介绍这一缺点，可以培养儿童的思辨能力。再如朴门永续需要系统的计划和组织，制订长期计划，这对进行朴门永续实践的人提出了较高的要求。有些人将朴门永续理解为放任植物自然生长，但其实朴门永续只是尊重自然规律，让大自然做功，并不是放任不管。这需要系统地学习朴门永续的知识，科学合理地规划，而在前期规划设计时可能就需要大量的劳动。

虽然朴门永续在前期规划设计需要耗费较多的时间和精力，但是在后期就可以打造不翻耕花园等种植形式，无须耗费时间和精力进行管养，就能有不错的收效。

（三）朴门永续代表人物及著作

1. 富兰克林·H. 金《四千年农夫：中国、朝鲜和日本的永续农业》

朴门永续农业思想的启蒙可追溯到1911年，美国经济学家富兰克林最早将"permanent"和"agriculture"两个英文词合并，提出了永恒农业（permanent agriculture）的概念[①]。

美国在不到百年的时间内就穷尽了地力，而中国农耕历经四千余年，土壤肥沃依旧，且养活了数倍于美国的人口。原因何在？这展现了中国农耕文化的无穷魅力。富兰克林认定，东方农耕是世界上最优秀的农业，东方农民是勤劳智慧的生物学家。如果向全人类推广东亚的可持续农业经验，那么各国人民的生活将更加富足。

1911年出版的《四千年农夫：中国、朝鲜和日本的永续农业》首次提出了朴门永续的理念，该书阐述了东方农耕文明下的耕作方式与农耕器具，介绍了数千年来先民是如何能在产粮富足之余又维持了朴门生态系统[②]。受东方农耕理念启发，富兰克林总结出，农耕的首要条件是保持土壤肥沃。

中国有着数千年的农耕文明，先辈们为我们积累了优秀的农耕经验。而现在随着工业化大生产的发展、消费主义盛行，遵循自然规律、让作物自然生长的理念，在当今仍有重要意义。儿童是祖国的未来与希望，如果能够通过园艺教育，让朴门永续自然农法、中国优秀的传统农耕文化等直击儿童的心灵，这对于我们儿童教育、文化传承、农业发展等方面都将发挥重要的作用。

2. 福冈正信《自然农法》

日本森林病理学家福冈正信（Masanobu Fukuoka）依据中国道家的"自然无为"哲学，提出了自然农法的构想，著有《一根稻草的革命》《自然农法》等书。他认为"自

---

① 柳骅，赵秀敏，石坚韧. 朴门永续农业在城市生态住区的发展策略与途径研究[J]. 中国农业资源与区划，2017，38（7）：188-194.
② 富兰克林·H. 金. 四千年农夫：中国、朝鲜和日本的永续农业[M]. 北京：东方出版社，2011.

然农法是自然之道，无主观的省力之道：不耕地，不施肥，不用农药，不除草，是自然农法的四大法则。自然农法具有节能、省本、高产、无公害，土地越种越肥等优点，这一切都是科学农法无可比拟的"①。

他创造了用多种作物的种子和7倍的黏土混合制成的"黏土丸子"，创造出了一种不用施肥、不用耕作而完成绿化的模式。根据不同的地域特点将其播撒在地面，若干年后，这些地区便可实现绿化，或绿树成林，或良田万亩。在福冈先生的家乡日本四国一带，这里曾是一片荒地，"黏土丸子"让这昔日的荒地，变得绿色满山，生态环境大为改善。这种种植方式还被推广到了印度、缅甸、泰国、菲律宾，以及非洲和欧美的一些国家，并逐渐被人们所接受。

中华优秀传统文化具有先进性和广泛的影响力，福冈正信也是在道家思想的启发下提出自然农法的思想。在儿童园艺教育过程中，我们也能从儒家、道家等传统文化中汲取力量。事实上，教育也和农业耕种一样，顺应儿童的天性，让儿童自然生长，也许会有意想不到的效果。就如福冈正信在《一根稻草的革命》中的描述："因为把孩子置于放任状态，所以才需要教育。如果把孩子置于自然状态，也就无须教育了。"

3. 比尔·莫里森《永续农业一》（*Permaculture One*）

比尔·莫里森（Bill Mollison）被誉为"朴门永续设计之父"，他与他的学生大卫·霍姆格伦（David Holmgren）共同出版了《永续农业一》，首次定义了"朴门永续"。他们试图创造"可持续的人类环境设计系统"，即一个具有自我维持和演化的能力，根据当地自然地理条件和物种特征，涉及乔灌木、禽畜、农作物、草场和林地等系统要素在内的完整生态系统，以极大地保持生物多样性和稳定性。该系统内的各个要素充分利用各自的特性和位置，使物质和能量健康地循环运作，系统自给自足，不需要用农药和化肥来消除病虫害与补充肥力，是一种可持续的农业社区发展模式②。这一模式建立了可持续的系统，让该系统能自行供应所需，并不断循环利用自身的废弃物。

比尔说："生态学家从来没有好好把生态学运用在他们的园圃里面；建筑师不曾了解建筑物里面的热能传输；而物理学家居住的房子则能源系统一片混乱。我们从来没有把我们的知识应用在我们的实际生活中，这非常奇怪。"所以，朴门永续设计是综合了植物学、生物学、农学、园艺学、地理学、建筑学、人类学、经济学等方面，并将其运用于我们具体生活的一个整体设计的学科，它融合了各个领域知识。而当前在我们面向儿童的教育体系中，采用的多为分科教学的模式，学生学习到的知识之间是隔离开的，

---

① 福冈正信. 一根稻草的革命［M］. 北京：北京大学出版社，1994.
② 王雅雯，张天新. 永续设计理念下的社区农园布局形态［J］. 规划师，2013，29（7）：114-118.

学科之间存在着一定的边界。而我们的生活需求，我们当今的社会需求，需要的是跨学科的系统思维，对儿童进行朴门园艺教育就是一个很好的方式。

为了让各个领域、各个不同知识层次的人都能够把这些知识运用于生活中，比尔开始在全球范围内给人们讲授运用朴门永续设计打造可持续生活的方法，在沙漠地带、干旱地区、温带、寒带等全世界许多国家去教授人们具体的理念和方法，取得了非常好的成果，也在各种气候带诞生了许多成功的朴门设计案例。

20 世纪 80 年代，大卫·霍姆格伦收集整理出版了朴门设计手册，并在世界各地教授永续生活设计课程，朴门的概念也从农业系统扩展到了全面的永续人类居住环境。随后，各种朴门相关的社群、社团、研究机构在世界许多国家快速出现，并开始教授相关知识技能。到 20 世纪 90 年代，朴门永续农业在世界范围内被广泛应用，也得到了进一步发展，基于朴门永续设计的伦理与原则，可食地景（edible land-scaping）、渐进式朴门永续设计（rolling permaculture）、现代朴门等新概念在世界各地悄然兴起。如今，集结了多种文化思想的朴门永续农业已成为一股国际性的社会运动。朴门永续农业的应用范围也逐步从小尺度的家庭菜园、可持续住宅发展到了大尺度的生态社区、农业园区规划、城乡规划以及自然环境生态保育[①]。

除了上述提到的人物及著作，朴门还有相当多的经典作品，如彼德的《向大自然学设计》，作者用现身说法的方式分享：如何透过观察与互动把问题看成正面的资源等原则，在公寓小区、乡间农田涵养水源，营造沃土，自耕自食，与邻居一起创造梦想生活；如何与杂草、动物做朋友，创造与自然共荣、食物唾手可得的永续农园。

再如《懒人农法第 1 次全图解》，该书以"循环式的有机栽培"为基本理念，教读者如何打造保护生态的有机家庭菜园。不需使用农药和化肥，利用共生栽培、生物资源就可驱逐害虫；作物收获后可食用，剩下的食材用来制作堆肥；一年四季都可享受栽种乐趣、田园景致、美味蔬果。

通过对朴门永续代表人物及著作的了解，可以快速入门朴门永续园艺，了解相关园艺知识。当然，更重要的是，要将朴门永续的理念和思想融入我们的生产和生活中，在前人的基础上，促使朴门永续农艺向更好的方向发展。

（四）中国朴门永续的发展

我国传统农业在漫长的农业实践过程中，积累了丰富的农耕经验。几千年的实践与理论发展都证明了"永续"的理念是铭刻在我国传统农业内核中的。例如维持和提高土

---

① 柳骅，赵秀敏，石坚韧. 朴门永续农业在城市生态住区的发展策略与途径研究 [J]. 中国农业资源与区划，2017, 38（7）：188-194.

地肥力、使物质循环和能量流动达到最高效益等都与永续理念相契合。

中国古农法注重观察自然和顺应自然，《农书》说："在耕稼，盗天地之时利"。技术方面，套种、混种、区种等这些古老的方法也被引用到朴门永续系统中。传统农业自古秉承着"天人合一"的思想，追求"天""地""人"的和谐。强调"顺天时，量地力"，"因地，因时，因物制宜"的"三宜"思想是遵循自然规律的体现，"数罟不入洿池，鱼鳖不可胜食也；斧斤以时入山林，材木不可胜用也"是对可再生资源的合理开发保护和可持续利用。"宁可少好，不可多恶""人勤地不懒"的精耕细作是通过劳动与智慧调节人与自然的关系，弥补自然环境的限制。

古人的思路理论中虽然没有明确提出朴门永续的概念，但其思想内核中渗透着可持续发展、顺应自然规律，与朴门永续的理念有许多相通之处，熊月等（2019）对中国的生态农业和朴门永续农业进行了对比，具体如表4-1所示。

表4-1 中国生态农业理论与朴门永续设计的对比

生态农业的要求	中国生态农业理论	朴门永续设计
生态园区规划	一般按照生产模式，交通规划	按照使用和养护的频繁度规划元素，以居住地为中心，按使用频率的高低，由近到远分布
文化内涵	生态文明，传统农业"天人合一"的思想	照顾地球，照顾人类，分享盈余
元素配置	以先进的模式为指导，按实际情况配置，如循环模式、立体模式等	以充分发挥边缘效应，有效利用资源等十二项原则为指导，因地制宜
常用技术手段	使用与生态模式配套和相容的生态技术，如稻田养鱼、释放害虫天敌技术	多年生作物栽培（食物森林），可食地景，曼陀罗花园，匙孔花园等
园区配套设施	较少	强调与农场整体协调运作、建筑、水电等生活设施也要秉承环保低碳的原则。如绿化屋顶、天窗采光、生态厕所等

资料来源：熊月等（2019）[①]

我国关于朴门永续的研究最早开始于台湾地区，大陆研究的时间相对较晚。2014年南京林业大学教授李萍萍和李晓明翻译出版了比尔的《永续农业概论》。该书对永续农业的原理、规划设计、果园、农场式的林业和粮食作物等内容进行了系统化、理论化的介绍，也涉及了自给自足哲学，提供了全面、充满细节的建议，使对永续农业感兴趣

---

① 熊月，刘自强，赵飞，危晖.朴门永续设计对中国城市生态农业的启示[J].西南师范大学学报（自然科学版），2019，44（7）：37-45.

的人可以参考此书付诸实践。

中国大陆的朴门永续理念目前还处于民间自发传播阶段的初期。常见的朴门永续活动形式有工作坊、认证课程（非官方）、朴门农场等，参与者有农场主，城市、景观、家居各类设计师，在校大学生，自然教育从业者，来自外国的志愿者，还有餐饮业老板等。由于我国台湾地区和香港特别行政区朴门永续运动开始的时间较早，很多活动都会邀请来自这里的导师参加。

朴门永续设计认证课程（permaculture design certificate，PDC）是重要的推广形式。这一课程涵盖了朴门设计学、地理与气候、植物与动物、建筑与能源、经济与社会五个面向的基本理论知识，以及一定时数的实际操作。这一课程基于朴门永续的整体理论，并逐一说明了食物、水、能源、建筑材料、遮蔽物、燃料、覆盖物、微生物、动物与社群营造等元素的应用；强调观察大自然的运作法则，学习以"顺天应人"的方式，来设计人类赖以生存的空间，不断寻求建构人类与自然的平衡。到目前为止已经有120多个国家和地区的人在学习和应用朴门永续设计，上百万人学习过这门课程。

在国内也有很多机构推出了相关课程，如大地旅人朴门永续设计基础课程、上海四叶草堂"都市的朴门"PDC认证课程、原宿朴门永续课程、"自然之友·盖娅设计"联合"中国台湾花莲朴门永续生活协会"开展的14天朴门永续设计PDC的基础认证课程等，这些课程让更多的人了解并参与到朴门永续设计中来。

二、朴门永续的理论基础[①]

朴门永续以"传统智慧与新型科技的交融与创新，适合多领域的设计需求；发现和学习大自然的运行模式来设计永续的环境，以满足人类基本需求、社会与经济的发展，同时接受回馈；在应对社会、经济和环境问题时，给我们提供应对之策，并且保持美好的生活"为特色，是一门涉及哲学、生态学等多学科知识的综合系统[②]。

（一）朴门永续的哲学基础

朴门永续的哲学基础是：与大自然合作，而非对抗它；仔细观察，而不是盲目行动；着眼于系统的整体规划和综合功能，而非单项产出；让成熟的系统自我发展进化。我们应当摒弃人类是优于自然界的存在这种想法，放弃"我们是天地万物的主人"这一错误认识，当我们认识到人类仅是生命系统中占比很小的一分子，发现每个生命体所做的均是为整个生命系统平衡贡献一分力这一真相后就会明白，我们为其他生命体及非生

[①] 杨丛余. 基于朴门永续设计理念的城市农业公园规划设计研究[D]. 重庆：西南大学，2016.
[②] MORROW ROSEMARY. 地球使用者的朴门设计手册[M]. 台北：大地旅人，2012.

命所做的一切，都是在增进人类自身的福祉。

朴门永续的精神是师法自然。发掘大自然的运作模式，从中找寻各种可仿效的生态关系，再模仿其模式来设计庭园、生活，以寻求并建构人类和自然环境的平衡点。它可以是农业科学，也可以是一种生活哲学和艺术，建筑师、小区规划师、经济学者，甚至学生、园丁、农夫等都可以遵循它的精神和设计原则来实现自己的目标。

（二）朴门永续的生态学基础

朴门永续强调环境与经济的协调，强调环境保护与自然和谐共处，改变传统的生产和消费方式，以及对待自然界的态度。它提倡自然不是人类征服、盘剥的对象，而是生命和价值的源泉。"人类必须学会尊重自然、师法自然、保护自然，把自己当作自然界中的一员，与之和谐相处"。朴门永续在土壤的培植、播种植物种子的处理、植物的养护，包括灌溉、堆肥、光照条件的选择、杂草的处理、地形坡向与分区规划、病虫害的防治等方面都为自然农耕提供了理论指导。

（三）朴门永续与学科融合

朴门永续设计是场所、社会、能量、抽象、设计的集合。在朴门永续系统的设计中，需要考虑水体、土壤、景观、气候、植物、能量联系、能量结构、能量来源、人类社会、文化、社会经济、时间、数据、理念及景观与人之间的整合等因素，因此在设计过程中需要参考生物学、农学、植物学、园艺学、人类学、地理学、建筑学等不同学科的专业知识，才能够设计出一个完整的永续农业系统。

三、朴门永续的原则

朴门永续为什么能有别于其他设计体系，其中核心在于它的设计是源于一定的道德规范，而广大的朴门永续工作者普遍都遵循着创始人提出的三个原理：照顾地球（care for the earth）、照顾人类（care for people）、重新分配多余给有需要的人（fair share）。三者之间相互关联，互为因果，上述伦理也蕴藏了一个生命观：所有的生物都有其固有价值。

比尔·莫里森最早提出了永续设计的几个主要设计原则，包括最低限度的外部能量需求、废物的安全处理、低维护与低投入的建筑结构和场地、保证水源的供应和储存、能源的控制和引导、满足食品供应的自足性等。而目前研究领域中普遍应用的是大卫·洪葛兰在其著作《永续设计的本质》（*Essence of Permaculture*）中论述的12项原则：观察与互动、获取及保存能源、获得一定收益、进行自我调剂并接受反哺、使用和珍惜可再生能源、节能和废物再利用、从模式到细节的设计、整体而非分离、小而慢的解决方式、多样性的价值、运用和重视边界的价值、创造性地利用和改变。其中，前6项原则从要素和个体的角度对设计过程中可操作部分进行约束，偏于微观层面；后6项原则从严密的系统角度分析设计过程中的自我管理，并提供宏观指导。以上各项原则相互联系、相辅相成。在实际应用中，应统筹好各项原则，使各个要素与自然能量流共同协作，在系统运作过程中达到效率最大化[①]。

第二节　儿童园艺与朴门永续

"我们对土地和自然的热爱是延续了千年的情怀，田园生活是陶渊明的'采菊东篱下，悠然见南山'，亦是现代都市人的理想。让人们能够亲近自然参与劳作，让孩子们能够认识自然、体验收获，这不应该是一种梦想，而应该成为一种现实。"

——《可食地景》

一、儿童朴门永续园艺教育的价值

种菜种花，让儿童从小就懂得"粒粒皆辛苦"的意义，让高密度的城市不再是"钢筋混凝土"的代名词，而是诗情画意的田园，真正属于每一个人的田园。

儿童从钢筋混凝土森林中走到大自然里，会发生什么呢？当遇见日升月落、四季变换或者植物的荣枯，在感受大自然神秘力量的同时，孩子们能触及"在人类的能力之外，还有自然规律在主导着包括人类在内的一切"这样的常识，在他们的内心播下敬畏的种子，促进"人与自然和谐相处"基本观念的形成。

吴贯中先生说过："今天中国的文盲不多了，但美盲很多。"而中国孩子最缺的不是知识，而是审美教育。动植物生命活动中呈现出来的生存智慧及自然美感，会燃起孩子们的好奇心和求知欲，来探究生命更多的奥秘，并在潜移默化中培养孩子们对生命的理解和对美的领悟，激活孩子们浑然天成的艺术潜能和创造力。

朴门永续园艺教育具有观赏、经济、社会、生态等多方面价值。

在观赏层面，儿童朴门永续园艺可以与儿童一起建造出美丽的花园，如引蝶花园，可以吸引来漂亮的蝴蝶，这对于儿童来说是很好的审美教育景观。

在经济层面，儿童朴门永续园艺可以种植儿童喜爱的食物，如草莓、葡萄等，可食景观的打造能够带来经济效益。通过园艺收获的植物，一方面可以用于烹饪。另一方面

---

① 王雅雯，张天新. 永续设计理念下的社区农园布局形态[J]. 规划师，2013，29（7）：114-118.

可以用于售卖。

在社会层面，园艺活动是一种人与人、人与自然互动的活动。儿童参与朴门永续园艺的活动，可以增加儿童与教师、同学交往的机会，促进儿童社会性技能的提升。

在生态层面，儿童朴门永续园艺可以帮助儿童形成爱护植物、热爱大自然的品质，促进儿童提高可持续发展的生态意识。

关于园艺种植的好处还有很多，例如，植物从发芽到成熟可以让儿童产生成就感；园艺种植中播种、除草、收获等过程是一件"体力活"，可以让儿童的身体得到充分的锻炼；朴门永续提倡不使用化肥和农药，种植出来的健康有机蔬菜是环境友好型产品，让人吃得更安心；园艺种植会涉及多学科知识，在这个过程中可以激发儿童的好奇心，让儿童树立终身学习的意识；此外，园艺也可以是一次"全家总动员"的活动，促进良好亲子关系的建立……

参与自然生态系统的建设，除了习得种植艺术和朴门生态学原理外，还能激发儿童综合运用书本上学来的知识去解决建设中面对的问题。这样的经历，为儿童奠定了终身学习和主动获得生活技能的扎实基础。在劳动中，能培养儿童与人相处、合作的社会能力。那些书本上获得的经验和知识，大都可以通过朴门永续生活理念去实践和验证，引领儿童从小就用科学的方法来解释自然界中的一些现象，从而转化为他们坚信的认知，这对于形成严谨的科学态度非常有意义。

二、儿童朴门永续园艺种植知识与技术

"We are what we eat"——吃健康的食物人体才会健康。随着人们对生活品质和健康身体的日益看重，"有机食品"也越来越受到大家的关注。有机食品往往维生素含量更高，食用风味更佳，没有农药化学物质残留，吃来更让人放心。但人们往往因为它高昂的价格望而却步。事实上掌握朴门永续种植的技术，和儿童一起种菜并不是一件很难的事情。

（一）光照条件

植物的生长是通过叶绿素产生光合作用、储存有机物来实现的。光照是影响植物生长、发育和繁殖的重要环境因子[①]。植物体内存在着一系列光感受系统和应答系统，这使得植物可以准确和及时地感应光环境的变化（如光质、光周期和光照强度等），并可以对光环境的变化及时作出应答，使植物生长在一个相对最优的状态，并对植物的成花

---

① 关乐禾.基于日照分析的建筑中庭植物种植设计［C］//.中国风景园林学会2020年会论文集（下册），上海市园林设计总院有限公司，2020：6.

诱导调节具有重要作用①。因此，需要了解植物对光照的需求，根据植物的耐阴性，可将其分为喜阳植物、中性植物、耐半阴植物、耐阴植物和强耐阴植物。根据植物对光照长度的要求，可将其分为长日照植物、短日照植物和中日照植物，应根据类别对植物进行合理的管养②。

在儿童园艺教育中，教授儿童种植光照方面的知识，是对儿童生物学中光合作用知识的启蒙，也是对儿童科学兴趣的启蒙。结合场地光照条件进行日照分析，选择与规划植物的种植是可行的方法。随着技术的发展和人们对植物特性了解的深入，我们也可以采用一些方法来满足植物生长所需的光照条件，如给植物覆膜，温室大棚蔬菜种植就是一个很好的例子，再如在室内进行人工补光等。

（二）水资源

雨水花园是通过有效的雨水自净化与生物滞留处置技术，用来汇集吸收雨水，由蓄水层、覆盖层、植被及种植土层、人工填料层、砾石层等组成的场所。可以利用植物截流与土壤渗滤净化雨水，减少污染。对雨洪调节与雨水利用有显著功效，具有成本低、管理简单粗放、自然美观等优点。此外，还可以为鸟类、昆虫等动物提供食物和栖息地，有利于整个生态系统的维护③。雨水花园是一种高效利用水资源的方式。很多校园也在尝试进行雨水花园的建设，雨水花园的建设不仅可以教会儿童生态环保的理念，而且教授儿童雨水花园利用低洼地势储蓄雨水的方式，将有助于儿童地理学知识的学习。

在我们的生活中，淘米水经过沉淀加发酵后呈弱酸性，可以调节土壤的 pH 值，让土壤处于中性或者弱酸性的状态，更加适宜植物的生长。同时，也能补充氮、磷、钾、钙等营养元素，让花草长得茂密旺盛。教授儿童淘米水的"废物高效利用"，不仅是一种环境友好行为，也能帮助儿童更加关注生活中的节能"小妙招"，对"循环利用水"有更为深刻的认识。

在儿童园艺种植活动中，可以设计"小农夫情报站"指导牌，标记天气与浇水量的关系信息，可以帮助儿童建立天气和浇水的逻辑关系；浇水后为植物插上的"水滴示意牌"，标记哪些植物需要浇水，可以帮助儿童甄别以及整理劳作信息，让植物有一个良好的生长模式，避免儿童重复劳动④。

---

① 李苗.基于光照需求的居住区植物选择与配置研究——以成都蓉城里小区为例［D］.成都：成都理工大学，2018.
② 陈有民.园林树木学：修订版［M］.北京：中国林业出版社，2008.
③ 祝光耀，张塞.生态文明建设大辞典：第三册［M］.南昌：江西科学技术出版社，2016.
④ 方骏.浅谈儿童视角下的种植园地创设［J］.好家长，2021（70）：76-77.

（三）堆肥技术

堆肥充分践行了朴门永续原则的"收集并储蓄能量，不制造废弃物"的原则，将厨余垃圾、枯枝烂叶用来堆肥，培育不施化肥、农药的有机食品。对于儿童来说，这可以让他们从小就树立起废物利用的意识，做生态环保的践行者。

堆肥的步骤如下：

第一步，加一些棕色原料（枝条、树叶），用手或耙子把它们耙起来，将其置于堆肥箱底部，大约有150毫米的厚度。

第二步，加绿色原料，比如菜园里的新鲜修剪物、厨余。

第三步，加干净的水。水充当润滑剂可以使原料分解。

第四步，再加一层棕色原料，可以加点纸屑、碎纸片，这样堆肥桶里就有大量的空间，可以给微生物提供空气，里面的这些东西就可以分解，用来给土壤施肥。

如此循环往复，确保加等量的棕色原料和绿色原料，可以加一些枯草屑或者秸秆，甚至是一些干枯的叶子，再加一些水。可以把不同品种的叶子混在一起，堆肥的关键是原料的多样性，原料越多样，分解效果越好，堆肥效果就越好。

（四）杂草管理与病虫害防治

朴门永续的"观察与互动"原则，提倡的不是马上去实施解决方案，而是更深层次地去观察再与之互动，将对立的力量变成助力，才是可持续的解决方法。在杂草的处理上，这一原则非常有用。

杂草并不都是有害的，一些常见的杂草可以反映土壤的类型。例如，荨麻长于酸性土壤中，马齿苋常常喜欢肥沃的土壤等，认真观察这些杂草后我们就能有针对性地改良土壤，同时选择合适的植物种类。

此外，面对疯长的杂草和防不胜防的害虫侵袭，用农药来解决，虽然高效，却不是很好的解决方式。化学农药的使用会导致土壤板结，从而使农作物的根系不发达，不能充分吸收土壤当中的生命元素。不仅如此，化肥与农药的残留对身体健康也不利。

在生活中，可以采用一些技巧科学除虫。准备一碗肥皂水将虫子敲入装有肥皂水的碗中。或者若菜园中有鸡的话，准备一碗清水，将虫子敲入清水中，剩下的事情交给鸡来解决就行，不过需要注意的是，并不是所有的虫子都是害虫，除虫要确保将益虫和害虫分开。科学的杂草管理与病虫害防治方法，不仅可以教会儿童生态农业知识，还能帮助儿童形成辩证看待事物的角度。

（五）土壤管理

在我国土壤一般分为砂土、壤土和黏土，其中壤土是比较适合种植的。"土壤健康，食物才能健康。"土壤健康可以从以下几个因素判定：

稳定的 pH 值（一般为 5.5~7）；

良好的土壤结构；

储存并释放养分给植物的能力；

有机质的水平；

土壤生命的多样性。

健康的土壤有这些组成部分：

矿物质颗粒——45%；

有机质——5%；

水分——25%；

空气——25%。

要想打造健康的土壤可以从以下方面着手：不使用化学药剂；避免翻耕和土壤紧实；添加有机质，提高土壤肥力；保持土壤覆盖；保持土壤湿润；合理浇水；适度中耕松土；调节酸碱度等[①]。

关于土壤，儿童既熟悉又陌生，他们在生活中已经具备对土壤的简单感性认识，但缺乏细致观察和理性思考。可以将土壤的知识应用到学科教学中。下面这段材料就以概念界定与比较法提炼概念的本质属性，来进行地理的土壤教学。

提问：向学生提问"土壤"概念，了解学生对基础概念的认知水平。学生的理解应该是有偏差或不全面的。

"土壤"概念界定，统一学生理解，确保后续的学习是在同一个维度上进行的。教材中"土壤"的概念："土壤是指陆地表层具有一定肥力，能够生长植物的疏松表层。"

限定词提炼，标定土壤特征。让学生自行对"土壤"概念的关键词进行提取。学生能够提取出"陆地表层""具有肥力""能够生长植物""疏松"四个关键词。而其中只有一个词是土壤最本质、能够区别于其他事物的特点，筛选出土壤的本质属性，有助于概念的深度理解。在教学实践中，学生往往不能立即准确给出正确答案，就说明学生对概念的把握还不准确。因为本质属性是该事物区别于其他事物的特有属性，因此运用比较法能够有效地提取出此概念的本质属性。

教师提问："这几个关键词，哪个是土壤最本质的属性呢？"学生很快回答：

---

① 贺慧. 可食地景[J]. 中华建设，2019，191（10）：183.

"陆地表层""疏松"。

教师反问:"那有没有其他事物也具有这个特点呢?"学生主动进行概念比较,略思考便知存在于陆地表层或疏松的事物还有很多,如降雪也是在地表并且是疏松的,便可以排除这两个关键词。大部分学生思考后回答:"能够生长植物"。

教师再次引导:"有没有其他事物也能生长植物?"学生能想到,水其实也能供养植物生长,因此这一属性也可排除。

经过以上比较分析,师生达成共识,"具有肥力"才是土壤概念中最本质、最核心的特点,是土壤区别于其他事物的本质属性。把握土壤的这一本质属性,就能很好地理解土壤的各种功能,以"肥力"为思维核心,就能将与土壤相关的各种原理、知识和应用串联成网络,这都离不开对地理概念本质属性的准确抽提和把握。

资料来源:于歌唱婉(2021)[1]

在这个案例中教师通过不断对学生进行提问引导,让学生反复比较,最终师生达成共识,充分发挥了学生的主动性和能动性。"大自然是最好的老师",大自然给予了我们丰富的宝库进行教学活动,我们应该充分发挥它的价值,科学合理地利用它。

(六)耕作方式

植物选择可以基于日照、水分、温度、土壤酸碱度、季节时令、生长周期、种植经验需求、植物伴生需求、南北地域需求等方面进行考虑[2]。

1. 覆盖作物

覆盖作物有着减少水土流失、降低盐碱地返盐或抑制杂草生长的作用。这类作物一般具有生长迅速、根系发达、茎叶繁茂等特点,可以增加地面的植被覆盖度或被覆时间。草木樨、苜蓿等的被覆度可达90%,有利于固土、压碱、抑制杂草。紫穗槐等灌木型绿肥根系发达,在斜坡地等高带状种植,保持水土的作用更为显著[3]。

一般来说,当菜园休耕时,会尝试种植覆盖作物,在天气寒冷时种植芥菜和萝卜,在天气温暖的时候种植荞麦,以及在秋天播种能越冬的冬小麦或黑麦、红三叶草。在它们开花之前,用镰刀割掉,并将其覆盖到种植床上,可以用来堆肥。

2. 轮作

轮作,在一定程度上来说就是以地养地,有利于保持土壤的通透性和营养物质的再利用。种植作物的地方需要改变,作物依它们的科属类别、营养需求和害虫生长来更

---

[1] 于歌唱婉.以概念本质属性为核心的地理概念教学实践——以人教版必修一"土壤"为例[J].地理教学,2021(20):16-19.

[2] 贺慧.可食地景[M].武汉:华中科技大学出版社,2019.

[3] 农业大词典编辑委员会.农业大词典:[M].北京:中国农业出版社,1998.

替。举例来说，为了花园的健康，每年要改变种植马铃薯的地方，这样害虫才不会增加。一般来说，轮作顺序是：豆科植物、高丽菜、西红柿、洋葱、根茎类作物，然后再重新开始种植豆科植物。

不同作物根茎结构不同，直根系的作物能从土壤深处吸收营养且对营养的需求低，浅根作物则从表土中获取营养成分。所以，可以根据作物根的情况来安排轮作，以保证在同一个地方，作物可获得更多的养分。同时，这些不同根类型的作物，也可以增加土壤的通透性，水分和空气可以通过深根作物进入土壤深处，以扩大土壤中生命形式的活动范围。

3. 伴生植物

伴生植物是指经过特殊挑选的具有某种相生相克性状的植物，其本身不以收获为目的[①]。透过间种一些众所周知的香草植物，以及在蔬菜花园中增加香草和花卉植物，就可享受到这些伴生植物的多重好处。这些植物对其他植物的帮助如下：

它们精油中的气味阻挡了害虫；

豆科中的固氮植物，提供氮给其他植物使用；

外形会混淆害虫的辨识能力。

4. 原生植物

当地植物能为那些因栖地减少而饱受威胁的野生动物提供栖息地和食物。它们可以是食物花园的篱笆植物，供应食物给人类和其他动物。最重要的是，它们有助于维护区域中的生物多样性。

所以，可以依据当地的微气候，选择合适的原生物种。大空间不是植物栽种的必选项，大部分的果树都有适合种在花盆里的矮种，也可以攀墙或在炎热的屋子里生长；莓类植物则适合在棚架上攀爬生长。

5. 免耕

在同等收获的基础上，免耕要比翻耕的种植方式更滋养土壤，所耗劳力更少，土壤内养分更多，作物也相应长得更好。因为免耕常与覆盖和堆肥搭配，杂草会很快失去占据点，生长困难；所需浇灌水分也更少，因为覆盖物会为土壤保湿，还会同时与有机物分解至土壤里，丰富里面的生物多样性。

因为省时省力，免耕种植越来越被大多数种植者所推崇，人们越来越精心地对待土壤。"免耕大师"查尔斯·道丁自1985年开始实践免耕，至今仍乐此不疲。不翻耕带来

---

① 徐伟慧. 伴生小麦对西瓜生长及枯萎病抗性调控的机理研究［D］. 哈尔滨：东北农业大学，2014.

的好处还有很多：减轻土壤压紧的情况、减少杂草、吸引更多蚯蚓及其他土壤生物、增强保湿性、提高菜园收成、对土壤影响小等。

6. 混种与套种

混种，即在指定区域种植多种作物。研究发现这样做能吸引益虫，使害虫难找到寄主植物。套种则需要遵循套种图，清楚什么植物喜欢和不喜欢跟什么种在一起。

通过对自然非生物教育的认知学习，如水资源的蒸发、降水、渗透、表面流动等；检测土壤的酸碱度，因地制宜种植适宜物种保证存活率；观测春季万物复苏，夏季烈日炎炎，秋季秋高气爽，冬季冰天雪地四季变化等，理解自然界中各成分的相互联系，可以提升儿童对环境的认知，激发其主动探索的科学意识，让儿童用他们的感官对大自然进行观察学习，探索生活中的实物，并将其对自然的认识运用于日常实践之中[①]。

三、儿童朴门永续园艺分区设计

朴门永续是基于元素的使用大小与频繁次数来进行分区的，经常去的元素设计在自己居住活动的中心地带，其他元素依次递减地分配在周边地带。这样对于日常的生产生活有巨大帮助，因为可以节省路程，避免将精力浪费在不必要的地方，并且也能仔细观察照看那些脆弱或者精密的对象。

理想中的朴门永续山村是把动植物、人类、建筑和气候土壤放在能够产生联系的位置，最大化地将其中潜在的能量释放出来。而且会根据场地实际情况进行适当的弹性调整。它的设计原则要根据功能的使用频率把用地类型进行圈层划分。对需要频繁去观察与管理的对象，就要安排在离居住地近的地方。一个典型的朴门农场可细分为五区，从一区到五区分别是生活居住区、朴门菜园区、农业生产区、果园林产区、自然保育区。

《户外教室——学校花园手册》中提到，朴门永续是一个设计系统，在设计时规划并确定设计元素的位置是基本步骤，元素的布局方式必须以最小付出获得最大收益，且产生最少的废弃物。在设计中应该进行扇形规划、分区分析，同时利用好坡地优势、增加花园边缘、使用活性土壤等。此外书中还对不翻耕花园、建造蚯蚓塔等朴门园艺活动的详细步骤进行了介绍。

四、儿童朴门永续园艺实践形式

在城市社区只要留心观察会发现有很多可以种植的场域，如阳台、屋顶、小区绿地等，甚至买一个小小的栽培箱，也可以感受一把"都市农夫"的快乐。那么如何利用朴

---

① 游礼枭，赵小利，陈之萌，等.基于自然教育理念的城市公园设计策略研究[J].绿色科技，2020（21）：1-4.

门永续原理中的"运用最小的改变创造最大的成果，将食品生产带回城市"呢？

在城市里，有机蔬菜常常备受人们关注。实际上拥有一片自己的小菜地的愿望，也可以轻松实现。以有机种植为例，不使用除草剂、化肥、农药，剩余的蔬菜废弃物重新回到土壤里作为养料，增加种植园的土壤肥力。社区种植新鲜的蔬菜、水果和花卉，可以供应整个社区成员的需要，也可以为会议参与者和客人提供食物和视觉欣赏[1]。那如何在耕地面积有限的情况下，实践朴门永续这一技术呢？

朴门永续农业鼓励农夫全面去了解土地，最重要的就是要构建良好的土壤，这意味着需要全面改善土壤肥力、保水能力、固氮能力，以及增加土壤中微生物的多样性。它还综合地将土壤中的碳与农场上的动物和林业之间的协作管理纳入农场的整体规划管理中，从这点出发，永续农业更像是一套整合式的设计理念。其基本做法是建立可持续系统，让系统能自行供应所需，并不断循环利用自身的废弃物，使整个生态系统得到改善。其次，要与自然协作，利用朴门永续原理打造"人菜共生"的循环系统[2]。以下是几种较为典型的实践形式。

（一）螺旋菜园

螺旋菜园是用较少的土地让不同习性的作物一起生长的实践形式，根据作物的向阳背阴和干湿度特性进行菜园布局，如作物"适合种在螺旋菜园的不同高度位置，既能提供多样的光照角度及湿度，也能成倍增加种植面积，方便维护及采收"。螺旋菜园在形式上以螺旋结构进行空间的区分，然后通过曲线的循环上升来营造出一个微气候，便于排水及通风，而且容易形成物种的多样层次性。

螺旋菜园的宽度一般是 1.3~1.4 米，并且有一定的延展性，可以根据空间大小来确定种植范围。修建做法是先定好中心点，一般是搭建一个半径 80 厘米的圆形构筑物后依次建立起螺旋骨架，接下来一层绿色肥料、一层褐色料、一层土地覆盖菜园。选择蔬菜时要根据其习性安排种植位置，如喜湿的有黄瓜、芹菜、西红柿，耐旱有花生、大豆、甘薯、山药。可以根据实际情况种菜。最后定期维护，维持菜园美观和产量。

（二）锁眼菜园

"锁眼菜园"顾名思义就是锁眼插钥匙的地方，人站在锁眼中心能照顾到周遭植物。施肥的时候在中心堆肥，然后通过高差流到各个区域当中，锁眼菜园又像是一座营养水塔。站在锁眼就能照顾好圈内所有植物。制作方法是用石块堆成一个圈，里面填满各种

---

[1] 杨丛余. 基于朴门永续设计理念的城市农业公园规划设计研究[D]. 重庆：西南大学，2016.
[2] 朴自然. 永续农业：它是什么以及如何在菜园中使用[EB/OL].（2020-04-28）[2023-04-29］. https：//mp.weixin.qq.com/s/dBbf1UOsu-bh2FGzUxB1fw.

肥沃土壤和堆肥。搭配厚土栽培法，先松土然后依顺序添加有机质、防光层、优质土壤和覆盖物，让杂草和害虫没有生长空间。

锁眼菜园的优势是在于创造边界效应，因为利用了所有种植空间，所以容纳量变大，能让能量传递到每个角落。

（三）Wi-Fi 菜园

所谓 Wi-Fi 菜园就是形状像 Wi-Fi 信号格一样的菜园。它是在锁眼处放置堆肥，使其通过自然流动分散到各处。空间上人转身即能照顾到所有植物，符合人体工程学和朴门多样化的理念。Wi-Fi 菜园一般会建在有坡度的地方，顺应地形的 Wi-Fi 菜园以堆肥箱为中心，把堆肥箱放在地势高的地方，下雨时水和肥力会从堆肥箱处往低处流，从而使其充分被周围蔬菜吸收。从某种意义上来说它也是锁眼菜园形式的升级。

（四）香蕉圈

香蕉圈外观上是一个直径不超过 2 米的坑洞，它把土挖出来堆在边上成垄，并且点缀几块大石头增加湿度，然后种植一圈吸水能力强的植物，如香蕉、芭蕉、柳树等。中间的坑洞里放下各种各样的覆盖物和有机质，可以维持比较好的湿度。再栽种一些芋头作为内侧的喜水植物，红薯作为地面的覆盖物，坑洞和植物之间会产生积极的互动关系。香蕉圈的优势在于它的多种功能，这种模式能集中利用水肥和蚯蚓的作用，节省人力施肥成本。还能利用天然热能取暖，营造出低湿遮阴、冬暖夏凉的环境。

在上面我们介绍了朴门永续常见的形式，还提到了厚土栽培法、堆肥等朴门种植步骤。事实上关于朴门永续菜园的种植远远不止这些，还有能够招来蝴蝶的蝴蝶花园、提供制作比萨食材的比萨花园、充分调动儿童五感的香草花园等，这些都拥有着无穷的魅力，吸引越来越多的儿童参与到朴门永续园艺活动中来。

五、儿童朴门永续园艺活动

艾德华·威尔森的亲生命理论主张所有人类都有"与其他生命形式亲近的渴望"，即亲近自然是每个人的天性，园艺活动是儿童亲近自然的重要形式。儿童天生有"十万个为什么"，法国电影《蝴蝶》(le papillon) 中的小女孩就是个非常爱提问的儿童。"为什么母鸡会下蛋？为什么漂亮的花会凋谢？为什么太阳会消失？"小女孩不断地向老爷爷发问。

在朴门永续种植过程中，植物的发芽、开花、结果等一系列生命现象都会让儿童产生好奇。

（一）朴门永续园艺活动概述

儿童从丈量、设计到一次次尝试、合作，经历厚土种植、锁眼花园、Wi-Fi 花园、螺旋花园、堆肥箱等，了解不同季节蔬菜的生长变化，蔬菜之间的伴生关系，总结规律，测量记录，研究生物的生命历程，了解自然的系统法则，还有和好朋友在一起种植时获得的共荣、共赢理念。这是一个完整、宏观的设计系统，也是一个动态的设计过程。朴门永续的生活设计，通过建立资源循环利用、生物多样性的生产框架，带领孩子们最终完成知识的理解、应用和迁移。

在家庭、社区、校园、营地都能进行朴门永续园艺活动。如在大黑山营地就有锁眼花园及高台种植、向大自然学种植——厚土种植、白魔法师的三根魔法棒——零废弃、种植智慧及喜欢氧气的分解宝宝、我的蚯蚓好朋友、自然中的螺旋——螺旋花园、招蜂引蝶的小院等园艺课程[①]。

儿童在朴门永续园艺活动中从好朋友种植法中了解大自然的种植方法，学习食物的演变、地区的文化、植物的伴生关系，懂得彼此支持。接下来，我们将介绍几种常见的儿童朴门园艺活动的形式。

（二）厚土种植

朴门永续设计里面有大部分的篇幅是学习种出食物，只需要一些简单的容器和土壤，遵循一些基本种植原则，儿童就可以在家或在教室里种植一些小型植物了。建议从种植开花植物和香草开始，美丽的花朵和植物的香味，对孩子来说是辛苦劳动之后不错的回报。

可以从一些小型易种的品类入手，通过播种、种植、浇水和施肥等劳动，让孩子认识到自己是有能力种好植物的。建立信心之后，就可以尝试种一些稍微难一点的植物了，比如草莓、胡萝卜、西红柿等。他们会学习到，种子播下去之后，那些长起来的幼苗是需要人照顾的。这样有助于培养孩子的独立性，并帮助其意识到自己身上的责任和能力。

（三）雨水收集

对雨水的充分收集和利用，可以大大节约水资源和能源，在这个过程中，可以和孩子一起去研究自来水系统里的能源消耗、生产过程、碳排放、地球淡水资源的情况，动手去做雨水收集装置，测量雨水 pH 值，了解空气污染与酸雨形成之间的关系，学习如何

---

① 黑驴外旅行.厚土种植、蚯蚓塔、堆肥箱、锁孔花园，我们一起营建中［EB/OL］.（2022-04-17）［2023-04-29］.https：//mp.weixin.qq.com/s?__biz=MzI3OTY0OTA2MQ==&mid=2247496134&idx=2&sn=c99757c230334114c5c04e43e998c63a&source=41#wechat_redirect.

将雨水处理成为安全饮用水等知识,让孩子们意识到,我们生活的每一次选择,其实都与我们的大家园环境息息相关,我们通过自己的选择和学习,作出更正确的选择。

(四)厨余堆肥

无论儿童处在哪个年龄段,都可以在家轻松学习堆肥。从简单地用蛋壳、报纸、厨余等堆肥开始,然后把它用在种植的植物上。家里的大量厨余不再被拉到垃圾填埋场或是被粉碎后进入下水道,而是变成肥沃的土壤滋养植物,植物再成为我们的食物,完成一个循环。可以带儿童到本地最近的垃圾填埋场去看看,那样在家堆肥这件事的好处和意义就更为凸显了。

(五)酵素课程

酵素存在于我们食物中,特别是绿色蔬果中,也存在于我们的肠道,含有生物活性成分。酵素有多种功效,也可以与其他成分配比制作成洗发水、沐浴露、洗衣水,用来洗碗、洁厕、清洗地板等。同时这些含有酵素原液的水排入河中,不仅不污染水质,还可以净化水质。人人在家里都可以做酵素,制作原料经济,制作方法简单。所以,酵素是非常环保实用的家居生活用品,儿童应在成年人的指导下进行正确制作。

下面介绍利用厨余制作酵素的步骤。

利用厨余制作"生活实用环保酵素"

利用厨房剩余的蔬菜茎叶、果皮等,注意是新鲜的果皮、菜叶,不要用那些烂菜叶、馊水、馊油等。注意第一个月要时不时地搅拌一下,渐渐第一层会出现白色的有益菌,越来越多,气味也越来越好闻。如果有腐烂的气味,说明放进去时的果皮菜叶本身就已腐烂。

通过酵素的制作,将吃剩的水果、厨余垃圾充分利用,这一举措充分体现了生态环保的理念。

第三节 上海创智农园社区花园案例

创智农园(Knowledge & Innovation Community Garden,KICG),位于上海市杨浦区创智天地园区,农园占地面积2200平方米,是上海市首个位于开放街区中的社区花园。两年前这里曾是建筑垃圾堆弃地,通过城市隙地改造再利用,这里摇身一变成了上海市首个位于街区中的社区花园,杨浦区绿化委员会办公室绿化管理创新实验点,杨浦区首个可食地景项目,社区蔬菜种植体验中心。

农园以朴门永续理念进行生态营造,结合生态、节气等主题,以该可食地景园为依托,经常组织各种社区融合及自然教育活动,在上海乃至全国都起到了良好的示范作用。

一、主题定位

以建立社区情感纽带为前提:让儿童探索自然世界,掌握植物知识,了解农作物从种子到食物的过程,体验农耕文化;更让居民在种植过程中彼此熟悉,打破陌生社区关系,邻里关系更加融洽;以食物为纽带,将人与人、人与自然有机地连接在一起。

二、分区规划

农园总体布局分为设施服务区、公共活动区、朴门菜园区、一米菜园区、互动园艺区等。农园呈狭长形。集装箱改造的室内区域(面积约 100 平方米)及公共区域(面积约 290 平方米)位于农园中部,两侧为大面积的公共农事区(总面积达 1531 平方米),其中北部朴门菜园区(面积约 150 平方米)有贯通南北的小路和供休息的座椅。在全园范围内,设置有垃圾分类箱、蚯蚓塔、各类堆肥设施、雨水收集装置、小温室等可持续能量循环设施。

三、儿童园艺相关场域活动

1. 公共活动区

设置儿童沙坑,北面边缘展示的主要是苔藓艺术家的作品和厨余垃圾分类设施,也是整个园区可持续理念的展示。目前儿童嬉戏区正在拓展中,计划通过亲子参与的方式,调动社区民众自己动手参与营造和维护的积极性。

2. 朴门菜园区

朴门菜园区由螺旋花园、锁眼花园、香蕉圈、厚土栽培实验区、雨水收集、堆肥区等组成,为农园提供种苗支持的小温室也位于此处。这个区域是农园的核心种植供给区和可持续设计营造示范区,也是社区培训的户外重要地点。

3. 一米菜园区

都市居民对种植的热情越来越强烈,但在自家的居住空间往往难以实现,为此农园北段设置了"一米菜园"。作为科普课程体验区,居民可获得一平方米左右的体验地块的管理维护权,可以根据管理人员的建议指导来选择符合自己饮食习惯的食物。一米菜园提供种子、工具和肥料，并配有专门的管理员进行日常维护工作，居民可以收获这块地上的所有作物。管理团队定期邀请专业讲师为居民们授课，讲解种子认知、土壤辨识、工具选用、堆肥、菜园建造和作物栽培等知识，并带领大家亲身实践。

4. 公共农事区

公共农事区从基础认知和种植要点着手，提高公众对农园整体景观的认知和参与农事活动的实践能力，通过自然教育与农事活动的配合，避免公众的无效参与和资源浪费。

农园鼓励公众在掌握一定技能的条件下，多去地里实地观察思考、动手实践。除了一米菜园外，园区大部分场地都是提供给市民参与的农事区，主要种植的是上海本地适宜栽培的果树、香草、蔬菜，以及传统农作物，从而充分还原田园乡村的自然风貌。

5. 互动园艺区

互动园艺区位于沿道路一侧，主要包括轮胎花园、社区花园展区等。轮胎花园系通过废弃轮胎，以社区活动的形式，招募儿童参与布局、制作、描绘及种植养护活动；社区花园展区邀请有志于提供公共空间高品质服务的机构或个人作为参展单位，打造迷你花园，辅以植物认养、园艺培训、花艺展示等活动，搭建商家企业与公众之间的联系；开辟重点地块，并提供苗木和工具，让市民共建共享"大众花园"，也鼓励居民从自家带来植物一同分享。

四、朴门主题课程

目前在创智农园已举办过的自然课堂主题包括8月的厚土栽培、DIY小厨房、旧轮胎做花坛，以及彩绘制作花盆和朴门公开课；9月举办有机素食体验；10月举办制作南瓜牛奶羹等活动；11月给蔬菜做支架，收割稻谷等活动。

以朴门公开课为例，结合理论讲座与实操——营造食物森林（food forest）：讲解植物森林中的自然机制以及物质能量循环的规律，各种不同的生物集合在一起自然而然地产生联结，形成一个自给自足、平衡循环的生命体系，仅仅依靠太阳就能实现自身的运转。从种植目标果树开始，就要为它选择合适的伴生树种，还原树木在自然中原本的生长方式，增加生态系统的多样性。速生豆科和小树这类伴生树种将成为果树的陪伴者，彼此相依相存。动植物和微生物形成的复杂的生态网络和相互依存的关系则会随着时间推移逐渐成熟稳定。

关注小气候——打造生态池：微气候的营造是食物森林设计中至关重要的一部分，实际分析场地环境，合理布置生态池，一同动手打造小型生态池。

与动物为伴——制作昆虫箱、蝙蝠屋：引入动物、昆虫和微生物来完善生态系统，在食物森林中构建各种动物、植物、微生物，形成交错复杂的生态网络。

资料来源：刘悦来等（2017）[①]，尹科娈（2017）[②]

五、案例点评与说明

在这个案例中，上海创智农园将原本"建筑垃圾堆弃地"打造成为"社区花园"。通过合理的区域规划，设计朴门园艺相关活动与课程，让社区居民受益，让儿童受益，体现了朴门永续照顾人类的伦理原则。

同时避免资源浪费，用废弃轮胎做种植工具，体现了朴门永续照顾地球的伦理原则。

让市民共建共享"大众花园"，鼓励居民从自家带来植物一同分享，体现了重新分配剩余植物给有需要的人。这一案例是朴门永续原理的生动实践，值得推广、借鉴与学习。

在《可食地景》一书中提到社区花园在营造过程中要遵循生态性、教育性、观赏性、共融性的原则，合理选择花园地址、分区利用光照、合理利用地形、培育和照顾土壤、巧用屋顶雨水来打造社区花园。在类型上可以选择高种植床、下沉式、螺旋式可食地景园，发挥学校和社区各自优势，设计相关课程引导学生参与体验。同时社区花园还可以充分发挥便民功能开展亲子活动，促进家庭和谐，社区共融[③]。

以上海世纪公园的蔬菜花园为例，该社区花园以朴门永续生态种植理念为指导，对公园进行分区规划、活动课程设计，并结合非物质文化遗产二十四节气与中国的传统农耕文化，让公园成为儿童与自然连接的乐园，真正实现了让"自然做功"、发挥系统最大效用的朴门原理。

在规划设计蔬菜花园时，由于大部分为种子种植，前期投入低，有一定的产出（收获的蔬果等），主要成本在于人员维护投入。亲子家庭进行认养种植、承担维护工作，聚人气，享收获，这是每个人身边的园艺活动，是普通小区社区营造的最佳方式。蔬菜花园不仅为人们提供了新鲜安全的蔬菜，还丰富了城市绿地的种类，是传统农耕文明的传承，更成为城市生物多样性的样本。我们可以和邻居一起在具有社区属性的公园种菜养花，孩子从小就能懂得"粒粒皆辛苦"的意义……一点一点改变，一点一点渗透，总

---

① 刘悦来,尹科娈,魏闽,等.高密度中心城区社区花园实践探索——以上海创智农园和百草园为例[J].风景园林,2017(9):16-22.
② 尹科娈.基于儿童自然教育的城市隙地市民农园营造研究[D].长沙:湖南农业大学,2017.
③ 贺慧.可食地景[J].中华建设,2019,191(10):183.

有一天，高密度的"城市"不再是钢筋水泥的代名词，而是诗情画意的田园，真正属于每一个人的田园[①]。

儿童在研学活动中接受可持续生活的熏陶，学习朴门永续技术，走进田间，动手劳作，挥汗如雨，感受吃苦耐劳、艰苦奋斗的精神和收获的喜悦与自豪。日出而作，日落而归，接触自然，参与农耕生活创造，感受乡间趣味与快乐。在玩耍中认知传统的科技，培育可持续的生活理念，实践生态文明的思想。在活动中亲子家庭一起学习农耕知识、体验农耕活动、品尝农家美食，让儿童"在自然中玩耍""以自然为师"，在这个过程中儿童不仅收获了快乐，对亲环境行为、可持续发展、生态文明也有了更深刻的理解，收获了生物学的知识和科学探索发现精神，也开始学习与父母建立良好的关系，学习交友从而形成亲社会行为……

事实上，朴门永续自然研学活动不仅存在于研学基地，很多学校也开设了基于朴门永续理念的学农实践课程，学校依托校园绿地，如一米菜园、学农劳动教育实践基地、种植园地等，带领儿童走进"户外教室"，与动植物亲密接触。这是学校进行综合实践活动、劳动教育、环境教育的重要场所，同时这也是很好的教学景观，儿童在其中可以认识动植物，认识生态系统……这是对儿童科学探索的重要启蒙，也是跨学科思维、创造性思维等重要核心素养培养的"摇篮"。

---

① 刘悦来.可食地景［J］.人类居住，2016（1）：3.

第五章 儿童园艺课程活动开发的理论与实践

课程活动是儿童园艺教育中最重要的组成部分。人们希望每一所学校都能开设园艺课程，把儿童从教室里解放出来，让他们在真实的自然世界里进行更为有效的学习。在2022"哈佛中国自然教育论坛"中黄进教授提到，其实，种植是我们中国幼儿园普遍都有的一种活动。即便大城市里寸土寸金，幼儿园再小，都想办法留出一块土地来和孩子们一起种东西。她分享了江苏省句容市下蜀中心幼儿园的故事。这个乡镇园里有一块比较大的种植园地，小朋友和教师播种、培土、施肥，不亦乐乎。孩子们学会了种植的科学知识，学会了测量甘蔗的生长高度，画出了黄瓜的生长过程，感受了水稻的丰收，思考了搬运南瓜的问题。其实，幼儿园的种植并不是为了满足食用需求，而是带领孩子体验和认识种植的过程。这就是玩中学，学中玩[①]。

第一节 儿童园艺课程活动开发教学原理

一、课程活动理论基础

园艺教育主要依托于两大理论主线发展形成——体验式教育（experiential education）和环境教育（environmental education），二者均源起于美国教育家杜威对传统课堂教学方式的批评，强调以日常生活经验、自然环境体验取代学生在传统课程上的听、读、记，促进学生广泛的社会参与。此外，园艺教育还融合了大卫·库伯（David Kolb）的体验式学习理论（experiential learning）、霍华德·加德纳（Howard Gardener）的多元智能理论（multiple intelligences）和自然观察智能观点（naturalist intelligence）、丹尼尔·戈德曼（Daniel Goldman）的情商理论（emotional

---

① Ces Harvard. 自然教育|大自然中的探索和玩耍如何助力儿童的成长？——2022哈佛中国自然教育论坛［EB/OL］.（2022-04-29）［2023-04-29］.https：//mp.weixin.qq.com/s/WgDxeefTcb2ieBjbAkO4Xg.

intelligence）等观点①。

（一）自然主义理论

儿童园艺课程以自然主义理论为基础，根据儿童的自然本性和身心规律进行教育，在西方夸美纽斯、卢梭、裴斯泰洛齐、赫尔巴特、第斯多惠、福禄培尔、杜威、蒙台梭利等的教育思想中都包含了自然主义。中国的自然教育则散见于思想家的论著中。中国古代先哲认为一切源于自然，自然是万物之源。"自然"一词最早始于老子，庄子沿用，后经王充、王弼之发展，到郭象时逐渐发展至鼎盛，一直延续至今。从老子的"道法自然"、庄子的"天人合一"到王弼的"名教出于自然"，从郭象的"游外冥内"到柳宗元的"不害其长"、朱熹的"知行合一"，从王守仁的"顺导性情"、戴震的"等差凡几"到蔡元培的"尚自然、展个性"、陶行知的"生活即教育"。由此可见，东西方的智者先贤都强调教育应遵循"自然之道"，强调了教育的"人性化"本源和道法自然的客观路径，这在今天的儿童园艺教育中依然是很重要的基本原则和行业特点②。

此外，自然主义教育不仅要尊重儿童的天性，更要遵循自然规律来进行课程设计。通常应根据当地的气候、水文、动植物特点和其他自然地理条件，来设计课程和活动。选择在花园里种植的植物主要是本土物种。

课程总体设计思路应符合自然和植物生长的规律。在春天课程和活动的设计主要是室内播种和育苗，室外育苗移栽、播种和培育；夏天进行蔬菜瓜果管护、除草、堆肥和灌溉等；秋天则开始收获各种蔬菜瓜果、食品制作和艺术课堂等。这种遵循自然规律的课程设计有助于学生深刻理解和体验花园生态系统的运作和植物生长过程，也能让学生在花园实践中取得明显的耕作效果，从而获得成就感③。

"自然主义风格"（naturalistic landscape style）在英国已有很长的历史，其源自18世纪的英式自然园林及19世纪造园家威廉姆·罗宾逊广为传播的"野生花园"（wild garden）理念，这一理念被有效地使用在新市镇建设、废弃地更新和学校游戏场的建设中。多国的研究和实践，证明了"自然主义"是一种更贴近生态需求的设计方式。所谓"自然主义"植栽设计，是指呈现出自然特征的植栽形式：物种多样，植物群落结构复杂度或品种不均匀性；大量使用不同物种且不只限于原生物种；尽可能地在设计和管理中利用自然或自发的进程和生态原则，并且积极避免使用人造元素和明显的人为管理。

---

① SKELLY S M, BRADLEY J C. The growing phenomenon of school gardens: measuring their variation and their affect on students' sense of responsibility and attitudes toward science and the environment [J]. Applied Environmental Education & Communication, 2007, 6 (1): 97-104.
② 林昆仑，雍怡.自然教育的起源、概念与实践[J].世界林业研究，2022，35（2）：8-14.
③ 杨金兰.美国环境教育的新趋势——以学校花园为基础的环境教育[J].中学地理教学参考，2013(10)：68-70.

简言之，此理念是依植物科学和景观美学达成低维护管理的目标并颠覆了传统式匠意的设计模式。自然主义植栽设计，可以快速建立强烈的视觉效果，并且有着四季不同的样貌。在选择上除了应注意品种、色彩的搭配，亦要特别注意毒性和质感，如所选品种是否强韧到能够经得起踩踏，但又不能太过尖锐等[①]。

在儿童园艺课程活动中，教师应充分激发儿童的天性，建构符合儿童实践需要的课程。儿童在进行课程活动时应探究人与自然的关系，建立人与自然的连接。在自然主义理论指导下，儿童园艺课程活动期望幼儿接触自然，在自然中发现儿童成长的力量。

（二）建构主义理论

建构主义理论强调学习者对知识的"接受"只能靠他自己来建构完成，这一过程不是被动地接受外部的知识，而是学习者同外部世界相互作用的结果。学习是在学习者原有的知识经验的基础之上，主动对知识进行加工与处理，建构知识表征的过程。

布鲁姆在《认知分类》中写道："在信息极度丰富、充满吸引力的自然世界中对新发现的事物进行命名和分类，有助于提升儿童记忆信息的能力，这是认知发展的第一步。对大自然细节直接或间接的体验，都能激发学习者理解他们所经历的一切的需要。"儿童园艺课程活动是一种体验式学习，与传统的静坐听讲的方式不同，儿童更多的是在身体实践的过程中获取园艺知识。在这种环境背景下，学生有更多的机会获取直接的实践经验，新知识通过新的环境经验、与同伴和教师的讨论以及学生之间的相互作用得以构建。这更是一种跨学科的学习方式，在课堂中儿童已经学习了书本知识，而园艺课程能够起到统整作用。儿童园艺会涉及生态学、植物学、昆虫学、微生物学等生命科学，但它又与学校里的科学课不同。首先，那些科学知识只是显性知识，并不能完全满足儿童成长的需要。对于儿童而言，还有很多隐性知识。另外，对于儿童园艺课而言，重要的不是知识本身，而是获得"知识"的过程，以及作为人如何思考和学会照顾地球、照顾人、与人分享的能力。美国学者尼古劳斯等以得克萨斯州坦普尔市7所小学三至五年级的647名学生为样本，发现参加学校动手园艺项目的学生科学成就高于没有参加的学生。他们认为是学校花园项目背后的主要理念——实践和建构主义学习发挥了作用。花园可以作为生活的实验室，学生可以看到他们正在学习的东西。同样地，他们也能学着评估理论知识应用到现实世界的情况[②]。

在建构主义理论指导下，儿童园艺课程是孩子的自主活动，强调孩子的自主探索，主张创设真实、自然的户外园艺区域，让孩子自主进行知识的建构与学习。

---

① 王霞，刘孝仪. 自然式儿童游戏场设计——以英国小学为例[J]. 中国园林，2015，31（1）：46-50.
② 石烨. 学习花园：培育学生综合素养的户外课堂[J]. 上海教育，2021（32）：7-10.

(三)生活教育

陶行知主张教育与实际生活相联系,反对死读书,强调培养学生的生活能力、独立工作能力和创造力,他的主张在我国教育界和教育理论界产生了广泛影响[①]。1934年,戴自俺在山海幼儿工学团里,继续发展了陶行知的生活教育理论,以此为根基开展乡村学前教育实验,"运用幼儿的生活实施幼儿的教育",并在课程方面对园艺课程进行了实验,试编了《儿童生活历》[②]。

儿童园艺课程活动把园圃作为真实的教学场景,与儿童的生活紧密相连,儿童亲身体验照顾土地、照顾植物的方式。在园艺教育的过程中,通过让儿童照顾植物,培养儿童独立生活能力。通过植物拼贴画、植物拓印等形式,培养儿童的艺术创造力。我国各地都有土特产,拥有丰富的矿产资源和旅游资源,这些丰富的资源多来自或者位于农村地区,这也使得农村幼儿园更具"近水楼台"的优势。以宁夏为例,每年7月是枸杞成熟的时节,农村幼儿园可以枸杞为主题开展活动:教师带领儿童参观枸杞园,观察枸杞树、枸杞果的外形特点,观看农民采摘、晾晒、加工枸杞的整个过程,品尝枸杞产品;回到幼儿园,可以枸杞为主题画画,唱歌,跳舞,讲故事,等等[③]。

(四)环境行为学理论

环境行为学是讨论研究环境与人类之间的相互关系和相互作用的学科。皮亚杰认为儿童存在一种把所有事物都视为有生命、有思想感情的特殊心理——"泛灵论"。在这种特殊心理的作用下,儿童会本能地喜欢亲近植物,具有与植物交流、对话的天赋能力和兴趣,儿童可以通过丰富的感官体验来认识身边的环境,从中得到知识以及生活经验[④]。富有变化或具有挑战性的环境能激发他们的好奇心以及探索欲,从而吸引他们主动参与以及实践。

在环境行为学理论的指导下,儿童园艺课程活动可以通过五感体验类活动,让儿童去看、去听、去闻、去摸、去尝,让儿童认识周边的动植物,从自然中获得智慧。在这个过程中,儿童的好奇心被充分激发,这样一种力量,让儿童去探索,去发现……

二、课程活动开发模式

(一)目标模式

拉尔夫·泰勒作为计划的指导者,创立了目标模式的经典形态"泰勒模式",提出

---

① 向洪.国情教育大辞典:[M].成都:成都科技大学出版社,1990.
② 戴自俺,龚思雪.陶行知幼儿教育的理论与实践[M].成都:四川教育出版社,1987.
③ 朱虹."活教育"理论对农村幼儿园园本课程开发的启示[J].现代教育科学,2010,(2):68,117-118.
④ 李改,陈丽艳.抓住"关键期"培养学前儿童的亲自然情感[J].环境教育,2013(4):67-69.

课程设计的基本程序、步骤和方法，形成了较为完善、对后世影响较大的课程开发理论体系。他明确规定了课程开发的4个步骤：确定目标、选择经验、组织经验、评价结果。

课程开发的目标模式建立在应用科学管理原则上，采用"工学方法"，将课程开发的基础和核心定位在对社会有实用价值的目标上，主要从社会需要、儿童自身兴趣以及学科专家意见等方面确定课程目标，依据课程目标进行学习经验的选择、课程内容的组织与实施以及课程结果的评价。较强的操作性使泰勒的"目标模式"成为目前我国幼儿园课程改革理论探索和实践所遵循的经典范式。

（二）过程模式

英国课程理论家斯腾豪斯认为课程不是通过将一般的教育目的分解为具体目标而达成的，并于20世纪70年代提出了课程开发的"过程模式"。他认为能促进儿童发展的课程一定是通过教育过程的不断调试来实现的。他认为目标模式适用于行为技能的训练，但并不适宜对知识的学习。因为目标模式将知识结构转化成分解式的行为目标，歪曲了教育的本质。过程模式的逻辑起点是内容的选择，而非目标的预期。

目标模式和过程模式并不是非此即彼的关系，两种模式之间可以取长补短，寻求一种动态契合。深圳市彩田幼儿园基于关键经验基础上的课程开发就是两种模式动态契合的实践探索。课程内容既有教师依据儿童身心发展规律、教育目标预设的教育内容，又有依据儿童学习兴趣、出现的问题和发展需要生成的教育内容[①]。

（三）自然模式

自然模式课程设计是建立在对目标模式和过程模式综合折中的基础上。最早由美国教育家瓦克提出，描述了成功的课程研制中呈现的自然过程，也体现了作者严谨的自然科学态度、思维和方法[②]。

（四）情境模式

情境模式课程设计最早是由美国教育家史密斯提出的，并由斯基尔贝克和斯考特等人发展。情境模式课程设计试图通过对某一情境分析来解决和回答教学问题，在情境分析中运用和掌握知识。

（五）相关课程与广域课程模式

美国马里兰大学赫希巴奇提出了两种最基本的课程模式：相关课程（the correlated

---

① 王少华. 目标模式与过程模式在幼儿园课程开发中的动态契合研究[J]. 教育评论，2016（9）：46-49.
② 林记明，穆雷. 翻译的课程模式与教学模式辨析[J]. 外国语文，2009，25（2）：115-119.

curriculum）模式和广域课程（the broad fields curriculum）模式[①]。相关课程模式是指将各科目仍保留为独立学科，但各科目教学内容的安排注重彼此的联系。例如在小学语文学科实施的"荒岛草本集"STEM项目中，融入科学学科中"植物"以及"标本及其制作"等科学与工程内容等。广域课程模式则取消了学科间的界限，根据知识自然整合原则将相关学科知识整合到学习项目中。

三、课程活动设计理念与原则

（一）课程活动目标以培养学生综合素质为导向

园艺课程活动强调学生综合运用各学科知识，认识、分析和解决现实问题，提升综合素质，着力发展核心素养，特别是社会责任感、创新精神和实践能力，以适应快速变化的社会生活、职业世界和个人自主发展的需要，迎接信息时代和知识社会的挑战。园艺课程活动主张在国家课程标准的基础上，设置特色课程活动体系。

（二）课程活动开发面向学生的个体生活和社会生活

园艺课程活动面向学生完整的生活世界，引导学生从日常学习生活、社会生活或与大自然的接触中提出具有教育意义的活动主题，使学生获得关于自我、社会、自然的真实体验，建立学习与生活的有机联系。要避免仅从学科知识体系出发进行活动设计。

（三）园艺课程活动实施注重学生的主动实践和开放性生成

《学会生存——教育世界的今天和明天》中提出，教育的四个支柱——学会学习、学会生活、学会做事、学会生存，儿童要获得这些能力，单凭教师"独白式"的"教"很难实现，必须亲身实践[②]。园本课程开发必须充分考虑儿童好动的特点，注重活动性、游戏化，让儿童在操作活动中学习，教师在活动中教学，促进儿童在活动中获得身心发展。园艺课程活动鼓励学生从自身成长需要出发，选择活动主题，主动参与并亲身经历实践过程，体验并践行价值信念。在实施过程中，随着活动的不断展开，在教师指导下，学生可根据实际需要，对活动目标与内容、组织与方法、过程与步骤等进行动态调整，使活动不断深化，让学生体会到学习的成就感。

（四）园艺课程活动评价主张多元评价和综合考察

园艺课程活动要求突出对学生发展价值的评价，充分肯定学生活动方式和问题解决策略的多样性，鼓励学生自我评价与同伴间的合作交流和经验分享。提倡多采用质性评

---

① HERSCHBACH, DENNIS R. The STEM initiative: constraints and challenges [J]. Journal of STEM Teacher Education, 2016.
② 朱虹. "活教育"理论对农村幼儿园园本课程开发的启示[J]. 现代教育科学, 2010（2）：68, 117-118.

价方式，避免将评价简化为分数或等级。要将学生在研学旅行中的各种表现和活动成果作为分析考察课程实施状况与学生发展状况的重要依据，对学生的活动过程和结果进行综合评价。

第二节 儿童园艺课程活动开发

一、课程活动研究与调查

在进行课程活动设计时，需要清楚地了解儿童园艺教育相关的政策背景。其次，在开展活动前要对课程活动场地进行调查，如这里具体包括哪些特色资源？现阶段开展了哪些课程？其成效如何？可能会存在哪些安全隐患？如何有效地规避？

漳平市永福中心幼儿园就利用花卉之乡的资源进行了幼儿园园艺课程的开发与实践探索。该园从儿童的生活出发，精心规划设计了百花园，设置了"园艺操作坊""花艺乐园"种植区，班级进行园艺课程主题环境布置，在美工区投放自然材料让儿童自由想象、大胆创作，为孩子们提供了开展园艺活动的良好基地。教师带领儿童走进大自然，参观花圃，初步了解各种花卉的外形特征和种植方法，并带领儿童赏樱花、捡枫叶，开展创意拼摆活动评比，感受园艺的乐和美。此外，该园收集了本地花卉的各种素材，如"茶花仙子的故事""五色茶花传说"等，再应用于儿童园艺教学中[①]。

在这个案例中，漳平市永福中心幼儿园充分利用花乡优势，挖掘花卉素材开发园艺课程，组织园艺活动等，让儿童在优美的校园环境中，了解园艺知识和掌握园艺技能，最终形成了学校特色教学模式。事实上，作为花卉大国，我国很多城镇都有地方特色的花卉资源，如果未来能够被充分利用，这将是对儿童审美教育、乡情教育、生命教育等方面很好的素材。

（一）需求调查

在进行儿童园艺课程活动开发时要进行两个方面的需求分析。首先是学校需求分析，在园艺课程活动研发前期，应明确学校的基本需求，具体包括活动目标、主题、开展日期、学段等详细信息；其次是学生需求分析，儿童有哪些需求？活动课程设计如何与学科知识相连接？这是进行活动课程设计时需要重点考虑的问题。在园艺课程活动研

---

① 陈海燕.幼儿园园艺课程的开发与实践探索——以永福中心幼儿园为例[J].福建教育学院学报，2021，22（2）：22-23.

发前期，应进行学情分析，内容包括学段、学生的认识水平和身心状况等，从而确定符合儿童需求的课程目标、课程内容和教学方法。

（二）教学策略调查[①②]

行之有效的方法是课程活动取得实效的关键，教师要积极探寻科学有效的方法来深化课程内涵，提升实施效果。

1. 支架式教学

支架式教学在理论上源于维果茨基的"最近发展区"理论，在实践中的运用流程如下：教师根据该阶段儿童的学习要求，将复杂的学习任务加以分解，通过创设情境，为儿童提供适合其需要又有一定挑战性的任务，引发其找到解决问题的对策，获得新经验。当儿童获取了相关的新经验后，可以再设计多种形式的后续活动，并逐渐撤除支架，使之在不断反复的个体性操作与探索中，最终能够独立解决有挑战性的任务。

2. 情境式教学

情境式教学法是指在教学过程中，教师有目的地引入或创设具有一定情绪色彩的、以形象为主体的生动具体的场景，以引起儿童一定的态度体验，从而帮助儿童理解教材，并使儿童的心理机能得到发展的教学方法。

3~6岁的儿童对于事物的理解，以直观形象思维为主，自然教育课程强调从幼儿的生活经验、所处的社会环境出发，将"自然教育"目标、内容融于幼儿真实的生活情境中，让幼儿通过与环境、材料的有效互动，在情境中解决问题，使幼儿的学习从被动变为主动，快乐玩、快乐学[①]。

3. 环境熏陶法

环境熏陶法，指通过选择或有意创设积极向上的环境，如物质环境、文化环境、人际交往环境等，使儿童置身其中，耳濡目染，在不知不觉中受到影响的教育方法。

4. 体验式学习

园艺体验植物作为人类认识自然、接触自然的主要媒介，与人类的日常生活有着密不可分的联系，就如常见的青蔬、瓜果、绿化植被都可以作为儿童接触自然、学习自然的现实教材。尽管这些常见于日常，但是部分生活在现代城市的儿童，存在不太容易分清大蒜与芹菜、韭菜与香葱的情况。城市公园可以通过设置园艺修剪、种植栽培、农田耕种等自然体验教育分区，为儿童提供进行园艺操作、培育植物成长、学习农耕文化的教学基地，使其在参与种植养护、栽培修剪、农活操作等自然体验教育的过程中，加深

---

① 贾秋美. "自然教育"课程园本化实施策略探究［J］. 上海教育科研，2018（5）：64-67.
② 海星. 让孩子在大自然自由地玩［J］. 环境教育，2017（8）：23-25.

对自然、对生命的认识[①]。

5. 流水学习法

美国自然教育家约瑟夫·柯内尔认为流水学习法是指将生命教育融入儿童自然体验活动中，通过儿童在自然中的多感官体验来学习的过程。它包括四个阶段的学习：唤醒热忱、集中注意力、直接体验、分享启示。以流水学习法的教学策略来设计生命课程，活动内容更有循序渐进的程序性，能够增强儿童的好奇心、专注力与兴趣。这种教学法可以被广泛运用在户外教学活动中，让儿童在接触实际情境中获得更为强烈的体验。在教学实践中，教师并不急着传授知识，而是给儿童充分观察和体验自然的机会，注重营造轻松的氛围以及培养儿童敏锐的观察力，多与儿童分享并善于倾听、回应儿童的想法，在此过程中教师与儿童共同发现生命的奥秘。

以"美丽的蝴蝶"活动为例，春天，儿童对花园里的蝴蝶产生兴趣，教师通过启发儿童随地进行观察，对蝴蝶的形态、颜色、舞姿等有初步了解之后，再根据儿童观察结果启发他们自由创编蝴蝶舞，进一步体验蝴蝶飞舞的美态，从而达成发现美、认识美、体验美的教学目标。

6. 项目式学习法

在K-12教育中，项目式学习（project-based learning，PBL）逐渐成为正式课程的核心。项目通常以开放式问题为起点，促使儿童通过调查、研究构建自己的解决方案。位于美国康涅狄格州东哈特福德市的河滨磁石学校（Riverside Magnet School）在学校花园中带领孩子们进行了种植微型蔬菜的"14天沙拉"项目教学。教学主要按照"驱动问题"的产生—探究"微型绿色植物"—制作清单—获取物资—种植与收获五个步骤进行。在这个案例中花园中开展的项目式学习体现了"问题驱动""教师扮演向导和同伴的角色""学生对花园进行观察和互动"的特征。在整个过程中充分体现学生的主体地位，项目式学习法的实施很大程度上依赖于教师与学生、学生与学生的对话，这意味着密切地倾听、观看、触摸、品尝等直观感受，在对话实践中学生共同构建他们的学习经历，并获得了批判性思维、协作力、沟通力和创造力等21世纪技能。因此，教师需要创造学习环境，鼓励学生在与花园、同伴的对话中展开学习[②]。

7. STEM课程教学

STEM课程是集科学（science）、技术（technology）、工程（engineering）、数学

---

① 游礼泉，赵小利，陈之萌，等.基于自然教育理念的城市公园设计策略研究[J].绿色科技，2020（21）：1-4.
② 肖霜.我们可以在冬天建造一个花园吗？——河滨磁石学校"14天沙拉"项目式学习案例[J].上海教育，2021（32）：14-15.

（mathematics）为一体的综合性课程，旨在让儿童认识世界，习得知识与规律，培养解决实际问题的能力与科技素养。坐落于美国内华达州拉斯维加斯市的约翰·S.帕克小学（John S. Park Elementary School），从2014年起就将花园作为实践场实施系统性的STEM花园课程。该校采用进阶性的课程主题、问题导向课程实施、灵活的作业设计，将STEM理念融入教学中[①]。

园艺课程是一门让儿童掌握常见蔬菜及观赏植物的种植、培育、繁殖方法的学科，通过学习让儿童了解常见植物的分类、栽培技术及一定园林造型的美学熏陶。植物能提供的神奇感官体验：芳香、纹理，甚至是美味的口感，一种植物能以多种方式来刺激人的感官。让儿童对土地有感情，对生命有感悟，人生观和价值观得到升华。教师在活动中应支持幼儿去接触大自然，感受大自然的奥妙[②]。

课程活动设计应基于教育学、心理学的基本原理，与义务教育课程相结合，从学习者的认识规律、认识水平出发，兼具针对性和科学性，重点开发针对儿童以及具有地域特色的园艺课程，挖掘和弘扬地域文化，引导儿童关注家庭、社区、国家和全球面临的环境问题，正确认识个人、社会和自然之间相互依存的关系。可以根据资源特色、季相变化、访客群体等，研发系统化、多元化的儿童园艺课程活动，并设计配套教材。

二、课程活动流程

（一）制订课程活动目标

课程目标的制订是开展课程的第一步，它决定了课程内容和教学方法。课程目标就是课程最终要达到的结果，是人们对课程实施效果的预期，是课程内容选择和课程实施的依据。课程目标应符合儿童发展的需求、符合当代社会生活的需求以及学科知识的相关研究，即学科的一般发展价值而非专门的学术价值[③]。

课程目标的制订需要依①儿童的年龄特征及兴趣爱好；②园艺这一学科领域知识与学科教育领域知识的结合；③家长对儿童的期望成长需求以及社会发展需求。《儿童权利公约》第29条中指出缔约国一致认为教育儿童的目的有5条，其中一条就是培养对自然环境的尊重。《广东省自然教育发展"十四五"规划（2021—2025年）》指出自然教育课程活动目标应以学习者为中心，立足于自然资源保护，强调学习者参与自然、探究身边环境，引导儿童学习和构建自然知识，重视发现、探索和合作学习。《幼儿园

---

① 彭佳慧.约翰·S.帕克小学：将花园作为STEM课程实践场[J].上海教育，2021（32）：16-17.
② 季祥祥.校本课程开发的困境与对策研究[D].宁波：宁波大学，2017.
③ 王春燕.幼儿园课程概论[M].北京：高等教育出版社，2014：46.

教育指导纲要》规定，幼儿园教育课程和教育活动要全面发展幼儿知识、技能、能力、情感态度等。其中，知识和技能的发展适合用行为目标（目标模式主导）来引导与衡量，而幼儿能力与情感态度等的发展则适合通过表现性目标与生成性目标（过程模式主导）实现。

布鲁姆教育目标分类学，将教育目标分为三大领域，即认知领域、情感领域和动作技能领域。在认知方面，儿童园艺课程活动应培养儿童对自然知识的初步认知，了解人与自然之间的因果关系，理解大自然万事万物存在的规律；在情感方面，培养儿童热爱生活的情感，学习照顾他人；在能力方面，培养儿童具有一定的自我服务和社会交往的能力，具备一定的思维能力，能够自主解决问题，使儿童身心和谐统一发展。

而在制订课程目标中最常见的形式，是在进行教学活动设计中最为常见的知识与技能、过程与方法、情感态度价值观。在知识与技能层面，儿童园艺教育不仅教授儿童园艺知识，还教会儿童生活技能和学科知识。在过程与方法层面，儿童园艺教育是一种体验式学习的教学方式，这让儿童在学习过程中去体悟，去了解学习方法；在情感态度价值观层面，培养儿童热爱自然的情感和尊重生命的意识，培养儿童雅致的生活情趣。

儿童园艺课程可以扎根中国传统文化来进行。例如以二十四节气为脉络，通过对自然规律的解读，探究生命生长的规律。顺天时、承天道，崇尚自然，学习大自然的秩序、法则及客观规律，培养儿童的社会沟通能力和责任承担能力，促进儿童的身心健康快乐发展，拓宽学生接收信息的五感通道。

（二）课程活动选择

在课程活动选择方面，儿童园艺内容应有助于发展学习者的基本知识，塑造学习者对自然的基本态度，有利于学习者认识生活的自然环境、学习环境保护行为，考虑课程与生活的关联度，提高课程在生活中的延续性。园艺活动课程选择要遵循一定的原则，即课程内容的选择应符合目的性原则、适应性原则、生活化原则、兴趣性原则、基础性原则和逻辑性原则。

江苏省常熟市杨园中心小学就进行了园艺校本课程的开发。在校本课程内容方面，第一，该校注重充分挖掘儿童园艺与儿童生活的联系，在园艺教材中出现的每一种植物，都可以在校园中一一找到。第二，该校园艺课程还融入历史文化。该校的教学内容不仅是简单地教孩子认识植物，还会教授关于植物的故事、古诗等传统文化。第三，该校注重结合校园环境和时令进行教学。例如，在学校牡丹花盛开的时候，学校就进行《牡丹》一课的教学，同时让儿童对学校的牡丹园进行日常照顾和管理，种植植物小盆景，了解牡丹的生长习性、历史文化等。根据时令和校园环境进行儿童园艺教学活动，能够帮助儿童认识和了解周边的植物，掌握自然规律[①]。

（三）课程活动准备

园艺活动作为一种户外活动，必须在确保儿童安全的基础上安排活动，实现促进儿童良好发展的目的。这就要求幼儿园教师及相关负责人员应提前做好以下准备：

（1）提前做好规划协调，确保儿童参加的农场活动可以安全有序地进行。有关人员提前进行农场实地勘测，确认农场安全，在活动中应坚决避免儿童与可能有危险的动物接触。进行活动时提前让农场划出儿童可以活动的范围，协商并确定可开展的活动内容，如给奶牛喂草、观看人工挤奶等。

（2）教师要制订农场活动的流程图，提前告知儿童及其家长参加活动的顺序和往返时间，确保活动有序进行，使每一个活动进程都清晰可控。

（3）提前给儿童分好小组，让儿童在接触过程中相互交流合作。让能力强的儿童带动能力不足的儿童，促进儿童综合能力发展，并使活动进行得更高效、愉快。

在开展儿童园艺活动课程之前，应撰写课程方案。课程方案要因素完整、逻辑清晰、文字凝练，可操作、可执行、可达到、可评价。课程方案研发完成后，应对课程方案进行测试优化并制订实施方案。在开展园艺课程活动前应落实多方面的供应保障，对安全隐患点有应急预案。应将课程方案进行物化，内容包括但不限于儿童园艺课程活动简介、目标、注意事项、资源介绍、课程活动安排、课程活动评价等[②]。

（四）课程活动开展与实施

提前一天分发流程图，让孩子们民主投票选举产生这次活动中教师的小助手，参与孩子们的纪律安全管理工作。叮嘱孩子们注意事项，如带好小背包，准备饮用水、纸巾、面包等。跟家长交流，鼓励有时间的家长陪同孩子参与农场活动等。在开展农场活动时让学生按小组集合，排好队，依次参观农场的生产活动。有序参加农场技术人员科普农业生产知识、与小动物亲密接触等活动。其间，教师与班级中的小纪律委员要维持好班级纪律，让活动有序开展。在活动最后，组织小朋友说一说农场活动中的收获，每个小组的组员在组中分享，小组推选代表在全班同学面前分享。教师要对学生进行评价，表扬学生好的行为，同时告诉他们存在的问题并帮助其改正[③]。

---

① 姜俊瑜.在园艺校本课程中实现学科育人[J].新教育，2015（2）：46-47.
② 河源市市场监督管理局.河源市研学旅行机构服务规范 第2部分 服务机构[EB/OL].（2020-12-25）[2023-09-27]. http://www.moe.gov.cn/srcsite/A26/s8001/201710/t20171017_316616.html.
③ 倪园园.小农场 大收获——浅谈幼儿园农场活动实施与摸索[J].新课程，2020（39）：78.

三、校本教材编写、解说导览与特色课程活动

（一）校本教材编写

儿童园艺课程需编写配套教材，针对课程内容提供背景资料介绍和知识要点，帮助指导教师理解和汲取课程内容，并为日后教学的总结提升和研究开发新课程打下基础。收集优秀园艺教育课程，可采用视频、书籍等不同系列的专题教材，指导课程设计者进行课程创作。

在甘肃省金昌市金川区第二小学，开展了编写完善《园艺》校本教材的实践。该校以学校所在城市的"花文化"资源特点为主题，采取适合小学生心理特点的形式。在教材编写上遵循阶段性、探究性、实践性、可操作性原则。在阶段性上，按照学生的年龄段特点来安排教学内容，让每个阶段的教学内容都符合年龄段的要求，符合学生心智、能力的发展水平；在探究性上，提出一个主题，让学生运用已知的知识去寻求对于这个主题的认识，引导学生对搜集的资料进行归纳、整理，形成对这个主题的看法，通过讨论、展示等方式分享所得加深理解；在实践性上，让学生通过学习书本上的知识，然后把学到的这些知识运用到生活中去，形成认识——实践的基本学习模式；在可操作性上，学校加强了集体备课，备课完成后，由主备课教师进行试讲，并组织其他教师听课。教学后，每个教师及时进行反思、研讨，提出问题和修改意见，为教材的修改提供依据。通过反复实践和修改，大幅度提高教材的可操作性。

在每单元内容的布局上，采用每单元三课时的主要结构。第一课时：以花草树木知识介绍为主，语言要丰富，体裁要活泼（寓言、故事等），不能只以单调的介绍、说明来呈现。第二课时：以知识拓展延伸为主，可以呈现相关诗词欣赏、文学作品、书画作品等。第三课时：以学生实践活动为主，可以用课外准备好的材料来做叶贴画、盆景制作、插花；也可以开汇报交流会，把课外收集的相关知识或创作的作品作介绍、展示。最终，形成了横向成体系、纵向成系列，经纬交错、紧密关联的教材布局[①]。

在幼儿园层面，漳平市永福中心幼儿园的园艺特色课程模式已初具规模，其依据整合领域模式和主题探究模式，编辑了《园艺特色课程案例集》和《"亲自然"主题活动汇编》。在这里，教师开展的园艺活动对儿童身心和谐发展起到了重要的促进作用。幼儿园还根据儿童的年龄特点，为促进儿童身心健康成长编写了儿童活动操作手册。该操

---

① 王维君.城市"花文化"背景下小学园艺综合实践活动课程开发的初步探索[J].中国校外教育，2020(19)：79，81.

作手册整体包含小、中、大三个年龄段的内容，在编写中，充分考虑了本地的季节特征、儿童的年龄特点等因素，较为科学合理，可操作性强，适合本地区内使用[①]。

（二）解说导览

著名自然环境解说家约翰·缪尔说过，"我要解说岩石，学习河流、暴风雨及雪崩的语言。我要让自己熟悉冰河和原野花园，并尽可能靠近世界的内心"。本质上，解说就是一种教育活动。"为12岁以下的儿童做解说时，不应该将成人解说的内容扩大化，而是需要完全改变解说方式，才能有最好的效果"。因此，对于儿童而言，应通过转变园艺知识的传递形式，使其更加符合儿童的认知能力，从而达到园艺教育的目的[②]。

科普是儿童园艺教育的重要板块。按组织方式可将植物科普分为展示型和参与型两种类型。展示型的活动侧重于"观看"，如举办立体花坛展览等，较直观地展示了各种类型的植物材料，包括不同品种的植物、植物的不同部位、植物在不同季节的表现等。科普教育方式主要包括野外讲解、植物挂牌、文字说明、多媒体展示等。参与型植物科普教育活动侧重于"体验"，让孩子们亲身参与、体验植物种植的过程，从而得到更加直观的知识[③]。目前我国公共空间植物科普教育形式较为单一，主要以悬挂植物名牌的方式进行宣传，通过书籍、宣传册、宣传栏单方面传播，缺乏与儿童的互动性及趣味性，难以吸引儿童参与。丰富多样的植物景观有着视觉吸引力，很容易吸引儿童亲近。植物科普教育活动可以让儿童在触摸花草、泥土的同时，在自然环境中去认识、体验自然的乐趣，唤醒儿童对大自然、动植物的热爱，最终促进儿童科普教育事业的发展。植物科普教育应改善单一的"课堂式""说教式"宣传模式，应倡导走进大自然，亲自操作或者体验活动来进行学习。例如通过多种互动性、趣味性和参与性强的游戏、表演、比赛等活动了解自然、土壤、植物的基础知识，寓教于乐，使儿童在学到知识的同时享受学习的快乐。

（三）特色课程活动

广西亚热带作物研究所植物科普园开展了丰富多样的儿童园艺教育活动，进行了科普教育建设实践与探索。如"植物王国寻宝"，儿童按提示卡片，有奖问答，寻找线索，找到目标植物实体；"环保小卫士"组织儿童对植物进行观察，并按要求做好观察与感受记录，在教师的指导下完成相应的写作任务，提高学生的观察、想象及写作能力；

---

① 陈海燕.幼儿园园艺课程的开发与实践探索——以永福中心幼儿园为例[J].福建教育学院学报，2021，22（2）：22-23.

② 罗芬，张安妮，曲佩宇，等.欧洲儿童森林环境教育模式研究[J].中南林业科技大学学报（社会科学版），2016，10（6）：56-61.

③ 程晓山，朱芸青.广州市儿童公园中植物科普教育类活动项目研究[J].广东园林，2016，38（5）：4-8.

"小小魔术师"表演利用植物成分与特定试剂产生化学反应的现象，比如色彩的变化、物质形态的转变、食物相克等，通过魔术演示的方法，激发儿童对植物的好奇；"叶脉标签制作"，儿童通过观察比较多种植物的叶子，选取合适的叶子种类，在科技人员指导下，用物理、化学方法制作叶脉标签，这样可以激发儿童爱护植物的情感，加深对植物构造的了解[①]。

园艺课程活动课程侧重于实践探索，以园艺文化为依托，围绕主题开展学习和探索，让儿童在与花草树木、泥土的接触中，亲近自然，触摸生命，增长见识，丰富体验[②]。园艺课程类型包括基础技能课程、繁育类课程、生态环保类课程、园艺创意DIY课程、园艺食育课程和自然园艺与节气课程六大类。比较具有代表性的课程有以下几种。

1. 学科融合视域下的种植课程

在设计与实施园艺活动课程中，要引导儿童主动运用各门学科知识分析解决实际问题，使学科知识在园艺活动课程中得到延伸、综合、重组与提升。儿童在园艺课程活动中所发现的问题要在相关学科教学中分析解决，所获得的知识要在相关学科教学中拓展加深。

江苏省常熟市杨园中心小学进行了将园艺文化融入语文教学的有效性研究，得出在语文教学中，应尽可能在教材的基础上，重拓展、重实践、重生活，使园艺文化巧妙地融入语文教学中，促进儿童的个性发展和综合素养的提高[③]。园艺文化和语文课程具有较强的相关性，两者的理念均是为了提高学生的审美能力，健全学生的人格。

上海市闵行区七宝镇明强小学的"童心花艺"课程，就以花为媒，有机融合语文、自然、探究、劳技、音乐、信息技术等学科教学内容。课程内容将日常学习和特色劳动有机融合，以花艺为着力点实现多课程融通。在每一季的活动中，将花艺活动与语文学科的古诗文化、自然学科的植物习性、美术学科的绘画艺术等融合到一起，根据每一季花卉的特点，从花朵的自然属性切入，带领同学们走进文人墨客的古诗词中鉴赏花卉佳作，开展特色主题综合性活动，如制作花茶、学习插花等[④]。

2. 田园课程

田园，是自然、朴素、本真的诗意表达，是乡土中国的文化印记。现代教育中，田

---

① 陆祖双，黄小江，余炳宁，等.发挥植物科普园自身优势，开展特色科普活动——广西亚热带作物研究所植物科普园科普教育建设实践与探索[J].农业研究与应用，2014（5）：78-80.
② 刁益红.园艺校本课程开发的设计与实践[J].考试周刊，2011（85）：223-224.
③ 徐晓凤.将园艺文化融入语文教学的有效性研究[J].新教育，2015（2）：47-48.
④ 张敏，蒋春霞.小学"童心花艺"劳动教育特色课程的实践探索[J].上海教育，2021（Z3）：97.

园以其自身蕴含的丰富课程资源被教育改革探索者倚重。田园课程作为特色校本课程已如火如荼地开展起来。目前开发田园课程资源的学理根源主要集中在陶行知、杜威、卢梭、苏霍姆林斯基等所倡导的"教育回归自然"的思想上。

田园课程校本实践中的"田园"并非传统意义上的田地与园圃,而是教育学意义上的"自然试验田"。其校本实践场域可以在农村,也可以在城市。田园课程校本实践的育人价值具体包括五个方面。

(1)德育:以实践活动与田园生命充分对话和接触,个体身心浸润在生命的光泽、农耕文明与生态和谐之中,朴素、纯真的德行于无形之中得以塑造。

(2)智育:田园课程校本实践中生活化、情景化的问题能够充分激发个体的求知欲,儿童在探究和解决问题的过程中提升智力水平。

(3)体育:田园游戏因其情境真实,是一种生命与生命的直接对话,是自我与环境的充分接触,因而对于儿童的发展有着更为直接的影响。

(4)美育:通过素描写真、自制音乐器材、手工创意等实践活动,一朵花、一片叶子都能成为培育审美能力的素材。

(5)劳动教育:播种、拔草、收获,这是劳动教育的直接途径。以五育并举来全面挖掘田园课程的校本资源,顺应了国家课程的开发思路,利于二者之间的转化①。

四川省成都市新都区第一幼儿园的马家分园是一所农村标准化公益性幼儿园,学生也全部来自农村家庭。该园围绕真实的农村生活世界构建田园课程,让学生通过独立、自由地与田地、花、草、树、沙、水等自然事物进行互动,获得情感、认知和能力的发展。此园的田园课程将"自主、自然、自由"作为核心理念,围绕田园种植、田园戏剧、田园游戏三大板块构建课程框架,让儿童在活动中探索、体验和交往,在行动中获得情感、能力和经验的发展。

该园的田园主题活动从季节出发,分为春夏和秋冬两条线,将田园劳作、田园探究、田园艺创等渗透在儿童的一日生活中,整个田园主题活动与儿童的学习和生活紧密相连。主题活动帮助儿童系统、深入地认识某一种类植物或动物。比如在"黄豆"的主题活动中,以黄豆种植为媒介,让儿童参与实践,不仅可以让儿童直观感受黄豆的生长过程,还可以帮助他们掌握了一些简单的种植技能,同时让他们感受到劳动的快乐。最重要的是,在此过程中儿童的爱心、耐心、责任心以及观察、比较等多种能力得到锻炼和发展,同时也激发儿童对自然的热爱和对探究的兴趣。同时,该园以一个又一个的仪

---

① 王燕芳.田园课程校本实践的原点探寻[J].教学与管理,2020(2):19-21.

式活动增加了主题的神秘感和幼儿参与的隆重感。比如，播种时有播种仪式，当种子发芽时、开花时，都有一个小小的庆祝仪式。当果实成熟时，该园会邀请儿童的爸爸妈妈、教师、同伴、厨房的叔叔阿姨一起参加丰收节[①]。

3. 可持续发展课程

儿童园艺教育中蕴含着可持续发展的思想。我国当前可持续发展教育实施主要通过以下几个途径：各学科自主渗透可持续发展教育；设立可持续发展教育（或环境教育）的选修课；在校本课程中实施可持续发展教育；学生课外活动实施可持续发展教育。在这种形式下，有必要在现有的必修课程中指定1~2门科目作为实施可持续发展教育的主渠道，以保证可持续发展教育进入我国学校主流课程。在此基础上还要鼓励其他科目积极渗透可持续发展教育，加快我国可持续课程开发框架的研制。加强可持续发展教育校外课程资源的开发与利用，以促进我国可持续发展教育的实践性。

目前，我们极有必要加强对青少年儿童可持续发展教育心理学的研究，探索可持续发展教育独特的学习心理，尤其要加强对儿童可持续发展特殊的思维能力，如批判性思维、设计性思考、系统思维等学习心理的研究，从而为科学合理地制订课程框架和内容提供基础。

第三节 儿童园艺课程活动风险管控与应急处理

园艺活动课程设计完成后，就可以将方案正式应用于实践中。

课程活动实施涉及两个方面，一是在活动实施过程中的教学管理，以及安全问题。二是课程实施后对学生园艺活动的评价，以及对学校花园的维护。所以本节主要围绕活动开展涉及的上述事项进行讨论。

把儿童从传统教室中带到自然园艺课堂里，教师需要细心看管好儿童。作为教育者，不仅要引导儿童参与园艺课堂，学会种植、理解户外活动与自然，还要组织儿童学会团队合作与观察，学会系统思考提升工作满意度，以及人与自然的关系。

一、户外园艺课程活动教学管理

户外园艺课程活动教学管理主要涉及两个方面：课程实施以及活动安全。

---

① 赵敏，曾宇，杨小芳."倾听花语，长善救失"理念下的特色课程[J].基础教育课程，2018(6)：45-49.

(一)课程实施

课程实施是将前期课程计划付诸实践的过程,在这个过程中,不同园艺主题活动有不同的活动形式,但是所有活动展示的学习方式都应遵循"以儿童为主体"的理念,由此产生发现式学习、项目式学习、实验型学习、真实情境学习、合作学习等教学方法[1],所有学习方法都鼓励儿童自主学习、探究学习、合作学习,这也符合当前国家对于儿童学习特征要求。下面通过某学校园艺课程活动,具体讲解上述几种教学方法。

南瓜乐园

园区背景:梅山中心幼儿园位于浙江省宁波市北仑区的一个小海岛,小岛地理条件优越。为了更好地利用自然资源,梅山中心幼儿园自2010年租用幼儿园附近的3亩土地,将其开垦为蔬果区,由儿童们一起将其命名为"南瓜乐园"。该幼儿园本身就处于农村,孩子们成长在纯粹的自然环境之中,自然环境对于他们来讲,犹如天然的养料。

教学方法:在教学理念上,逐渐从"教师教授,孩子接受"转向"孩子发现,教师引导"。首先,3亩土地已经划分给3个班级,让孩子们自己进行种植、养殖、浇灌等实践,与大自然有亲密的接触。其次,南瓜乐园里的材料都是根据孩子们的年龄特点、兴趣爱好以及外界因素等多方面选择的。

比如黄豆,生活中常见的食物,它的前期是毛豆,毛豆是绿的,黄豆是黄的,它们为什么是一家人呢?而得出这个结论只要做一个毛豆花即可,将毛豆装饰成花的样子,放在教室里有阳光的地方,半个月后,这个花就会爆开来。而里面的毛豆也已经变成黄豆了。这个小实验将艺术与科学结合,呈现出多重效果。

幼儿园的课程其实有很多牵涉田园作物的,在这个时候教师通常会用一些图示来展示教学,蒙台梭利说过:"我听过就忘记了,我看过就认识了,我做过就记住了。"用现在仅有的一些平面材料相信孩子们很难体会到,只有在他们接触过后才能留下深刻的印象。在教室环境布置的时候也是一样,教师尽可能地用田园自然资源取代单一的平面图示,让孩子们多维度地去了解新事物[2]。最后,园区特设"田园小灶",家中常见的刀具、刨具、炊具一应俱全,儿童在这里共同收获田间的蔬菜瓜果,例如南瓜、玉米、葫芦等,再进行加工制作,分享品尝,体验亲自制作的乐趣[3]。

---

[1] 卡罗琳·纳托尔,珍妮特·米林顿.户外教室——学校花园手册[M].帅莱,等译.北京:电子工业出版社,2017.
[2] 陈静.依托田园资源 创设班级环境[J].生活教育,2014(17):102-104.
[3] 朱激文.探索田园 乐在梅园[J].学前教育:幼教版,2014.

上述案例就已经体现了很多教学方法，在"田园探究"模块中除了充分利用现有自然资源之外，还应根据不同儿童的认知特点，设置不同的认知目标，充分运用启发式教学方法；"黄豆实验"是实验型学习方法在本案例的具体展现，通过简单真实的实验，让儿童自己发现黄豆的生长过程；"田园小灶"为合作式教学，在教师指导下，儿童齐心协力共同完成一道菜的制作或者蔬菜瓜果的播种与种植；值得一提的是，"田园故事"板块依托园区所在的梅山乡保存着清代至今的独特民俗文化，在这里开展田园故事的讲述与创作，学生就是在真实情境中学习儿歌以及童话故事的创编，提升了儿童的艺术创作和表现能力，也实现了教学目标。

另外，项目式学习是目前在素质教育中使用的一种教学方式，国外对项目式学习研究最具代表性的是巴克教育研究所，将其定义为："它是对复杂真实问题的探究过程，也是精心设计项目作品、规划实施项目任务的过程，在这个过程中，学生能够掌握所需知识和技能[1]"。一个典型的项目式学习包含四个方面的内容：课题的确立、调查与研究、方案与实施、展示与交流[2]，以下由一个案例来进行说明。

河滨磁石学校"14天沙拉"项目式学习

课题的确立：河滨磁石学校（Riverside Magnet School）位于美国康涅狄格州东哈特福德市，让·巴雷西在这里执教了30多年。一个特别寒冷的下雪天，巴雷西和孩子们坐在一起吃比萨和沙拉午餐。在交谈中，一个孩子突然问道："巴雷西老师，我们能自己种一份沙拉吗？"巴雷西认为这是个有趣的问题，但另一个孩子立即插话："现在不行，我们不能在雪地里种植！"但是教室很暖和，学生们想可不可以在教室种植。

调查与研究：师生共同查阅检索了当地图书馆的目录，找到《微型绿色植物：如何种植自然的超级食物》，了解了微型绿色植物的信息。同时，师生决定制作一个"KWL图表"帮助组织信息。K（What I already know），植物需要泥土，植物需要水，植物需要阳光，植物生长从种子开始。W（What I want to know），我们在哪里可以得到种子？我们应该得到什么样的种子？我们如何播种？种子将会长到多大？需要多长时间？我们什么时候可以享用植物？我们如何品尝种出来的植物？L（What I have learned）。微型绿植的种子是分层种植而不是摊开种植的；当我们收割这些植物时，它们有幼苗叶和一组真叶；豌豆长了3英寸，其他植物长了2英

---

[1] 巴克教育研究所.项目学习教师指南——21世纪的中学教学法[M].任伟,译.北京：教育科学出版社，2008.

[2] 张杰.基于"校园博物"的学校自然教育探索[J].小学教学研究，2022（3）：42-43.

寸；它们花了两周的时间生长；它们吃起来像沙拉，豌豆很甜等。

方案与实施：首先，儿童开始制作种植需要的清单，通过上一节的研究，儿童知道他们需要泥土和种子。其次，在讨论具体微型绿植的种类时，儿童们通过头脑风暴来列举喜欢的蔬菜，之后再投票选出前三名，即胡萝卜、豌豆、三叶草。与此同时，儿童们还给家长们写信，向家长求助其他的种植工具——盆栽土、浅容器和喷雾瓶。除此之外家长们还给儿童们提供了沙拉酱配方。最后，种子到达后，大家注意到豌豆种子看起来像豌豆大小，而胡萝卜和三叶草的种子非常小。儿童们按照种植说明，开发出了一片微型绿色花园，每个孩子轮流往播种机里加土，并在地面上撒种子。他们设立了一个浇水站，每天使用喷雾瓶为植物浇水。孩子们用两种方式记录这些植物的生长情况：一些人用 iPad 拍照记录植物生长过程，另一些人使用日志记录观察到的植物生长情况。

展示与交流：两周后，学生们收获了成熟的微型蔬菜，并在午餐时享用了自己种植出的蔬菜做出的沙拉。

资料来源：肖霜（2021）[①]

在上述项目式学习案例中，我们可以知道花园的项目式学习有几个特点：第一，从"驱动型问题"开始，问题源于儿童的兴趣，也可以是教师预先决定但一定要符合儿童的年龄认知，当然也可以师生共同发现问题。第二，在整个活动开展的过程中，儿童是主体，但是离不开教师的导向和同伴角色，教师要在整个过程中给予儿童他们所需的支持；第三，整个过程强调学生之间的对话和协作，注重培养批判性思维、协作、沟通和创造力等 21 世纪技能。

当前学习实践中，以上学习方法并非单独使用，而是多种教学方法的综合，从而实现活动目标。

（二）活动安全

出于安全考虑，年幼的孩童和大孩子们都没有机会发展一些重要技能，孩子们在受控的环境下长大，缺乏对户外环境危险性的理解，比如树枝、石头或其他自然平面的承载力，当这些技能和力量发育不足时，任何失误都会导致损伤。同一群体中学生身体素质、知识能力也有差异，我们希望孩子们能够在自然环境中表现得"像个孩子一样""有天生的灵活性、柔韧性和热情"[②]。所以，在整个课程活动开展过程中，离不开

---

① 肖霜.我们可以在冬天建造一个花园吗？——河滨磁石学校"14 天沙拉"项目式学习案例［J］.上海教育，2021（32）：14-15.

② 卡罗琳·纳托尔，珍妮特·米林顿.户外教室——学校花园手册［M］.帅莱，等译.北京：电子工业出版社，2017.

教师的安全引导。因此，需要在正式园艺活动开始前，制定好安全活动指引，开展安全教育。

园艺活动安全指引：主要包括活动前的准备，活动时间、场所、天气等要求，活动形式等内容，确保园艺活动安全开展。如果是学校花园，不涉及外出活动，会减少很多安全隐患，相反，校外集体活动危险性会提高，但无论是哪一种，时间、场所、天气、交通因素已经提前规划好。可开展如下形式的安全课程：

安全教育课：考虑到儿童安全意识尚且不足，因而大多数户外实践课程刚开始都会有一节"安全教育"课程，让儿童认识规则和安全注意事项，教师将安全规则讲清楚，让儿童们不断练习集合口号，让儿童们知道学习玩耍的边界和区域。如果课程进行周期较长，则应在后续活动中不断强化安全意识和规则，在活动中穿插规则的讲解，让儿童形成条件反射[1]。另外，要给儿童树立规则，培养他们的规则意识，清楚集合暗号、排队秩序、园艺工具的使用方法。

订立公约：教师通常在活动进行前，想让儿童遵守纪律，但是如果仅从自身角度制定规则并加以强调的话，可能效果并不好。所以，可以在活动开始前，师生一起共同制订公约，让儿童自己制订规则以及惩罚措施[2]。例如，教师可以通过提问的方式让儿童列举出外出活动时的注意事项，之后总结式询问儿童们的意见。如果儿童有意见想要发表，可以根据孩子们的意见，对公约内容进行改动[3]。

安全须知与安全做法：安全须知方面，实践区域的边界范围、停止活动的信号和集合信号、如何安全地移动和使用工具（尖端朝下）、如何与他人安全协作、如何使用合适的保护性服装（比如穿戴包脚的鞋子和帽子）、根据任务选择合适的工具、个体身体能力及其限制。安全做法方面，穿着保护性装备（帽子、手套、包脚鞋子），在使用混合土壤、铺干草或者处理堆肥时戴口罩和手套。与他人合作时要举止适宜。当他人在工作时，穿过花园小路要小心谨慎。离开花园前，要归还所有工具。花园活动结束后，清洗双手。在指定区域活动要听从教师指令，随时保持警觉。

二、突发事件与应急处理

此处的突发事件同样分为园艺课堂活动教学方面突发事件以及具体活动中的安全事件。

---

[1] 骆桦，黄向.自然教育理论与实践[M].长春：东北师范大学出版社，2020.
[2] 赵莉.试论户外活动中培养幼儿安全意识[J].成才之路，2018（25）：67.
[3] 廖丽娴.户外体育区域混龄活动中幼儿安全意识和行为的培养[J].科学咨询（教育科研），2018（7）：156.

(一)园艺课堂活动教学方面

园艺课堂课程活动的实施,和传统课堂类似,会遇到一些偶然和随机性事件,其特指在教学过程中,在教师预设之外,须教师迅速做出反应并灵活处理的复杂情况或事件[①]。课程中的突发事件类型,一般包括教学秩序混乱造成的突发事件,师生理解偏差造成的突发事件,以及因教师准备不周造成的事件[②]。

教学秩序混乱具体表现为学生注意力不集中、做小动作、学生滋生事端、挑衅教师等,应宽容学生的错误,或者用儿童的眼光来看待世界。例如:

> 教师正在带领儿童们制作菜园的种植方案,选择作物种类。大家正在一起讨论时,突然飞过来一只蝴蝶,这时教师尽管提醒学生集中注意力,但还是会有学生注视着蝴蝶,甚至有些儿童窃窃私语,在讨论这只蝴蝶。

面对这种情况,教师可以尝试以儿童的视角看待世界。苏霍姆林斯基说,成人有时候也会被某种有趣的事情所吸引,不过成人的自控力比较强。相较而言,儿童缺乏这种控制力。这不是错,只是天性而已。所以教师只要换个角度,也可以顺势而为,和儿童们一起谈论蝴蝶,找寻蝴蝶与此次课程主题的关联,这样教师的处理方式就会好很多。

还有可能出现师生认知不同的问题,原因在于学生认知受限或个体差异。一般这些问题会随着课程即时生成,大多数情况都体现学生的独创性思想,尤其儿童的思维天马行空,所以有时候让教师也很意外。例如:

> 教师带着儿童种植生菜和小番茄,教师正在跟儿童们讲,要把它们种在有阳光的地方,还要经常给蔬菜浇水,就能够收获又大又红的番茄了。此时,突然有一个小朋友问道:"老师,为什么需要阳光呢?下雨的时候太阳去哪儿了呢?番茄为什么是红色的呢?"

面对儿童天马行空的问题时,教师首先要肯定这种问题的合理性,超乎常理的想法对于成年人可能有些不可理喻,但简单粗暴的回复或许会扼杀一个天才[③]。教师要做的就是反过来问儿童,可以一起就这个问题展开讨论,给予儿童展示他们思维的平台,之后大家可以一起再去寻找答案,教师要肯定一些奇思妙想的答案。

另外,教师的知识讲解也容易出现不同情况,可能是因为教师备课不周或者是新教师上课紧张等问题造成的。比如,最常见的就是教师事先没有想过类似的问题,例如:

> 今天要教二年级的儿童种植生菜和小番茄,首先,教师拿出事先准备好的生菜

---

① 田东晓.关于小学教师在课堂突发事件中的处理方式的调查研究[D].长春:东北师范大学,2013.
② 汪明帅.课堂突发事件的分类及其处理策略——基于新教师的立场[J].教书育人,2014(1):12-15.
③ 王艳,王馨.小学教师课堂突发事件处理方式调查研究[J].文山学院学报,2016,29(6):115-120.

籽和番茄幼苗，教大家先认识这两种作物。突然有一个小朋友提问："老师，为什么生菜是种子而番茄是幼苗呢？"

教师可能之前并没有思考过这个问题，或者他的答案也不能完全解释这种情况的时候。教师可以选择坦然面对自己的失误，也可以在面对失误后查找答案向学生们解答，当然更重要的还是教师要不断地汲取经验，通过反思进行总结。

（二）活动安全方面

园艺实践活动中的突发事件，一般是指内外因不可预知或不可控制因素引发的危及学生生命安全以及身心健康的意外事件[①]。此类突发事件原因主要有两个因素：一个是不可控因素，包括动植物状态的不可控（动植物存在危险），自然因素（天气与温度）、工具的不正确使用等；另一个是可控因素，例如相关人员事前活动准备不足、安全事故户外知识欠缺、实践活动应急技能不足。当然户外园艺活动的本质，以及儿童的认知受限就决定了一些活动危险性的必然存在[②]。

针对可能发生的突发事件，园艺工作人员一方面要尽可能地减少客观因素导致的危险。例如，园艺工具要符合儿童年龄特点，且注意日常维护；亚热带和植物茂盛地区，尽可能采取物理方法进行灭虫[③]；学生安全参照较成熟的安全手册，例如《最美课堂在路上——研学旅行安全手册》[④]罗列了户外常见的身体受伤、意外事故、自然灾害和社会安全四大类二十多种安全问题。在制订儿童园艺安全手册时可借鉴其中流鼻血、异物卡喉、烧伤烫伤、中暑、皮肤过敏、食物中毒、高温、暴雨、大雾等问题的解决方式，给予园艺相关工作人员及时参照。

第四节 儿童园艺课程活动后的相关事项

评价是激发儿童学习兴趣的手段之一。在户外课程之后，对于户外学习的评估就会随之而来。通过各种具体评估方式，来评估儿童园艺学习过程和价值观塑造，可以帮助儿童完善学习经验，也可因此与家长建立更加紧密的联系，而且一份准确、翔实的评估

---

① 姜涛，王丽艳，陈大鹏，等.应对学生突发性事件方面存在的问题与对策[J].求知导刊，2014（10）：86.
② 吴倩倩.户外运动俱乐部安全管控研究[D].泉州：华侨大学，2013.
③ 陈红.谈体育户外教学课堂的创设与实施[J].青春岁月，2013（22）：333.
④ 广东教育出版社基础教育课程发展研究院.最美课堂在路上——研学旅行安全手册[M].广州：广东教育出版社，2019.

记录可以供其他教育相关者查阅使用，也就更能体现出儿童园艺学习的价值①。

所以，本节主要对儿童参与园艺活动后的评价方式进行论述，了解不同的评价方式在园艺活动中的应用。与此同时，还会涉及园艺课程活动后对花园的维护事项。

一、园艺课程活动后对儿童的评价建议

儿童园艺课程的评价是多元的、真实的，对课程自身的价值以及课程的实施起着重要的导向作用和质量监控作用。评价的目的、指标体系和方法等各方面都直接影响着课程培养目标的实现，影响课程功能的发挥。在评价中，园艺课程关注个体差异，将总结性评价与形成性评价相结合，重视评价指标的综合化、评价方法的多样化、评价主体的多元化②。

（一）对儿童综合评价的原则

儿童参与的园艺课程活动属于综合实践活动的一部分，而综合实践活动情况是儿童综合素质评价的重要内容。所以在园艺课程活动中，学校和教师要以促进儿童综合素质持续发展为目的，设计与实施综合实践活动评价③。

主体性原则。主体性原则就是在评价过程中，以儿童为评价的出发点和落脚点。所以在园艺课程活动结束后，应该以儿童的自我评价为主，儿童对自己的活动表现有绝对发言权。即使评价主体应该多元化，但是只有当他人的评价被儿童认同了，才能真正促进其发展，所以他人在评价时也要尽可能做到主客观高度统一，使自己的评价结果被人所认同④。

过程性原则。园艺实践活动作为综合实践活动的一种，评价应该贯穿综合实践活动实施前、实施中、实施后全过程。在评价过程中，应对儿童的参与集体活动态度、在活动中的创新能力和创造力，以及最后的作品成果进行评价。成果评价并不设定绝对化标准，如果儿童最后呈现的成果有创新性的思考、自己特有的设计风格，也应该给予高分。

差异性原则。《中小学综合实践活动课程指导纲要》中提出，教师要在了解学生个性和特长的基础上开展评价活动。这就要求评价者要关注被评价者的实际情况、过程表

---

① 卡罗琳.纳托尔，珍妮特·米林顿.户外教室——学校花园手册［M］.帅莱，等译.北京：电子工业出版社，2017.
② 于胜刚，杨学文.幼儿园自然主义教育课程的开发与实施——以宁波梅山中心幼儿园"田园课程"为例［J］.吉林省教育学院学报，2021，37（10）：126-129.
③ 中华人民共和国教育部.教育部关于印发《中小学综合实践活动课程指导纲要》的通知［EB/OL］.（2017-09-27）［2023-09-27］.http://www.moe.gov.cn/srcsite/A26/s8001/201710/t20171017_316616.html.
④ 周雪娇.论综合实践活动课程评价的目的与原则［J］.现代教育科学，2007（8）：27-28，44.

现，因人施评，结合每一个学生的基础和能力，不追求统一，遵循每名学生个性发展的差异，致力于每个学生的独特发展[①]。

综合性原则。综合性从整体出发，从目标上看，园艺综合实践活动强调态度、能力、知识的总体培养，与当前的素质教育要求的三维目标相一致。从内容来看，园艺实践活动在课程体系的设置中，跨越单一学科，强调学科间的联系，更关注所学知识的综合性、广泛性。所以，整体园艺实践活动重视综合性原则，运用各种方法进行评价，以达到实践活动的目的。

此外，还有多元综合性、情感体验性、反思性、长远性、公正性、客观性等原则，确立科学的评价原则是不可忽视的重要问题，因为所有的原则都在努力为科学的评价机制提供方向性指导。

（二）园艺活动后儿童评价方式

教师对儿童的园艺课程活动进行评价。要对儿童在园艺活动中学习态度、合作精神、探究精神、学习能力、灵活性等方面进行评价，离不开建立科学的评价方式，鉴于评价标准的多样化，根据不同评价标准，可以将园艺课程活动评价分为不同类型。

1. 根据评价主体划分

可以分为自主评价、他人评价。自主评价符合元认知发展策略，是儿童对园艺活动过程的自我评价。在这种评价方式中，儿童为主体，以整个园艺活动过程为客体对象，这属于儿童自我内控方式[②]。

具体来说，一方面，可以是书写记录。儿童在每次活动后都要进行记录，如写日记和心得体会，撰写调查报告，并收集各种形式的实践成果。例如，在上完育种番茄苗的实践课程活动后，儿童可以在日记本上记录整个活动中发生的趣事，可以画一株育苗成功后的番茄苗，也可以写一写和谁一起合作完成了哪些任务。

另一方面，也可以鼓励儿童口头表达。教师在课程活动结束之后开展主题会，给大家的自我评价提供平台，通过口头表达的方式进行自我评价。发言内容不限，如自己活动中获得的新技能。通过不同方式，给每个孩子提供表达的机会和方式，既培养了孩子的能力，同时也有助于教师充分了解并关注每个人发展中的个别差异。

他人评价包括教师评价、家长评价、小组互评以及专家评估。研究者通过一直以来的教学活动实践发现，如果仅以教师作为评价的单一主体，很容易导致评价过于片面，也就更谈不上对儿童进行全面、系统的评价。所以，在园艺实践活动课程中，评价将从

---

① 姚辰.浅谈小学综合实践活动"发展性"评价的内涵、原则与应用策略[J].求知导刊，2021（35）：13-14.
② 李德顺.价值论[M].北京：中国人民大学出版社，1987.

单一主体向多元化主体转变,形成学校、家庭、社会三者有机结合的评价网络。

教师评价。结合《中小学综合实践活动课程指导纲要》要求,小学阶段学生应达到价值体认、责任担当、问题解决、创意物化四个具体目标[①]。教师要结合儿童园艺活动要达到的目标,制订好评价标准,实现对儿童的整体评价。一般而言,园艺课程活动中,教师要对儿童进行观察记录,主要包括以下内容:儿童园艺成果、创意雕刻、种出的盆栽、树叶拼接画、制作的菜肴、师生同做的讨论、儿童探索玩耍时的照片、师生之间的对话,以及课程开展过程中的主题剪影[②]。

家长评价。苏霍姆林斯基说:"学校里的一切问题都会在家庭中折射出来,而学校的复杂的教育过程中所产生的一切困难的根源也可以追溯到家庭。"可见家庭对儿童的学习和成长是多么重要[③]。家长是最了解儿童兴趣爱好、作息习惯等方面的,家长可以通过家园合作,参与儿童园艺课程活动的评价[④]。例如参与学校组织的"亲子园艺""家长园艺志愿者"等活动,与教师共同记录儿童园艺活动,之后共同制订儿童提升计划,让家长更加了解学校工作是如何开展的,这样也有利于家长对教师工作的支持。

同伴评价。在园艺课程活动中,学生作为独立个体与同学们共同学习,完成园艺活动任务,更容易了解彼此的爱好、个性和学习情况,所以同伴互评,也可以算是从一个更新的角度认识学生。同伴互评时,可以就某个具体行为来进行评价,例如小组被分配了为蔬菜园选择植物的任务,但是其中一个儿童并未与他人合作,只顾自己玩。同伴可以就该行为本身进行评价。但是值得注意的是,由于幼儿和小学生的身心认知还未完全成熟,在对其他同学进行描述评价时,很容易受到主观愿望和外部因素的影响,从而使得对同学的评价失去客观性和真实性[⑤]。因此,教师需要对其进行评价指引,使他们的评价尽可能客观真实。教师也要尽可能端正心态,理性看待自己的长处和不足,用积极的心态促使自己不断进步。

通过各个主体对儿童的综合评价,有助于实现儿童的全面与综合发展[⑥]。具体来说,在儿童自我反思的基础上,通过指导教师、家长、同学以及其他相关人员对儿童的园艺活动课的某一环节作出评价和诊断,有助于儿童进行改进。

---

① 中华人民共和国教育部.教育部关于印发《中小学综合实践活动课程指导纲要》的通知[EB/OL].(2017-09-27)[2023-09-27].http://www.moe.gov.cn/srcsite/A26/s8001/201710/t20171017_316616.html.
② 骆桦,黄向.自然教育理论与实践[M].长春:东北师范大学出版社,2020.
③ 蒋碧艳,梁红京.学习评价研究:基于新课程背景下的实践[M].上海:华东师范大学出版社,2006.
④ 王萍.幼儿园班级管理质量评价多元化的思考[J].佳木斯职业学院学报,2016(8):234-235.
⑤ 赵春萍.学生评价多元化研究[D].新乡:河南师范大学,2011.
⑥ 于胜刚,杨学文.幼儿园自然主义教育课程的开发与实施——以宁波梅山中心幼儿园"田园课程"为例[J].吉林省教育学院学报,2021,37(10):126-129.

2. 根据评价时间与功能划分

可以分为诊断性评价、形成性评价、终结性评价。

诊断性评价。萨尔德对诊断性评价的定义为：评价者应对儿童表现的质量有明确的概念；能辨别儿童目前的表现与目标之间的差距，能选择适合的活动帮助学习者向目标迈进①。教师所作的诊断性评价应包括以下内容：第一，儿童上一阶段的园艺课程中知识储备量，例如，上节课中讲解可食植物，为本节课采摘可食植物做准备；第二，儿童的性格特征、学习风格、能力倾向及对参与园艺课程活动的态度。例如，有些儿童性格外向，善于交际，在园艺活动中就可以更好地协调小组成员，提高小组活动效率；第三，儿童对学校学习生活的态度、身体状况及家庭教育情况。

形成性评价。布鲁姆认为形成性评价是为"教"和"学"提供反馈和纠正的评价，美国形成性评价的研究部门 FAST（Formative Assessment for Students and Teachers）将"形成性评价"定义为：教师和学生在教学过程中使用的，能提供反馈以调整正在进行的教学和学习，提高教学预期成果的过程②。

在形成性评价中，教师可以采取的评价方式包括日常观察与记录，根据最初设定的目标对儿童的表现进行观察，并记录③。可借助"儿童园艺教育记录评价表"，形成性评价注重评价环节的情境性创设，让儿童在真实的生活劳动环境中，运用习得技能解决具体操作问题。而每一次园艺活动就提供了情境性学习场所，让儿童掌握挖坑、育苗、简单堆肥、繁殖嫁接植物、认识动物对于花园的好处等实用的知识与技能。此外，学校还可以定期开展种植劳动主题的活动，如收获节分享活动、生活节展示种植才艺等，为学生提供创造展示的平台，促进学生的综合发展④。

形成性评价中，教师可记录的内容包括两种。一种是根据与培养目标和评价标准一致的园艺活动表现，例如目标中强调儿童通过园艺实践活动体现合作能力，教师就可以在"小组为学校花园做简单的分区规划"活动时，记录合作完成度以及成员参与度。另一种也是非正式观察，适合教师在正式课堂之外的日常活动中，获取儿童活动的典型事件，能为进一步了解儿童提供良好的窗口⑤。记录形式不限，可以是描述性评价，也可

---

① R SADLER. Formative assessment and the design of instructional systems[J]. Instructional Science，1989，18（2）：119-144.

② MCMANUS S. Attributes of effective formative assessment[J]. Washington DC：Council of Chief State School Officers，2008.

③ 马灵君，李玲玲，闫晓琳.形成性评价在幼儿园课程实践中的应用[J].学前教育研究，2019（9）：85-88.

④ 黄美芳.学科融合视域下种植课程研究——基于深圳市龙华区玉龙学校的实践探索[J].中国教育学刊，2020（12）：61-63.

⑤ 王烁，宗序连.形成性评价的理论内涵与实践反思[J].教学与管理，2020（15）：1-4.

以是拍照或影视录像等。这些材料主要用来揭示儿童在活动过程中的表现，而不仅仅是针对他们下结论。即使最后结果按计划来说是失败的，也应视之为重要成果，肯定其活动价值。

终结性评价。传统教学中终结性评价以记录儿童成绩为导向，侧重于固定、非参与式、结构化的正式考试，是对阶段性的教学效果进行记录。目标是掌握现有成绩，以便将被评价者划归到良、好、优的等级[1]，而这些与《深化新时代教育评价改革总体方案》中提升综合素质的评价要求并不符合[2]。但终结性评价有很好的目标导向，在评价中关键在于"评什么"，确定好目标之后，才能更好地明确评价内容与评价报告的撰写。首先，儿童园艺实践活动要让儿童达到何种评价目标呢？在上一节中已经论述过。之后就是要结合上述目标明确评估各种内容，如儿童在园艺活动中情感态度、动植物的知识与园艺技能、掌握的园艺方法等。评价结果的呈现也就是通过上述流程之后，看参与园艺活动是否有助于儿童最初目标的实现。

在评价过程中，我们应该以形成性评价为主，但是也要防止"只重过程，不重结果"的错误倾向，因为知识也是学习的必要条件之一。所以，要在园艺课程实践活动评价中，有意将形成性评价与终结性评价相结合，以达到更有效的目的。

3. 根据评价呈现方式划分

可分为显性评价与隐性评价。显性评价具有直观性特点，评价主体通过直接对评价对象的情况客观描述，促使儿童了解实际情况。直接评价包括语言评价、书面评语评价等多种形式，评价目标明确，在日常教学中，儿童能够通过评价内容了解教师意图。而隐性评价通常较为隐蔽，具有间接性特点，评价主体通过间接的表达方式作出评价，比如教师通过肢体动作，委婉的话语做出反应，都属于隐性评价[3]。可以看如下案例。

"花文化"背景下小学园艺综合实践活动

该小学位于甘肃省金昌市，这里虽地处戈壁，干旱少雨，风大沙多，但是经过十多年的不懈努力，植树造林、种草播绿，改善生态环境，于2014年1月被确定为"国家园林城市"。现在的金昌市拥有丰富的园艺资源，包括十大自然景区，还有大型植物园、花文化博览馆等园艺科普基地。在此园艺背景下，学校利用"花文

---

[1] MCMILLAN JAMES-H. Formative classroom assessment: The key to improving student achievement [M] // Formative classroom assessment: Theory into practice [J]. New York: Teachers College Press, 2007.
[2] 新华社.中共中央 国务院印发《深化新时代教育评价改革总体方案》[EB/OL].(2020-10-13)[2023-10-12]. http://www.moe.gov.cn/jyb_xxgk/moe_1777/moe_1778/202010/t20201013_494381.html.
[3] 张澎."思政+科创"双导向下环境设计专业隐性与显性评价的教学改革研究[J].大众文艺,2021(22):170-171.

化"资源,开展园艺实践活动。

一、构建花园式校园环境

春天,全校师生开展种花植树的义务劳动,在师生共同努力下,校园的一片空地已经成为树木和花卉品种繁多的植物园。花园式的校园环境,既是学校的显性文化,也是育人的载体。

二、做好园艺实践活动评价,促进儿童发展

(1)填写自评与互评表:每节课后各小组都会拿到一张评价表,小组成员先要为自己作一句话的评定,再由组内相互评议,产生小组评价等级。

(2)课内作品展评:让儿童在课内将园艺作品搬上讲台,作简单说明,让全体同学欣赏评价。

(3)及时记录:教师用手机或数码相机记录下各班的优秀成果或园艺活动中的美好瞬间,在下一堂课展示给各个班级,让学生们欣赏。

(4)校园展览:将一些园艺作品直接用于美化校园,同时又作为成果展览,让全校师生欣赏评价。少年儿童都是喜欢受表扬的,适时评价与展示,可以使学生们获得了成功的体验感,从而大大地促进他们的学习积极性。

资料来源:王维君(2020)[①]

案例分析:上述评价方式中显性评价包含自评与互评表,通过直接的语言或文字描述,让被评价者直接了解自身情况。隐性评价较为间接,案例中通过对作品、对园艺活动中的美好瞬间、校园环境进行评价,一方面有助于儿童的兴趣和态度的发展,另一方面也让儿童获得了成功的体验,提升了儿童参与活动的学习积极性。

4.其他评价方式

任务清单式效果评估。任务清单式是指学校结合儿童年龄和身心发展特点,依据儿童的认知与能力,设立具体、细微的园艺活动任务。引导儿童在规定时间内,通过完成一个又一个任务,鼓励其热爱自然,丰富生命体验,提升劳动技能。在园艺课程实践活动前,学校和教师根据园艺主题确定任务清单,儿童自愿选择想要完成的任务。比如某一次的"朴门永续"主题园艺实践任务可以包括:选择花园位置、在朴门花园种植食物、促进学校内部材料回收等内容。儿童完成一个又一个的任务,学校则依据任务清单对儿童参与活动成效进行评估。

表现性评价。这是20世纪90年代兴起于美国的一种评价方式,是指教师让学生在

---

① 王维君.城市"花文化"背景下小学园艺综合实践活动课程开发的初步探索[J].中国校外教育,2020(19):79,81.

尽量合乎真实的情境中解决某个新问题或创造某种东西，以考查其对知识与技能的掌握程度，以及实践、问题解决、交流合作和批判性思考等多种复杂能力的发展状况[①]。在具体园艺环境中，以儿童为中心，把"让真实情感产生和真实学习发生"作为评价的唯一指标，让儿童全过程"参与、互动、体验"，说出、写出"看到什么、听到什么、想到什么"[②]。

（三）儿童园艺课程活动评价方法

由于在园艺实践活动中，我们关注的不是儿童记住了多少知识点，而应该是在整个过程中，儿童态度的转变、技能的习得、情感的投入、情绪的体验，而这些除了依靠上述多元的评价方式之外，还需要使用多样化的评价方法。常见的评价方法包括量化评价与质性评价，其中量化评价有反馈信息表、《孩子学习情况评估问卷》《家长问卷调查》，通过对儿童的评估时间积累、问卷和数据的搜集，了解儿童在哪些方面发生变化。质性评价除了教师对儿童活动过程进行观察记录，以及家校之间的访谈交流之外，具体方法还有教育鉴赏与教育批评[③④]、研讨评定法、文件夹评价技术[③]等，此处我们主要介绍质性评价中的成长记录袋法和学习故事评价法。

1. 质性评价指标（见表 5-1）

表 5-1　质性评价指标

一级指标	二级指标	三级指标
课程设计 （30分）	情景因素 学习目标 反馈程序 教学活动 课程结构 课程策略 评分体系	（1）了解重要的情景要素，如具体情景、学科特点、学生特征、解说员特征等。（2分） （2）自然教育课程应确定有意义的学习目标。（2分） （3）构建面对学生的反馈评估程序，如前测，评估项目、评估标准、自测等。（2分） （4）将主动学习融入教学活动中，设计活动让学生积极参与到课程学习中。（4分） （5）确保学习活动、游戏设计能够覆盖学习目标。（3分） （6）确定多个主要学习主题、概念，并且贯穿课程始终（3分） （7）建立合理的教学策略，寓教于乐、增加趣味性。（4分） （8）安排合理、有序的课程框架。（4分） （9）有固定的课程大纲，确保教学内容的一致性。（2分） （10）建立多元化的评价体系。（4分）

---

① 倪中华. 美国高科技学校：项目式学习的先行者［J］. 上海教育，2021（16）：70-71.
② 杨其山. 建设田园课程：激活乡村教育的一池春水［J］. 中小学管理，2021（2）：5-8.
③ EISNER E W. The art of educational evaluation: a personal view［M］. London: The Falmer Press, 1985.
④ 刘兰英. 小学探究性学习评价的思考［J］. 教育发展研究，2001（10）：33-35.

续表

一级指标	二级指标	三级指标
课程实施 （50分）	内容要求 学生差异 学习方法 重视过程 自我评价	（11）能否做到突出基础课程，强调地方特色；符合教育规律，与学校教育互为补充；寓教于乐，融入自然；构建课程与日常生活的纽带。（15分） （12）是否发挥某地区的特色资源（生物资源、人文资源），结合本地的民俗乡情、历史遗产等。（5分） （13）是否重视学习者的天赋、能力、情感因素、学习进度、学习风格。（5分） （14）关注学习中最有效的知识、最有效的教学方法，促进学生的学习动机。（10分） （15）以问题为主导，通过游戏启发对现实问题的思考，促进学习效果。（5分） （16）引导学生内部自我评价。（10分）
课程反馈 （20分）	评估方案 学生反馈 课程优化	（17）从定性和定量两方面，制订课程评估计划，如调查问卷、学生访谈、学生评分等。（10分） （18）通过发放问卷及走访调研，更加深入了解学生的发展水平。（5分） （19）课程更新和优化升级的频率不少于1次/年。（5分）

资料来源：全国标准信息平台[1]

2. 成长记录袋法

成长记录袋法也称档案袋方法，是记录儿童学习过程的材料，属于质性评价。通过儿童自己选择放入其中的作品，可以激发其终身学习的动力，学会自我反思，并不断调整自己的学习状态。成长记录袋法鼓励个性化，主要是以自评为主，制作主体应是儿童，在这个过程中也能锻炼儿童的动手、动脑能力，展示每个人的个性，培养儿童决策、想象力和创造力[2]。教师在这个过程中，起到帮助和引导作用。成长记录袋可以以学期为单位，记录每一次儿童园艺活动过程，也可以在单次实践活动课程中应用，记录儿童单次园艺活动过程表现。

波帕姆[3]认为成长记录袋应包括如下步骤：

第一，为每个孩子发放一个成长记录袋。可以在园艺课程活动开始之前，给每一名儿童发放，让儿童自己设计记录封面，比如，可以贴照片，可以给记录袋取名字，还可以在上面创意绘画。

第二，确定放入内容的类型。成长记录袋评价的内容并不局限于儿童的知识识记等认知能力，而是注重其中的非认知能力，如学习态度、创新能力、情感体验、价值观

---

[1] 广东省林学会.TGDFS6—2021《自然教育课程设计指引》[EB/OL].（2021-12-03）[2023-12-04].https://www.ttbz.org.cn/Home/WebDetail/33948.
[2] 陶学通,任静.倾听花开的声音——浅谈学生成长记录袋在留守儿童教育中的作用[J].新课程（小学），2017（9）：236.
[3] 波帕姆.促进教学的课堂评价[M].国家基础教育课程改革"促进教师发展与学生成长的评价研究"项目组,译.北京：中国轻工业出版社,2003:158-159.

等，都是成长记录袋评价所要评价的重要内容①。具体来说，儿童可以选择放入自己的树叶，书面作业样本、手工制品，或是家长和教师对自己的评价，应鼓励在成长记录袋中放入多种类型的内容。

第三，根据评价目的，有选择地放入作品。促进儿童发展，是成长记录袋法的首要目的②，通过评价实现儿童发展目标，结合国务院发布的《中国儿童发展纲要（2021—2030年）》③提出的儿童培养目标：促进儿童健康成长，提升儿童综合素质。再结合《3~6岁儿童学习与发展指南》中对幼儿的体态、情绪适应能力、动作协调能力、力量与耐力等方面提出的具体要求，通过开展丰富多彩的活动，促进儿童的身心健康与和谐发展。综上，活动实践课程的目标，是期望儿童能实现健康成长，在自然中陶冶情操，美好的心灵和精神。

第四，确定评价标准。依据上述健康的身体、心灵和目标的具体化，再结合具体园艺活动制定评价标准：可参照自然教育中的评价指标（见表5-2）④。

表5-2 自然教育评价指标

评价标准	具体活动
园艺的好奇	收集植物叶子、蜜蜂授粉的奥秘、丝瓜细长外形的原因
社交技能、同理心	清楚表达自己想要的园艺工具，安慰哭泣的小伙伴，所有教师、小朋友——告别，微笑待人，有礼貌
想象力与创造性	雕刻独特的南瓜造型，制作天然工艺品，废弃物品中种植蔬菜
合作能力	和其他小朋友一起完成种植、收获红薯
探索能力与好奇心	水稻长什么样，为什么有些植物长在地下而有些在地上，了解植物生长过程
精细动作	用植物做雕刻、园艺动植物绘画
专注力	听从教师讲解规则，注意力集中保持在一件事
与感官发展	品尝，触摸，嗅不同植物的味道
节约环保⑤	对活动中产生的垃圾进行分类
体能发展	草坪上走、跑、钻、爬、跳、投等体能锻炼⑥，进行"老鹰捉小鸡"游戏

第五，要求儿童对放入的作品不断反思。对于儿童选择放入档案袋的具体作品，教

---

① 朱丽.学生成长记录袋评价的实施现状研究[D].南昌：南昌大学，2021.
② 杨定姜.新西兰学前教育机构的档案袋评价研究[D].昆明：云南师范大学，2015.
③ 新华社.国务院印发《中国妇女发展纲要（2021—2030年）》和《中国儿童发展纲要（2021—2030年）》[EB/OL].（2021-09-27）[2023-10-01]. http://www.gov.cn/xinwen/2021/09/27/content_5639545.html.
④ 骆桦，黄向.自然教育理论与实践[M].长春：东北师范大学出版社，2020.
⑤ 梁红京.综合素质评价工具的选择与问题反思——来自《上海市学生成长记录册》的经验[J].基础教育研究，2016（17）：21-24.
⑥ 方凌雁.综合实践活动课程评估指标体系的构建与实施[J].教学与管理，2020（25）：37-40.

师不应阻拦，但为了让儿童形成良好的思考习惯，教师可以引导其对作品进行自我评价。例如，当儿童将自己浇水的照片放入档案袋，教师就可以引导儿童："你喜欢这个作品吗？""喜欢它的原因是？"这个环节也是孩子自我反思的过程。

第六，组织成长记录袋交流大会。整个活动过程结束后，教师可以组织主题班会，每个孩子可以分享自己的记录袋作品。这个环节也是让儿童主动参与，同时接受其他同学的不同观点，起到激励作用。

第七，鼓励家长积极参与其中。成长记录袋与分析主体是多元的，它是以儿童为主，辅之以教师、家长和其他同学。比如，家长看到儿童在园艺活动中非常勤劳，就可以及时给予鼓励；同伴可以就一项合作任务的合作情况进行评价。通过多主体评价，使整个评价更加全面和完整。

成长记录袋评价的方式也是多种多样的，具体有观察、访谈、行为检查表、作品与日常表现分析及活动中表现分析等。这也就意味着，成长记录袋法应该和其他评价方法配合使用，才能收到更好的效果。

3.学习故事评价法

"学习故事"是运用叙事的方式对儿童的学习进行形成性评价的体系，教师通过观察和记录儿童成长的轨迹和历程，深入理解儿童的生活并给予适当的支持，从而促进儿童的发展与进步[1]。

这是一套有明确教育价值观引领、以叙事方式进行，帮助儿童建构作为学习者自我认知的形成性评价体系[2]。"学习故事"的评价目的是促进儿童学习，而不仅仅是对儿童的发展情况和阶段作出判断。"学习故事"重在培养儿童乐于学习的心智倾向，如勇敢好奇、信任、会玩、坚持、自信、承担和分享责任等[3]。

可以看如下案例。

> 园艺课上，我在带领儿童们捡完树叶后让他们给树叶上色。并且提前准备了颜料。教师完成示范之后，孩子们十分感兴趣，迫不及待地要给树叶上色。但是当孩子们开始操作之后，满手都是颜料，衣裳和桌子也都上了色。看到这种情况后，我采用了新的方式，让孩子们独立完成压印操作，但是没印几幅，你却说："老师，我感觉自己做不好"。随后我换取了全新的操作方式，先让孩子们完成涂色操作，然后再进行印画操作，孩子们依旧很感兴趣，十分主动和积极。

---

[1] 王月.论"学习故事"评价体系[J].科教导刊，2021（19）：155-158.
[2] 玛格丽特·卡尔.另一种评价：学习故事[M].周欣，译.北京：教育科学出版社，2016.
[3] 石慧.学习故事：儿童评价方式，从新西兰到中国[J].幼儿100（教师版），2015（5）：18.

教师记录反思：小明十分聪明，而且具备很强的语言表达能力，他能清晰地表达自己的需求。作为教师就是要重视孩子们的需求，并且在教学过程中灵活调整。幼儿园教学要发挥孩子的主动性，让每一位孩子积极参与各项活动，提高孩子的综合能力。

案例分析：上述案例中，绘画留给儿童想象力和创造力的空间较多，一般教师也会在绘画活动中留给儿童时间让他们进行创作，利用这一段时间，教师就可以对儿童进行观察记录。

另外，现代信息手段的介入使评价工具更多元，学校以网络平台为依托，拓展评价工具使用范围，如建立儿童个人电子档案袋，教师开发各类学科学习网站、网上评价资源库、网络评价量表等评价工具，从而提升儿童持续学习的兴趣，培养儿童的综合素养[1]。无论评价工具如何变化，依然要注重园艺活动的过程性，而且要尽量客观公正地进行评价。另外，在使用评价工具时，应注重将量化与质性评价相结合，量化的评价虽然更具操作性和客观，但是只能显示"好"或"差"，只是一个状态。而借助观察、访谈和实物等质性评价能呈现评价对象更加丰富和翔实的信息，并能为儿童带来更多的启示或者建议[2]，从而弥补量化的弊端。

二、学校园艺设施后期维护与管理

维护，是花园设计中的一个重要方面，无论是在使用过程中还是之后，都应将其纳入考虑范围。因为花费了时间和精力的维护不仅可以使得花园高产，同时也将产生最少的垃圾，获得更大的环保收益。相反，不注重管理的花园可能会满是杂草，使得之后的园艺活动难以展开。

花园维护的主体：首先，如果儿童在校，那么儿童是花园管理的好帮手，可以做一些工具的清洁、杂草的清理、协助篱笆或棚架的搭建、给花园做一个稻草人等工作；其次，学校里专业的花园教师在后期应该做好关于花园的文档整理以及之后花园种植或规划工作；再次，家长作为志愿者，可帮助教师和儿童管理花园，如果家长工作刚好是园艺专家，那可以提供更多专业性指导。此外，还有学校的后勤管理人员，做好花园日常清洁工作；最后，在国外，经常也有社区加入学校花园，对学校花园进行运营管理或者参与管理。

如果在假期，也有集中花园维护的方式。第一，关闭花园，让土地休养生息。让耕

---

[1] 张慧.对综合实践活动多元评价工具的探索[J].文理导航（下旬），2019（11）：97.
[2] 邢利红.基于共同建构的中小学生综合素质评价[J].教育理论与实践，2013，33（32）：22-24.

种之后的土地通过绿肥轮作或深耕晒垡，改良土壤、培肥地力，改善土壤性状、为提升后期作物品质方面打下坚实的基础。可以结合上一章中朴门永续相关知识，比如种植一种可以作为堆肥材料的作物，如：大豆、豇豆等具有固氮作用的植物；将修剪下来的碎枝、绿肥与开过花的植物堆在一起，将花园变成一个堆肥蚯蚓农场[①]。第二，请他人代为看护。对于学校而言，假期依然会有留校的工作人员，可以种植一些能让看护人员收获食物的蔬菜，例如黄瓜、番茄或者瓜果等。也可以联系学校附近对园艺感兴趣的组织或者园丁，可以让他们使用。第三，对花园置之不理，自生自灭。让花园独自撒野，等假期回来之后，发动同学们一起拔草，制作堆肥[②]。

---

① 卡罗琳·纳托尔，珍妮特·米林顿.户外教室——学校花园手册[M].帅莱，译.北京：电子工业出版社，2017.
② 吴桂成，史平，高文伟.让耕地更肥　让生态更美——昆山耕地轮作休耕的探索实践[J].江苏农村经济，2019（6）：50-51.

第六章 儿童园艺教育人才培养

第一节 儿童园艺教育人才培养状况

如果从宏观"园艺"人才方面的培养来看，随着我国经济发展水平的提升，园艺产业迅速发展，对人才的需求也会大幅提升。以陕西省为例，在陕西省政府主导的"3+X"①千亿级设施农业工程项目带动下，以蔬菜、食用菌为主导的设施农业发展较快。该地园艺产业的迅速推广得益于现代园艺科技人才的优势，以西北农林科技大学为代表的农业科研机构实力雄厚，拥有90多个省部级以上级别的科研平台和7000多名农业科教人才，为该地病虫害防治、生态修复和农作物遗传等问题提供了重大科研成果②。

但是当园艺范围缩小，缩小到"儿童园艺教育"时，目前还没有系统化的从业人员培训方式。但是儿童园艺教育人员必不可少，因为目前中国自然教育已经发展到了一定程度，而国外的"森林教育"虽有其自身发展的特色与优势，但是由于是西方舶来品，因而似乎缺少了从中国本土和实际情况出发的思想根基，即几千年传承下来的农耕文化的自然观。而园艺教育的出现刚好能弥补森林教育的缺陷，让儿童在亲手种植、养护花草与蔬菜的实践过程中，一方面可以学习到农耕的乐趣，感受自然哲学与规律，另一方面也可以在探索自然的过程中建立健全的人格，学会与人相处、认真做事的道理，形成中国传统的天人合一、和谐统一的价值观。

目前我国尚未开设儿童园艺教育专业，与此专业最为相关的是本科学段的园艺教育专业，但是本科院校开设该专业的很少。

要做好儿童园艺教育，离不开园艺和儿童教育两方面的专业知识。但是当前市场上从事园艺教育的人员仅侧重其中一个专业，尚未实现二者结合，园艺活动课程的组织也

---

① 李承明."3+X"工程：引领陕西乡村振兴——专访陕西省农业农村厅厅长文引学［J］.西部大开发，2019（1）：46-49.

② 安凯春，杨少雄.陕西园艺产业发展"十三五"回顾与"十四五"展望［J］.中国农技推广，2021，37（12）：12-15，59.

是由教师与外部的园艺人员共同实施。如此一来，就容易造成园艺工作人员的课程设计与实施不能按照儿童发展规律来规划，教师不了解园艺活动的专业知识和技能。所以，培养专业的儿童园艺教育人才，有其现实的必要性。

在本节中，我们会简单介绍与"儿童园艺教育"人才培养相关的园艺师培训、园艺及园艺教育专业，以及与其密切相关的自然教育指导师需求与发展现状，另外介绍目前我国不同学段在培养园艺方面人才的培养模式。

一、园艺教育相关行业人才发展现状

本小节着重介绍园艺师和自然教育师的发展现状。

（一）园艺师人才需求与发展现状

我国园艺产业发展由来已久，资源丰富，集果品、蔬菜、花卉和茶叶于一体，是闻名世界的园艺大国。以广东省为例，2017年，广东省从事园艺相关的企业近10 000家，从业人员300多万人，年需新增从业人员5000人以上，而同类院校毕业生不足1000名，人才需求缺口较大，尤其是生产一线高技能应用型人才更加紧缺。与此同时，随着园艺产业从传统生产向生产规模化、经营集约化、流通多元化的方向发展，对从事园艺行业人员的专业素质、综合能力提出了更高要求，所以建设园艺技术专业，带动专业群相关专业建设，培养大批高技能应用型人才，对农业经济发展有着重要作用。

随着大众生活水平的提高，无论园艺产业的种植面积还是个人平均占有量都有很大提高，园艺产业已经成为人民脱贫致富的关键，并逐渐成为支柱产业，在农业结构中已经占有非常重要的地位。但是我国当前园艺产业发展也存在生产规模小、经营水平低、专业化种植水平低、园艺产品质量有待提升等发展困境。

园艺师是指具备园艺科学的基本知识与技能，从事果树栽培、育种、良种繁育、商品化生产、病虫害防治、产品贮藏加工及应用性科技试验、农业技术开发与推广工作，并具有一定生产管理和经营能力的高级技术应用型专门人才。

从目前市场培训来看，园林园艺师共分为三级，分别为助理园林园艺师、园林园艺师和高级园林园艺师。园艺师不仅要懂得植物的种植和养护，还要懂得色彩的搭配，具有较高的审美能力，有广泛的知识和丰富的经验，但目前园艺师培训后的证书都是由机构颁发，其权威性和认可度均有待提升。

2021年，人力资源和社会保障部开发了"中国职业培训在线"系统，其中包括正式出版的全部国家职业技能标准[①]，用于更好地指导职业技能认定和规范从业人员行为。从查询结果来看，并不包含"园艺师"职业技能标准，但是包含"花卉园艺师"标准。从"花卉园艺师"职业技能标准来看，花卉园艺师指从事花卉种子（种球、种苗）、盆栽植物、鲜切花、观赏苗木等繁育、栽培、应用、生产与管理的人员。花卉园艺师共分为五级，级数越低，技能要求越高，不同级别的花卉园艺师有不同的工作内容、技能要求和相关知识区别。

（二）自然教育师需求与发展现状

自然教育是人们认识自然、了解自然的有效方法，是推动全社会形成尊重自然、顺应自然、保护自然风尚的有效途径。随着人们生态环保意识的提高，以走进自然保护地、回归自然为主要特点的自然教育成为公众的新需求。近年来，我国的自然教育呈现井喷式发展态势，各地自发涌现出大量专注自然教育的机构，开展了类型丰富、形式多样的自然教育。另外，当前自然教育人才需求量大，以广东省为例，50个广东省自然教育基地从业专职在编人员共217人，平均每个基地仅4人，人员数量配备不足，无法满足基地日常开展自然教育的需求，人才队伍亟待扩大[②]。

2019年4月，国家林业和草原局下发《关于充分发挥各类自然保护地社会功能大力开展自然教育工作的通知》，依托中国林学会成立了全国自然教育总校，积极推进全国自然教育的规范发展。"自然教育师"培训为线上和线下相结合的形式。线上培训以自然教育理论基础知识为主，线下侧重教育实操和技能技法，培训的目标是培养自然教育的专业师资人才，奠定自然教育事业的人才基础。

对自然教育师的选择也应有一定标准：①是否喜欢自然，是否喜欢与儿童打交道，对未来职业的规划是否清晰；②言谈举止是否得体，性格是否开朗乐观、积极向上；③平时有没有阅读看书的习惯；④对各种问题和观点是否有自己的看法；⑤大专或本科成绩是否达到80分以上，是否参加过各种社团和志愿者活动或其他公益类项目[③]。与此同时，自然教育师应该树立终身学习的态度，每位自然教育师每年需参加自然教育相关培训，应接受不少于30学时的专业技能培训。建设1支由不同专业领域人员组成的志愿者队伍，并对志愿者进行针对性培训[④]。

---

① 中华人民共和国人力资源和社会保障部.国家职业技能标准［EB/OL］.（2021-09-29）［2022-11-03］.https://www.gov.cn/zhengce/zhengceku/2021-10/09/5641623/files/e2a3e813db1d48099059b988414c2c88.pdf.
② 广东省林业局.广东省林业局关于印发广东省自然教育发展"十四五"规划的通知［EB/OL］.（2021-12-20）［2024-04-24］.http://www.xinfeng.gov.cn/sgxflyj/gkmlpt/content/2/2096/mpost_2096358.html#5724.
③ 骆桦，黄向.自然教育理论与实践［M］.长春：东北师范大学出版社，2020.
④ 中华人民共和国人力资源和社会保障部.国家职业技能标准［EB/OL］.（2021-09-29）［2022-11-03］.https://www.gov.cn/zhengce/zhengceku/2021-10/09/5641623/files/e2a3e813db1d48099059b988414c2c88.pdf.

另外，除自然教育师之外，其他自然教育从业人员同样也要开展系统培训，建立高素质的人才队伍，例如自然教育管理者、自然教育课程设计师、志愿者等。培训内容包括自然科普知识、职业道德、法律法规及操作技能等。重点是培养一批熟悉自然与环境相关理论和基础知识，具有良好的专业知识储备和专业授课能力，并能提供与自然教育课程相应解说服务的自然教育师等。同时，每年开展自然教育行业人才交流会，吸纳国际国内优秀自然教育人才。

二、不同学段园艺人才培养模式

人才培养模式是指学校根据人才培养目标和质量标准，为学生设计的知识、能力和素质结构以及实现这种结构所采用的方式[1]。根据我国当前教育体系，主要可分为职业教育阶段的园艺技术专业与普通高等教育阶段的园艺教育专业。

（一）中等职业教育方面

中职园艺技术专业是为了满足社会主义新农村建设需要，培养掌握园艺技术基础理论、知识和技能，能适应园艺生产、运输、加工、营销、服务与管理等一线岗位需要，并具有一定的职业生涯发展能力的中等技术应用型人才[2]。教育部颁布的《职业教育专业目录（2021年）》[3]中，将"果蔬花卉生产技术"更名为"园艺技术"，专业代码也由原来的"010700"改为"610105"，"园艺技术"这一新名称不仅扩大了专业目录表和学习内容，同时也适应了当前科技迅速发展的时代。该专业毕业后可以从事的岗位有蔬菜花卉生产、园艺产品加工、组培苗生产、果品生产等，职业资格主要有劳动部的农作物植保园和农业技术员等。

课程结构的安排应"以就业为导向"，同时注重园艺技术岗位的能力要求，教授具体实用的蔬菜花卉、园艺产品、插花等技术，从而实现在未来岗位上能对园艺作物的栽培以及培养机具进行维护，识别并了解常见园艺植物种类与品种，从事本地区主要蔬菜、花卉、果树、草坪、食用菌栽培和常见病虫害防治工作的目标。

《国家中长期教育改革和发展规划纲要（2010—2020年）》[4]中提及，把顶岗实习、

---

[1] 李贺，刘月学，叶雪凌，等.园艺专业创新型人才培养模式研究与实践[J].沈阳农业大学学报（社会科学版），2015，17（6）：677-681.
[2] 田妹华.就业导向下中职园艺技术专业的课程改革[J].江苏技术师范学院学报（职教通讯），2008（4）：71-72.
[3] 中华人民共和国教育部.教育部印发《职业教育专业目录（2021年）》[EB/OL].（2021-03-17）[2024-04-24].www.moe.gov.cn/srcsite/A07/moe_953/202103/t20210319_521135.html.
[4] 中华人民共和国教育部.国家中长期教育改革和发展规划纲要（2010—2020年）[EB/OL].（2010-07-29）[2022-07-28].www.moe.gov.cn/srcsite/A01/s7048/201007/t20100729_171904.html.

技能型人才培养作为之后职业教育发展的主要改革方向。同时也正是因为中职教育实践性特点，因而实训基地建设必不可少[1]。所以，对于中职园艺技术专业应在校内做好实训基地，校外做好实习安排，突出对学生实践技能的培养。培养学生的现代园艺生产技术、技能、技艺，例如，实训基地应该够承担园艺植物繁殖与病虫害防治技术的培训，露地、无土、设施栽培技术的培训，购置显微镜、苗床、接种台等专业教学仪器设备，采集各种植物病虫害标本，作为培养学生重要技术窗口[2]，这也符合教育部在《关于深化职业教育教学改革　全面提高人才培养质量的若干意见》[3]中对于实训装备水平的相关要求。校外实践方面，各学校应该与当地园艺相关企业开展紧密合作，开发签约型校外顶岗实习基地[4]。

综上所述，中职园艺技术专业人才培养注重实践能力的培养，以就业为导向，以高素质技能型人才为培养目标，提升学生未来的岗位竞争力。

（二）高等职业（专科）教育

在2021年教育部颁布的《职业教育专业目录（2021年）》[5]中，高职专业"园艺技术"专业名称未发生变化，但是专业代码由"510107"更改为"410105"。注重综合职业能力的培养，该能力一般包括专业能力、通用能力和创新能力。其中专业能力是掌握一定的花卉、果树、蔬菜方面专业知识与技能，该能力是建立综合职业能力的基础；通用能力是对未来职业发展起重要作用的能力，例如计算机、外语、团队协作、社会交往能力等，如果缺少上述能力，整体职业能力就不会完善；创新能力是上述能力的迁移与发展，创新能力可以给综合职业能力带来活力，例如创新思维、创新设计等能力[6]。

高职园艺技术专业人才培养模式多样，如"2+1"模式、"生产过程式"模式等，共同特点是依据学校以及院校所在地的情况，将理论教学与实践教学有机结合，加强学生专业实践技能的培养[7]。园艺技术专业"生产过程模式"一般遵循以下流程：首先，学校应该与用人单位合作，确定所需要培养的人才规格，进行园艺职业技术岗位分析；其

---

[1] 王瑶，覃旭军.校企合作共建实训基地的实践与思考——以广西纺织工业学校为例[J].中国职业技术教育，2011（15）：38-41.

[2] 张珍.关于中职园艺技术专业实训基地建设与实践教学的思考[J].教育现代化，2017，4（9）：91-92，99.

[3] 中华人民共和国教育部.教育部关于深化职业教育教学改革全面提高人才培养质量的若干意见[EB/OL].（2015-07-29）[2021-12-20].www.moe.gov.cn/srcsite/A07/moe953/201508/t20150817_200583.html.

[4] 刘江，李慧.中职园艺技术专业"三位一体"应用型人才培养模式的实践探索[J].中国职业技术教育，2014（2）：43-46.

[5] 中华人民共和国教育部.教育部印发《职业教育专业目录（2021年）》[EB/OL].（2021-03-22）[2022-03-23].http://www.moe.gov.cn/jyb_xwfb/gzdt_gzdt/s5987/202103/t20210322_521664.html.

[6] 赵晨霞.高职园艺专业学生综合职业能力的培养[J].中国职业技术教育，2004（5）：48-51.

[7] 陈建军，朱加平.高职园艺专业教学改革的思考与实践[J].职业教育研究，2010（5）：26-27.

次，按照园艺植物生产过程，将相关职业岗位的作业进行流程分解，根据每个流程应掌握的技能，形成对应的核心课程；再次，将园艺岗位的一些职业标准、国家对于园艺行业的相关认证融入课程标准中，优化职业教育"双证"课程体系；最后，制订学习目标，形成课程标准[①]。

国外方面，园艺强国荷兰开展的园艺职业教育是典型的"实习性质的职业教育"，例如，朗蒂斯（Lentiz）教育集团下的园艺职业教育学校，在中国教育体系中属于大专。学生只有取得了良好的实习成绩，才能获得毕业证书。该校教育理念就是让学生获得足够的实践经验。与此同时，不仅教授传统的园艺知识，同时还结合该国花卉贸易需要，设置物流、营销、信息收集等各个与花卉相关的课程[②]。

职业教育院校最突出实践技能的培养，在教育部颁布的高职园艺技术专业的《职业学校专业（类）顶岗实习标准》[③]中，该专业学生顶岗实习内容涉及园艺植物生产、农业技术服务与推广、种苗繁育与推广、园艺产品与农资营销、农业综合管理、园艺应用实验研究和农业新技术开发六大类项目，每个项目设置对应的学习任务和应掌握的职业技能与素养。

（三）本科及以上园艺教育

进入本科学段以后，园艺专业范围拓宽，值得一提的是出现了"园艺教育"专业，从培养角度来看，该专业最符合儿童园艺教育所需人才的培养要求。

在《普通高等学校本科专业目录（2012年）》[④]中，园艺教育专业代码由"040302W"更改为"090111T"。园艺教育专业，培养具备较完整的现代生物科学知识体系和较宽厚的园艺基本理论知识，以及教育学基本理论知识，熟练掌握专业基本技能，能在农业职业教育部门或蔬菜、果树、观赏园艺、设施园艺、园林绿化及其他相关领域从事现代园艺生产、科技推广、产业开发、经营管理及教学和科研等方面工作，有较宽广的适应性和一定专业特长的园艺学科应用型人才。在此目标下，主干学科以园艺学、生物学和教育学为主[⑤]。

---

① 胡繁荣.园艺技术专业"生产过程式"人才培养模式的构建[J].职业技术教育，2007，28（35）：5-8，94.
② 白燕枫.荷兰园艺教育的"绿港"——访朗蒂斯（Lentiz）集团国际交流负责人范康普博士[J].中国花卉园艺，2011（5）：47-48.
③ 中华人民共和国教育部.职业学校专业（类）顶岗实习标准.[EB/OL].（2018-01-17）[2022-01-18].http://www.moe.gov.cn/s78/A07/zcs_ztzl/2017_zt06/17zt06_bznr/bznr_zzdgsxbz/index_3.html.
④ 中华人民共和国教育部.教育部关于印发《普通高等学校本科专业目录（2012年）》《普通高等学校本科专业设置管理规定》等文件的通知[EB/OL].（2012-09-18）[2022-09-19].http://www.moe.gov.cn/srcsite/A08/moe_1034/s3882/201209/t20120918_143152.html.
⑤ 安徽农业大学园艺学院.园艺教育专业本科人才培养方案[EB/OL].（2009-08-31）[2023-09-01].http://yyxy.ahau.edu.cn/info/1044/1930.html.

但是该专业的培养要求本身更侧重于园艺部分,设置了植物学、植物生理与生物化学、应用概率统计、园艺植物育种学、园艺植物栽培学、园艺植物病虫害防治学等课程,辅之以教育学相关理论内容,但是具体教育部分占比,还要结合学校本身培养目标与方案。从专业对口角度来看,本科园艺教育专业目前最符合儿童园艺培养人才的要求,针对具体教授对象年龄的不同,还会增加对心理学理论知识的掌握,以及教育实习经历的要求。

该专业毕业后获得农学学士学位,如果直接就业,园艺教育专业的毕业生主要就业方向是在农科所农业科研机构、事业机构、教育机构从事科研、教学等工作,最契合儿童园艺教育人员培养。但是园艺教育专业在我国还属于小众专业,而且从现有开设该专业的院校来看,培养目标是为中高职园艺专业做储备教师。此外,开设该专业院校少,所以毕业生数量少、规模小,目前我国开设园艺教育专业的高等院校以吉林农业大学、安徽农业大学为代表。

第二节 儿童园艺教育人才培养方案

在上一节中,我们讨论了与园艺教育相关行业的人才发展,以及不同学段的园艺方面人才培养。但是,始终未涉及培养核心儿童园艺教育人才的培养,因此,本节我们将根据现有的职业院校和高等本科教育专业人才培养方案,尝试讨论理论化的儿童园艺教育人才培养方案。本节主要参照高等学校本科专业类教学质量国家标准,同时借鉴职业院校的专业人才培养方案[①]中实践技能部分,尝试讨论理论化的儿童园艺教育人才的培养方案。

一、儿童园艺教育人才培养理论方案

结合现有的职业教育和本科教育人才培养方案,我们借鉴上述培养方案中的培养目标、课程设置和实践环节三个相对关键部分,尝试讨论儿童园艺教育人才培养在该方面应涉及的内容。关于人才培养方案中的其他部分,如培养规格、师资队伍建设、课程质量管理等内容则不做过多介绍。

---

① 中华人民共和国教育部.教育部关于职业院校专业人才培养方案制订与实施工作的指导意见 [EB/OL].(2019-06-11) [2023-06-12]. http://www.moe.gov.cn/srcsite/A07/moe_953/201906/t20190618_386287.html.

(一)培养目标

总体目标的设定关系到专业所属大类问题,儿童园艺教育是属于教育学还是农学大类下?鉴于上一节中涉及过的本科专业出现的"园艺教育"是隶属于农学学科门类下,因此,本节中我们依然尝试将"儿童园艺教育"归入农学学科门类。

总体目标:立德树人。立德是对"立什么德,树什么人"这一重要问题的践行和落实。"德"包括政治品德、职业道德、社会公德、家庭美德、个人品德等。其中,政治品德是核心,这决定了"培养什么样的人、如何培养人以及为谁培养人这个根本问题"的阶级立场和政治方向。这就要求无论是职业教育还是普通教育都应该"明大德、守公德、严私德"[1]。"树人"意指培养人才[2],立德树人是人才培养的根本任务,立德是树人的前提,树人是立德的最终目的和归宿[3]。另外,除了立德树人作为根本总体目标之外,高校人才建设还提出"创新""社会责任感""综合能力与素养"等培养目标[4],这些都是人才培养的关键。

各院校在确定某一专业的培养目标时,一般都是从两个角度出发:一是学生应具备的能力;二是毕业生以后的就业方向,所以我们也尝试以此角度分析儿童园艺教育专业的培养目标[5]。

1. 学生应具备的能力

主要包括知识、能力、素质三个方面。知识方面,具有较高水平的数学、物理学、化学、生物学等方面的知识;掌握现代作物学、园艺学或植物保护学的基本理论;系统掌握教育科学及相关领域的基础知识理论;尤其是学前儿童和小学心理学专业知识;具有较高水平的人文社会科学知识;具备农业可持续发展的意识和基本知识,了解和掌握与学科和专业相关的产业发展状况、学科发展前沿、发展趋势,掌握较扎实的专业基本理论[6]。

能力方面,掌握教育教学研究的基本方法,具有发现、分析和解决教育问题的能力;具有教学资源和教学过程的设计与开发能力;具有国际视野,基本掌握1门外语,能较为轻松地应对教育教学国际情况、熟练使用外文资料;形成园艺教育所需的创新精

---

[1] 唐文.立德树人视域下高职人才培养目标的任务及实现策略[J].教育与职业,2020(17):53-57.
[2] 寇光涛,岳敏,武镒.新形势下高校"立德树人"和"三全育人"的发展路径研究[J].教育探索,2018(4):84-88.
[3] 白显良,崔建西.新时代立德树人的价值定位、时代内涵与实践要旨[J].思想理论教育,2018(11):4-9.
[4] 王东芳,田密."双一流"建设高校人才培养目标的特征与定位[J].黑龙江高教研究,2020,38(4):6-10.
[5] 马启龙.现代教育技术专业培养目标和培养规格的分析与设计[J].现代远距离教育,2010(3):14,59-62.
[6] 教育部高等学校教学指导委员会.普通高等学校本科专业类教学质量国家标准(上)[M].北京:高等教育出版社,2018.

神和创业实践能力；掌握园艺作物或其新品种试育、栽培管理和产后储藏与加工等环节的基本技能；熟悉我国各类幼儿园、小学的教育政策与法规能力；具有开展农作物或园艺作物遗传育种、栽培与耕作、种质资源保护基本能力[①]；具备书面、口头和数字化等视觉技术进行学术交流、教育教学的能力；具有媒体（幻灯投影、电视电声教材、计算机课件）制作的基本能力；掌握基本教学教育规律，具备基本的教学能力，以及开展学生工作能力[②]。

素养方面，具备良好的思想道德素质，正确的政治方向、遵纪守法、诚信为人，有较强的团队意识和健全的人格；较高的文化素养，掌握人文社会科学基础知识，具有良好的人文修养、健康的人际交往能力和国际化视野；具备良好的专业素养，接受严格的科学思维与教育教学专业技能训练，掌握一定的科学研究方法，拥有求实创新的意识和精神，在园艺教育领域有一定的综合分析能力和解决问题的能力；具备良好的信息素养，并能将其应用于教育教学与园艺研究；具备良好的身体素质，有健康的体魄，良好的心理素质和生活习惯。

2. 就业方向

儿童园艺教育就业方向可包含以下几个：幼儿园小学教师，从事园艺教学与科研工作，虽然当前还没有针对园艺教育的专任教师，但是从该专业培养角度来看，这是其最直接的培养目标之一；儿童教育机构专业指导教师，承接学校儿童园艺教育项目，设计儿童园艺教育课程方案；企事业单位职员，从事与园艺相关的科研、生产、技术开发与推广、园艺工程设计等工作。

（二）课程设置：理论课程

课程设置主要分为理论课程和实践课程，该部分也是培养方案的关键部分之一。其中，由于儿童园艺教育具有突出的实践性特点，所以我们将理论课程与实践课程各设一节进行分析。

本科专业在进行课程设置时应遵循综合性、专业性、选择性和发展性以及时代性原则[③]，这是考虑众多专业学科交叉、学科渗透与融合的特点，同时也是为了适应当前社会的需求以及社会发展的时代特征。但是根据学者对比研究发现，我国本科教育专业设

---

① 教育部高等学校教学指导委员会.普通高等学校本科专业类教学质量国家标准（下）[M].北京：高等教育出版社，2018.
② 马启龙.现代教育技术专业培养目标和培养规格的分析与设计[J].现代远距离教育，2010（3）：14，59-62.
③ 李全顺，李京蕾.大学本科小学教育专业课程设置应遵循的基本原则[J].辽宁教育研究，2006（8）：107.

置的通识类课程比例偏低（国外可达43%~49%，我国仅27%~33%）[1]，相比于美国，我国本科通识课程设置过于强调专业性，而非基础性与综合性[2]。

理论课程一般由通识教育课程、专业基础课程、专业核心课程、专业方向课程四类课程组成。儿童园艺教育是两个学科大类的综合，这对于学生培养提出了更高的要求，一方面要打好园艺理论与实践知识的基础，另一方面也要做好教育方面的知识与技能的准备，要以《幼儿园教师专业标准（试行）》《小学教师专业标准（试行）》和《中学教师专业标准（试行）》标准[3]以及《教师教育课程标准（试行）》[4]类的纲领性文件作为依据。基于上述政策文件，再结合儿童园艺教育本身的学科属性特点，可总结其理论课程的设置。

通识教育课程包括大学公共课程、创新创业教育课程及相关的人文社会科学类、理工类以及艺术教育类课程。本科通识课程的设计与安排不应该仅仅只是知识的传授，更应该是学生思维的训练[5]。基于此，儿童园艺教育可设置的通识课程主要包括：思想政治理论课程、大学外语、计算机基础与应用、大学体育、创业基础课程、就业创业指导课程、大学生心理健康、军事理论与技能等，旨在提升学生的基本知识素养、科学与人文素养、道德品质和身心素质。

专业基础课程是指同专业知识、技能直接联系的基础课程，是学习专业课的先修课程[6]。专业基础课的设置应该在体现专业特性的同时，拥有专业范围内较宽的基础文化知识[7]。儿童园艺教育应设置的专业基础课程包括：高等数学、植物学、大学物理、普通化学、植物生理学、土壤肥料学、遗传学、微生物学、农业生态学、植物生物技术导论，以及教育学原理、教育研究方法、中国教育史、外国教育史、课程与教学论、普通心理学、教育心理学、发展心理学、现代教育技术、特殊教育概论等课程。

专业核心课程是关于高等院校的学生在从事本专业学习过程中那些核心的知识体系

---

[1] 吕卫平，宋佳.小学教育专业本科课程设置问题及对策——以三所师范大学为例[J].教育理论与实践，2017，37（9）：39-41.
[2] 李楠，周建华.中美大学通识教育课程建设比较与启示[J].科技进步与对策，2011，28（14）：147-151.
[3] 中华人民共和国教育部.教育部关于印发《幼儿园教师专业标准（试行）》《小学教师专业标准（试行）》和《中学教师专业标准（试行）》的通知[EB/OL].（2012-09-13）[2023-09-14]. http://www.moe.gov.cn/srcsite/A10/s6991/201209/t20120913_145603.html.
[4] 中华人民共和国教育部.教育部关于大力推进教师教育课程改革的意见[EB/OL].（2011-10-08）[2022-10-10]. http://www.moe.gov.cn/srcsite/A10/s6991/201110/t20111008_145604.html.
[5] 王海莹.21世纪通识教育的新样态——伊恩·韦斯特伯里教授访谈录[J].江苏高教，2019（8）：113-118.
[6] 严玲，李志钦.应用型本科专业课程设置门槛标准的量化研究[J].高等工程教育研究，2017（5）：78-82，114.
[7] 纪国和.高师院校小学教育专业课程设置与新基础教育课程改革协调发展的研究与思考[J].辽宁教育研究，2003（9）：68-70.

与经验结构的总称[①]。儿童园艺教育的专业核心课程应包含：农业气象学、园艺植物育种学、园艺植物育种学实验、园艺作物栽培学、园艺作物栽培学实验、园艺昆虫学、园艺昆虫学实验、园艺产品贮藏加工学、园艺植物病虫害防治、设施园艺学、课堂管理、心理学原理、现代教学基本理论、教育科学研究方法、现代教育技术等课程、教师职业道德、儿童发展与教育心理学。

儿童园艺教育的专业方向课程则是在专业核心课程的基础上再细分为学前教育方向的园艺教育、小学方向的园艺教育。园艺部分基本沿袭核心课程部分，学前教育方向可再细分为学前儿童社会性发展与教育、学前教育概论、学前心理学、游戏理论与指导、现代教育技术、幼儿科学教育等课程；小学教育方向可再细分为小学生心理学、小学教育学、小学生综合实践活动设计、现代教育技术、中外小学教育史等课程。

（三）课程设置：实践课程

构建实践性课程不仅是以实施教育实习为目的，而是要通过这样一种形式，使未来教师在实践中通过反思、质疑、探究和发展等一系列过程，拓展、改造、提炼和唤醒原有的教育认识，形成实践性知识和现代教育思维方式[②]。本科教育开展专业实践形式与之前提到的职业教育中的实践场所一致，即校内的实验室、校外的实习基地与实习企业。实践教学确实有助于学生综合素质，尤其是创新能力、实践能力等方面的提升[③]。国外本科课程特别强调专业实习，且实习形式多样，可包含学生自身创业、项目实践、外出企业实习、自主学习实习研讨会等，让学生通过多种形式进行职业训练。例如英国提出的"三明治学位"，即在培养过程中，将课程学习与行业培训混合在一起，中间加入一年行业实习。虽然注册学习"三明治学位"课程会增加一年的学习时间，但是由于能够积累更丰富的行业经验、加深对于行业的理解，而且在实习中可以获取一定的行业人脉资源，因而受到学生欢迎[④]。

实践课程是实践教学的指导和支持，实践教学中只强调"动手能力"和"实验技巧"[⑤]，而对于其背后的原理置之不顾，这种方式不符合自然科学的认知规律。鉴于儿童园艺教育的专业特点，可以利用校内实验室和实训中心，从而更好地完成园艺部分实践，对于实验室的设施设备可参考上节内容，配备果菜园和大棚，且园艺实验参照园艺

---

① 岳爱臣，高浩其，熊和平.应用型工程院校专业核心课程的研究与实践[J].高等工程教育研究，2007（5）：47-49.
② 李全顺，李京蕾.大学本科小学教育专业课程设置应遵循的基本原则[J].辽宁教育研究，2006（8）：107.
③ 顾瑾，孙大跃.完善实践教学体系，促进实践平台建设[J].实验技术与管理，2008（11）：172-174.
④ 张志强，乔晓鹏，代曼伦.国外出版专业本科教育的现状及启示[J].出版发行研究，2020（5）：14-23.
⑤ 教育部高等学校教学指导委员会.普通高等学校本科专业类教学质量国家标准（下）[M].北京：高等教育出版社，2018.

实践课程。例如，植物组织培养、植物病理学、无土栽培技术、盆景与插花艺术、观赏植物种质资源与育种等。当然，园艺教育实习的机会也可以安排在校外，高校可根据需要与科研院所、农场、园艺场、果园、农业管理及推广部门、涉农企业等联合建设，稳步扩大校外实习基地的数量，使之成为"产学研"有机结合的载体。实习基地应能代表我国现代农业的发展水平，符合植物生产类本科专业人才培养的要求，满足专业学生提升专业技能的需要[①]。

在园艺方面的专业基础和技能准备充分后，可以在校外开展儿童园艺教育实践。各高校应与科研院所、中小学校、教育行政机构等加强合作，建设一定数量的相对稳定的教学见习、实习基地，保障见习活动和实习活动的顺利开展。

儿童园艺教育的实践包括儿童园艺教育见习、实习、实训等方式。儿童园艺教育见习是指学生在教师指导下，在自然教育机构进行的有关自然或园艺教育、教学、教研与管理工作的观摩和学习，每学期1周[②]。儿童园艺教育实习是指学生在教师指导下，在教育机构或者学校进行的真实场景下的园艺教育、教学、管理等实践活动。可包括专业课程实习、春夏季综合教学实习、秋冬季综合教学实习、园艺专业生产实习、毕业论文（设计）、教育实习[③]。儿童园艺教育实训是学生在教师指导下，在模拟的园艺活动中进行园艺教育、教学、教研与管理的技能训练。各高校应高度重视创新创业教育，在实践教学环节纳入创新创业方面的实践训练。

实习与实践中还会出现诸多问题，首先，实践时间过短，时间安排偏晚。大多数高校的教育实践是集中在第七学期近两个月的毕业实习，以及第二、三学期2~3周的教育见习。实践时间既短又过于集中，而且学生在毕业实习期间又面临着如考研、就业等多方干扰，实习大多流于形式。其次，教育实践形式少、范围窄，缺乏必要的连续性与层次性[④]。学生难以在教育实践中得到充分锻炼，不利于理论知识与教育实际的相结合[⑤]。

---

① 教育部高等学校教学指导委员会.普通高等学校本科专业类教学质量国家标准（下）[M].北京：高等教育出版社，2018.

② 高有才.全科型培养视角下小学教育本科专业课程设置的研究[J].教育探索，2013（12）：19-21.

③ 安徽农业大学园艺学院.园艺教育专业本科人才培养方案[EB/OL].（2009-08-31）[2023-09-01].http://yyxy.ahau.edu.cn/info/1044/1930.html.

④ 兰惠敏.中外职前教师教育实践性课程的比较及启示[J].内蒙古师范大学学报（教育科学版），2011，24（10）：84-86.

⑤ 兰惠敏.中外小学教育本科专业课程设置的比较与启示[J].外国中小学教育，2014（2）：47-51.

二、儿童园艺教育教学模式

教学模式是培养人才的规范。教学应注重教师与学生相互作用模式,保证"教"与"学"的最优结合①。本科学校培养人才的模式直接关系到人才培养的数量和质量。传统教学模式固守"讲授—接受"模式,仅以教师为主体,不符合当前培养"创新型、开拓型"人才的需求,动手机会少也不利于学生实践技能和科研能力的进步②。尤其对于儿童园艺教育这类应用型专业,在教学中遇到培养学生技能的情况时,应采用"示范—模范式"或"指导—自学式"教学模式,通过教师的指导,让学生达到自我求知和练习技能的目的③。同时,我们也可以了解当前本科教育中的几种教学模式,以及它们具体在本专业课程中的应用。

(一)"双师"型教师与导师制

在职业教育中,"双师"是教育界对从事职业教育的专任教师的能力与资质要求,其内涵是要求承担职业性、应用性课程的教师不仅应获得教师资格证书且具备从事教学工作的基本能力,还应获得相关行业的职业资格证书且具备从事相关行业工作的基本能力④。在本科教育中,"双师"教学多指课堂上两位教师根据各自的优势进行分工,共同对授课内容进行备课、授课等教学活动,"借助于不同教师的知识结构的互补性,给学生更广泛、更深入的学习指导"⑤,而双师角色也不仅限于"师者",其中一位是传统高校教师,另一位可以是学生,或者是企业人士、外籍教师、青年课后辅导教师。"双师"教育的目的不仅在于更好地提升教育质量,同时还注重更好地让学生参与到教学课堂中。另外,在专业教师方面,学校应按照园艺园林技术专业教师师资队伍标准配备好师资。专业教师必须既能承担理论教学又能承担实训指导工作⑥。

导师制。高校本科生导师制是发源于英国牛津大学和剑桥大学的一项教学指导制度⑦。在2005年,教育部就已经颁布《关于进一步加强高等学校本科教学工作的若干意见》,其中就已经指出"有条件的高校要积极推行导师制,努力为学生全面发展提供优

---

① 蒋兆灿.教学模式探讨[J].温州师范学院学报(社会科学版),1987(3):25-31.
② 张尔琦.略谈高等学校教学模式的改革[J].内蒙古农牧学院学报,1986(4):87-90.
③ 夏惠贤.创造性培养的教学模式初探[J].江西教育科研,1989(5):25-30.
④ 孔祥清,徐华伟.论双师素质型本科护理人才的培养[J].郧阳医学院学报,2006(4):255-256.
⑤ 任艳,马永辉.混合式教学理念下大学英语师生"双师"教学模式研究[J].黑龙江高教研究,2019,37(12):153-156.
⑥ 江国华,汪忠浩,褚群杰,等.高职园林技术专业人才培养模式改革探讨[J].安徽农业科学,2011,39(5):3142-3144.
⑦ 张应强.从政策到行动:建设一流本科教育需要面对的关键性问题[J].江苏高教,2019(9):1-7.

质和个性化的服务"①，甚至一些学校为培养将科技成果转化为物质产品和现实生产的应用型人才②，在本科试行"产学结合、校企合作"模式，试行双导师制，培养应用技术型人才，希望实现校企双赢③。本科生导师制不仅有利于学生的学业指导，同时也适应了对学生职业规划的现实需要④。本科生导师更多的，是为学生提供大学学习方法和思维方法。

基于此，学习儿童园艺教育专业的学生进入大学后，学生通过遴选进入研究创新型方向后，由导师根据自身的研究领域结合大学生的个人实际，师生共同确定学生培养计划，全面提升大学生的科学素养和科研能力。在对创新型人才进行培养时，不仅要注重知识教育，更应注重学生的个性发展，因材施教，找到学生自身的研究方向。例如，可能有些学生表达能力欠佳，对于园艺教育中的教学部分并不擅长，可以转向园艺教育课程研发或具体研究⑤。另外，导师制能给学生提供多方面指导，导师也会着重培养学生的创新精神和实践能力，突出创新意识培养和实践教育，帮助学生设置学习生涯发展目标，建立学习、工作、人际等领域的行动方案⑥。

（二）认知学徒制

认知学徒制，是基于情境学习的教学模式或学习环境，是传统学徒制与学校教育的结合⑦。认知学徒制的要点，是在现有学校教育基础上，结合传统学徒制的相关方法，如示范、指导、脚手架支撑等，使用现代教育技术使思维可视化，让学生在学校内实现"合法的边缘性参与"，在保证学习者培养数量的基础上，增强学习者学习方法的获取、问题解决的能力以及自身动手能力，是一种"授之以渔"的教学模式。

若在该模式下，本科儿童园艺教育人才教学应关注以下几点：一是设计好教学情景，要进一步明确培养过程中所需的实践情境。如设置一个"四年级儿童探究雨后花园"的课题，除了让学生设计整个教学方案之外，更应该注重让他们在真实的雨后场景中进行学习，由此设计出的问题也会更贴合儿童的真实生活。再或者学生学习"授课技

---

① 中华人民共和国教育部.教育部关于印发《关于进一步加强高等学校本科教学工作的若干意见》和周济部长在第二次全国普通高等学校本科教学工作会议上的讲话的通知［EB/OL］.（2005-01-07）［2023-01-20］.http://www.moe.gov.cn/srcsite/A08/s7056/200501/t20050107_80315.html.
② 林健.深入扎实推进新工科建设——新工科研究与实践项目的组织和实施［J］.高等工程教育研究，2017（5）：18-31.
③ 陆国栋，李拓宇.新工科建设与发展的路径思考［J］.高等工程教育研究，2017（3）：20-26.
④ 李奇虎，俞雅莲.一流本科教育背景下高校本科生导师制的审视与实践［J］.江苏高教，2021（10）：66-69.
⑤ 李贺，刘月学，叶雪凌，等.园艺专业创新型人才培养模式研究与实践［J］.沈阳农业大学学报（社会科学版），2015，17（6）：677-681.
⑥ 李桂萍，巴青松，张慧君，等.园艺专业实践教学中提升学生创新创业能力的探索［J］.生物学杂志，2018，35（4）：127-129.
⑦ 朱晓敬，杨丽波.认知学徒视角下应用技术型高校培养模式探索［J］.成人教育，2017，37（5）：47-50.

能"内容,则实践训练也应该让他们观摩真实的儿童教学,学习一线教师如何引导儿童、让他们观察、用何种方式记录、如何进行知识探索。二是设计教学策略。认知学徒制的教授方式包括示范、指导、脚手架、清晰表达、反思、探究,围绕认知学徒制的思想进行教学策略的设计,为后续的教学实施提供依据。如学生学习"朴门永续"堆肥等内容时,教师应该在实验室或相应场所具体示范相应流程和注意事项,再让学生进行实践。

无论采用何种教学模式,儿童园艺教育本科人才培养的目的都是突出创新、实践能力和自主学习,助力儿童园艺教育发展。同时也可以参考国外实践教学模式,例如德国FH"企业主导型"实践教学模式、加拿大"能力中心的课程开发型"实践教学模式、英国"资格证书体系推动型"实践教学模式,以及我国香港特别行政区"工业训练中心型"实践教学模式[1]。

三、儿童园艺教育师培训

上述内容是对本科可能出现的该专业做理论化构建,用于直接培养儿童园艺教育人才。但是结合当前的就业发展,从事该行业的人才未必都是科班出身,也有可能是后续加入,那么针对这种情况,我们也可以尝试依据"自然教育师"培训制度,尝试建立儿童园艺教育师培训方案。

自然教育师整体培训形式以"线上自学+线下面授"的形式呈现。同理,儿童园艺教育导师也可以借鉴该培训方式。"线上自学"课程面向全社会,通过"儿童园艺教育师培训"平台开放,可报名进行自学,课程内容包括果树、蔬菜、花卉、昆虫、气候、心理等几个方面,总时长36课时,每课时约30分钟。"线下面授"课程以儿童园艺教育实操和技能技法为主,线下课程由中国农学会授权,由具备资格的培训机构实施。课程主要包括儿童教育实践概论、课程设计与技能技法、园艺专业门类体验技能与成果展示。

其中线下面授实践技能作为整个培训重点,此处着重介绍。首先,培训的师资应由国内外高校、科研企事业单位、中国农学会、社会组织等从事学习园艺教育相关专业的专家库成员组成;其次教授对象可面向全省各类儿童园艺从业者,包括园艺教育人员、儿童园艺教育管理人员及儿童园艺教育志愿者等;教授的内容针对各类从业人员,开展不同的培训内容,对于儿童园艺教育师则主要教授上述提及的线下课程内容;结业评价

---

[1] 司淑梅.应用型本科教育实践教学体系研究[D].长春:东北师范大学,2006.

则是对各类自然教育从业人员进行考核、评价，并颁发相应证书[①]。

对于新入职的儿童园艺教育师，也要经历类似教师学习发展的过程，儿童园艺教育师培训的过程：新手入门应进行1~2天入职基础培训，随后可以从跟班助教做起，主要工作内容为协助主班教师、熟悉流程、工具使用、了解教师主要职责、与儿童互动方法，并进行儿童观察反馈。在经历了半年到一年的跟班实操之后，正式做主班教师，主要工作内容为园艺课程活动的设计，创编儿童成长故事、针对家长的园艺体验活动和讲座，记录儿童的园艺活动。高一阶段可进行教研管理，主要内容包括组织管理框架、项目运营板块、团队招聘和管理激励、儿童评价。再高阶段的教师可作为专家培训师，负责人力资源开发、培训组织管理与评估、培训演讲技巧等[②]。

第三节　儿童园艺教育人才素养

核心素养是当前世界各国共同关注的话题，为了培养具备核心素养的未来社会建设者，教师核心素养研究应运而生。对教师核心素养的研究基于对学生核心素养的呼应，教师核心素养是当今教育界研究的热点之一[③]。各个国家为教师核心素养制订了不同框架，有知识和技能组成的二维度说，也有包含认知素养、内省素养、人际交往素养以及教学素养的四维度说，而我国采用的是按照"德、知、能"为基本框架的三维度说，本书也基于我国教师核心素养框架，从专业理念与师德、专业知识、专业能力三方面讨论儿童园艺教育人才的核心素养。

一、儿童园艺教育人才专业理念与师德

本节结合儿童园艺教学实际，以及我国现行的《幼儿园教师专业标准（试行）》和《小学教师专业标准（试行）》，提出对应标准要求。

（一）职业理解与认识

首先，教师以及儿童园艺教育者应该贯彻党和国家的教育方针政策，遵守教育法律法规。其次，理解园艺教育工作的意义，自己从内心认同园艺教育事业，具有园艺教育的职业理想和敬业精神。再次，认同园艺教师自身的专业性和独特性，注重自身的专业

---

① 骆桦，黄向.自然教育理论与实践［M］.长春：东北师范大学出版社，2020.
② 中华人民共和国教育部.教师教育课程标准和教师培训标准及指南［EB/OL］.（2017-07-31）［2022-11-03］. http://www.moe.gov.cn/jyb_xxgk/xxgk/neirong/fenlei/sxml_jsgz/jsgz_jsjy/jsjy_pxbz.
③ 王潇晨，张善超.教师核心素养的框架、内涵与特征［J］.教学与管理，2020（3）：8-11.

发展。最后，教育者为人师表，应具备良好的职业道德修养和团队协作能力，在园艺教育的课程和活动设计方面积极开展合作与交流。

（二）对待学生的态度与行为

关心爱护学生，重视学生的身心健康，在户外儿童园艺课程活动中，将学生的生命安全放在首位。与此同时，在园艺活动中，尊重学生的独立人格，平等对待每一位学生，不讥讽、挖苦或者变相体罚学生。同时，创造、创新多样化的园艺活动，让儿童在活动中感受快乐。

（三）教育教学的态度与行为

一方面，儿童园艺教育者应树立育人为本、德育为先的理念。将学生的知识、能力、品德发展与园艺活动相结合，重视儿童在参与园艺活动中全方面能力的发展。另一方面，尊重教育规律和学生的身心发展规律，园艺活动的主题选择、课程设置应适合学生发展，其中的活动应引导学生体验到学习的乐趣，并能综合培养学生的广泛兴趣、动手能力和探究精神。

（四）个人修养与行为

儿童园艺教育者应富有爱心、责任心、耐心和细心，乐观向上、热情开朗，有亲和力，善于调节自我情绪，保持平和心态，勤于学习、不断进取等[①]。

二、儿童园艺教育人才专业知识

儿童教育人员首先应该了解目标群体发展知识、教育教学知识、通识性知识，相对重要的是学习对应学科的知识。对于儿童教育人才来说，专业性的知识应包括朴门永续、自然教育、农艺园艺、心理学等知识，同时，上述专业知识也是对本书相关知识内容的回顾和整理，如果要整体把握该部分内容，还需要对其进行系统学习。

（一）朴门永续知识

朴门永续内容在本书第四章中已有详细论述。如果要真正系统了解和掌握朴门永续理念，可以阅读在该章节中推荐的书籍：《四千年农夫：中国、朝鲜和日本的永续农业》，首次提出朴门永续理念[②]；《自然农法》[③]《一根稻草的革命》[④]，体会"不耕作、无农

---

① 中华人民共和国教育部.教育部关于印发《幼儿园教师专业标准（试行）》《小学教师专业标准（试行）》和《中学教师专业标准（试行）》的通知［EB/OL］.（2012-09-13）［2023-09-14］.http://www.moe.gov.cn/srcsite/A10/s6991/201209/t20120913_145603.html.
② 富兰克林·H.金.四千年农夫：中国、朝鲜和日本的永续农业［M］.北京：东方出版社，2011.
③ 福冈正信.自然农法［M］.哈尔滨：黑龙江人民出版社，1987.
④ 福冈正信.一根稻草的革命［M］.樊建明，于荣胜，译.哈尔滨：黑龙江人民出版社，1994.

药、无化肥、不除草"的自然农法;《全图解懒人农法》①,从朴门伦理到具体菜园设计,如何综合运用土壤、堆肥、动植物以及温室几大系统,均有涉及;《永续农业概论》②,可以尽快掌握朴门永续农业的大致脉络。

（二）自然教育知识

儿童园艺教育是自然教育的一种形式,其包含的范围更加广泛。除本书介绍的相关内容外,还可以阅读相关书籍对其进行进一步的了解。例如《自然教育》,园艺教育者可以借鉴该书"基于自然生活点滴给予学生人生启示"教育方式③;《林间最后的小孩——拯救自然缺失症儿童》④揭示当今社会儿童与自然关系的断裂,以及为恢复该关系提出的方式;如果要学习一些自然教育游戏,可以参考《儿童自然体验活动指南》⑤《与孩子共享自然》⑥《深度自然游戏》⑦;如果要学习相关理论以及实践活动技能与经验,推荐《自然教育理论与实践》⑧。除此之外,还应该将国家颁布的教育政策与儿童自然教育进行整合,在《3~6岁儿童学习与发展指南》中有关健康、科学和艺术领域中的教学也与自然教育现实紧密联系。例如,健康领域中"亲近自然,喜欢探究,具有初步的探究能力"发展目标就可以通过"自然观察、花草游戏、工具使用、园艺养护、动物养育、沙水泥的玩耍"等方式来实现⑨。

（三）园艺专业知识

了解农业生物科学、生态科学、农作物或园艺作物生长发育规律等方面的基本理论与基本知识;掌握农作物或园艺作物新品种选育、栽培管理和产后储藏与加工等环节的基本技能;具有开展农作物或园艺作物遗传育种、栽培与耕作、种质资源保护、或植物病虫草鼠害防治等方面的基本能力;具备书面、口头和运用数字化媒体等视觉技术进行学术交流的能力,以及向社会传播、普及植物生产类知识和解决农业生产中一般问题的能力。国家当前对基础教育改革要求综合性、实践性教学,所以教师应尝试在园艺课程

---

① 设乐清和.全图解懒人农法[M].久方,金怡夏,译.武汉:湖北科技出版社,2020.
② 比尔·莫利森.永续农业概论[M].李晓明,李萍萍,译.镇江:江苏大学出版社,2014.
③ 何玉莲.大自然的"独特教育"——《自然教育》简介[J].地理教学,2020(23):1.
④ 理查德·洛夫.林间最后的小孩——拯救自然缺失症儿童[M].自然之友,译.长沙:湖南科学技术出版社,2010.
⑤ 帕蒂·博恩·塞利.儿童自然体验活动指南[M].肖凤秋,等译.北京:教育科学出版社,2017.
⑥ 约瑟夫·克奈尔.与孩子共享自然[M].叶凡,刘芸,译.天津:天津教育出版社,2000.
⑦ 约瑟夫·克奈尔.深度自然游戏——激发全部身心、活力、创造力和启发式学习的指南[M].李佳陵,等译.长沙:湖南教育出版社,2019.
⑧ 骆桦,黄向.自然教育理论与实践[M].长春:东北师范大学出版社,2020.
⑨ 李圆圆,吴珺珺,董秀维,等.以自然教育理念为导向的幼儿园户外空间营建策略研究[J].西南大学学报(自然科学版),2021,43(3):167-176.

中融合其他多种学科，突出学生动手实践能力的培养①。

园艺专业知识是专业的儿童园艺教育者的必备知识。《家庭园艺百科》②尽管是一本家庭园艺用书，但是系统介绍的"基础技能—设计花园—种植花园—花园养护—帮助建议"实用技能依然值得学习。通过阅读《设施园艺》③，可学习园艺简易设施，灌溉设施，温室光、湿、气和土壤等调控手段和灾害性天气的预防措施；可参考《园艺植物栽培学》④中的第二篇《园林花卉栽培技术》，以及第三篇《蔬菜栽培技术》。当技能和实践经验学习掌握到一定程度时，可以尝试学习一些理论知识，《园艺植物育种学（第2版）》⑤系统介绍了蔬菜、果树和花卉主要种类的种质资源、性状遗传、育种目标和育种策略与方法；《园艺植物栽培学》介绍了园艺植物生长发芽、种植园的规划设计、园艺植物的繁殖、定植及土肥水管理、植物调整预备产品器官生产、采收和采后管理，设施园艺及园艺无土栽培技术等内容。

（四）心理学知识

本书第二章已经从心理学角度讨论了儿童园艺教育的价值所在，此处更侧重在教学过程中把握儿童心理的技巧。儿童园艺教育者应掌握学生一般认知、情感、个性以及意识等各类特征，了解儿童心理发展一般特点，例如关注常见的学前儿童心理问题：任性、自私、固执、胆怯等⑥；一年级的园艺教育者应把握儿童幼小衔接心理过渡期，即"憧憬期—剥离期—混沌期—新生期"⑦，了解并学习小学生情感发展与认知等要素之间的联系⑧，以及小学生心理素质发展状况和特点⑨。

为此，儿童园艺教育者可以经常关注儿童心理类刊物，以了解最新最前沿的儿童心理学内容，例如《心理发展与教育》《学前教育研究》⑩。此外，系统把握儿童心理需要阅读儿童心理学方面的图书，例如《学前心理学》⑪系统介绍学前儿童知觉、想象、思

---

① 高有才.全科型培养视角下小学教育本科专业课程设置的研究[J].教育探索,2013（12）：19-21.
② 亨迪.家庭园艺百科[M].徐静,鲁芬,译.北京：北京美术摄影出版社,2015.
③ 张庆霞.设施园艺[M].北京：化学工业出版社,2020.
④ 张兆合.园艺植物栽培学[M].北京：中国农业科学技术出版社,2011.
⑤ 徐跃进,胡春根.园艺植物育种学：第2版[M].北京：高等教育出版社,2015.
⑥ 闫智月.学龄前儿童心理问题及干预[J].中国妇幼保健,1999（10）：653-654.
⑦ 刘源,程伟,董吉贺.幼小衔接中儿童的心理过渡：意蕴、阶段及调节[J].中国教育学刊,2022（4）：13-18.
⑧ 张光富.小学生情感特点研究[J].中国教育学刊,1998（2）：25-27.
⑨ 梁英豪,张大均,梁迎丽.3~6年级小学生心理素质发展的现状与特点[J].心理学探新,2017,37（4）：345-351.
⑩ 王兴华,丁雪梅,刘聪.改革开放40年学前儿童发展研究进展[J].学前教育研究,2019（3）：3-11.
⑪ 陈帼眉.学前心理学[M].北京：人民教育出版社,2015.

维、言语、情绪情感和意志行动、个性、社会性的发展;《小学儿童心理学》[①]同样大致涵盖小学儿童认知、语言、情感和意志、个性以及社会性发展,系统将小学儿童的教育与培养有机结合。参照国家颁布的《幼儿园教育指导纲要(试行)》(以下简称《纲要》)中对教育者在进行儿童教育时,语言方面教育者要创造一个让儿童想说、敢说、喜欢说的环境,创造丰富多彩的园艺活动,扩展儿童经验,提供促进儿童语言发展的条件[②]。除了语言,《纲要》中还包含社会、科学、艺术等方面对教师的要求。2012年教育部颁布的《3~6岁儿童学习与发展指南》[③]在健康、语言、社会、科学、艺术五个领域更为细致地提出3~6岁各年龄段儿童学习与发展目标和相应的教育建议,帮助幼儿园教师和家长了解3~6岁幼儿学习与发展的基本规律和特点。

三、儿童园艺教育人才专业能力

结合《小学教师专业标准(试行)》,园艺教育者的专业能力涉及教学设计、教学活动实施、激励与评价、沟通与合作、反思与启发五个方面,本节也从上述五个方面展开,讨论园艺教育者应具备的具体能力。

(一)教育教学设计

前面已经详细介绍了园艺课程开发、实施和评价,此处作为园艺教育者,在已有的园艺课程的基础上,应做好教学设计和园艺内容讲授。

开展园艺教育的重要目的是服务于中小学段农学、博物学课程,是作为其他课程的辅助形式存在[④]。而今研究显示园艺活动对儿童环境意识和环境责任的提升具有重要作用,同时也缓解儿童的自然体验缺失程度,增加儿童对生态系统的体验和接触[⑤]。所以教师在园艺教学设计与讲授时整体应遵循两个原则,一是突出实践与探索,让儿童在实践活动中增长见识与才能,增强环保意识;二是园艺课程除了教授儿童最为基本的园艺技能之外,更要培养儿童的爱心、责任心,对环境和生命有科学认知,使儿童更具有探索精神[⑥]。

---

① 黄月胜.小学儿童心理学[M].北京:北京师范大学出版社,2013.
② 中华人民共和国教育部.教育部关于印发《幼儿园教育指导纲要(试行)》的通知[EB/OL].2001.http://www.moe.gov.cn/srcsite/A06/s3327/200107/t20010702_81984.html.
③ 中华人民共和国教育部.教育部关于印发《3~6岁儿童学习与发展指南》的通知[EB/OL].(2012-10-09)[2022-10-11].http://www.moe.gov.cn/srcsite/A06/s3327/201210/t20121009_143254.html.
④ 张蕾,徐苏斌.20世纪前期中国中小学校园发展述略[C]//中国风景园林学会2013年会论文集上册.北京:中国建筑工业出版社,2013:219-221.
⑤ BLAIR D. The child in the garden: an evaluative review of the benefits of school gardening: the journal of environmental education[J]. The Journal of Environmental Education, 2009, 40(2): 15-38.
⑥ 刁益红.园艺校本课程开发的设计与实践[J].考试周刊,2011(85):223-224.

若要使园艺教育达到上述目的，在教学设计中应该将园艺内容与儿童的日常经验，例如烹饪、建筑、绘画、阅读等相结合，激发儿童探究、制造本能，满足儿童兴趣需要[1]。每一阶设计的主题和类型包括但不局限于：田园野外探究、四季植物特色活动、自然民俗活动，例如结合植物生长而设计的"西瓜的一生"、野外活动的"泥土探究"、四季"春之希望"活动[2]。另外，也要给学校提供相应的园艺资源，以便教师开展教学实践。此外，活动安排应该与园艺、与学科课程相融合，丰富学校的课程类型，同时注意将思政元素融入其中。

以英国皇家园艺学会发起的学校园艺运动为例，鼓励学校积极发展和有效使用学校花园，让学生成为热爱学习、掌握关键生活技能和具备强壮体魄与丰富情感的一代[3]，在该运动的倡导下，英国南部的皮顿·希尔小学为激发儿童创造力，设计了种植南瓜园艺课程，通过学生具体种植南瓜、记录南瓜生长过程、南瓜日常维护、分享种植心得、与家人共同开展活动等园艺活动，使花园成为有效培养儿童创造力的平台。

教师可以利用外环境资源，将活动搬到野外，让孩子与大千世界的一草一木、一虫一鸟、一山一水进行"零距离"交流与对话，通过在大自然中进行真实的体验、观察与探究，逐步形成对周围环境的积极情感与态度。以"泥土探究"为例，孩子们来到一片比较空旷的地方，在不同的地方找泥土，有的跑到树底下去挖，有的跑到土坡上寻找，有的挖路边的泥土，大家三三两两地聚在一起，比较着、讨论着。

"我的土是在树底下挖的，这么黑。"

"我在山坡上挖来的泥土，松松的，捏上去就碎掉了。"

"我在路边挖的，撬也撬不动。"

"为什么会有这么多不同呢？"

"大树底下的泥土，花草养护工人肯定给施过肥了，不然树和花怎么长大呀，所以是黑的。"

"哦，路边的泥土大家走的多，踩硬了，我就挖不动了。"

"山坡上的土这么软，可以种草。"

资料来源：孙莹（2014）[4]

---

[1] 曹玉杰.从主动作业到研究性学习——儿童、课程、社会联系的纽带[C]//纪念《教育史研究》创刊二十周年论文集（19）——外国教学与课程教材史研究,华东师范大学教育学系,2009：70-73.
[2] 孙莹.促进幼儿学习与发展的田园课程设计与实践研究[J].中国教师,2014（7）：31-35.
[3] 陆小兵,钱小龙,王灿明.国际视野下教育促进创造力发展的分析：理论观点与现实经验[J].外国教育研究,2015,42（1）：28-38.
[4] 孙莹.促进幼儿学习与发展的田园课程设计与实践研究[J].中国教师,2014（7）：31-35.

通过活动，教师从日常活动现象入手，让儿童以最直接的方式感受自然，与大自然进行亲密接触。在此类园艺教学活动主题设计下，学生可以在最真实的自然世界中感知事物，实现在做中学的目标。

（二）教学活动实施

幼儿园和小学的园艺教育活动，是教师以多种形式有目的、有计划地引导儿童生动、活泼、主动活动的教育过程。因此园艺活动创设的原则：一是既适合儿童的现有水平，又有一定的挑战性。二是既符合儿童的现实需要，又有利于其长远发展。三是既贴近儿童的生活来选择其感兴趣的事物和问题，又有助于丰富儿童的经验和拓宽学生的视野[1]。本节主要从整体活动实施层面讨论园艺教育者应注重的问题。

首先，营造园艺活动环境。学校花园的建设应该尽可能帮助学生通过直接的感官性体验，在动手实践中获得经验。第一，在室内，园艺教育者可以设置田园动植物景观展览，每个班级设置植物自然角、盆栽欣赏场所，一方面更方便儿童观察，另一方面可以引导儿童对其进行管理和维护。第二，在室外，合理划分园艺资源，学校花园可以在设置共同花园园区后，剩余花园分给不同班级。另外，各班级种植植物类型的选择与分类，具体标准要结合园艺课程安排和不同年龄段认知特点。第三，《上海市学前教育纲要》中明确指出："幼儿园应加强与家庭、社区的密切联系，要积极创造条件，要充分利用家庭、社区及周边自然环境的教育资源，拓展幼儿生活和学习的空间。"[2] 可以园艺家庭为延伸载体进行家园共育活动，例如邀请经验丰富的农艺人为学生讲解时令与农耕；周末开展亲子户外徒步、春游、爬山、写生等活动，让儿童感受自然的美好；建立"家庭四季角"，在不同季节栽种不同蔬菜，帮助儿童通过蔬菜植物的种植感受生命的轮回[3]。

其次，安排园艺活动。从活动类型来看，根据园艺活动具体内容，可以将其分为园艺基础技能课程、繁育类课程、生态环保类课程、园艺食育课、园艺创意课和自然园艺与节气课程六大类[4]。按照活动类型可划分为体验型、游戏型、探究型三大类。体验型活动，如孩子在阳春三月种下向日葵，在春末夏初种下玉米，在金秋十月播种蚕豆等；游戏型活动，如园艺教育者可以结合花园自然资源进行游戏活动设计，例如用树林设

---

[1] 中华人民共和国教育部.教育部关于印发《幼儿园教育指导纲要（试行）》的通知[EB/OL].（2001-07-02）[2022-10-12]. http://www.moe.gov.cn/srcsite/A06/s3327/200107/t20010702_81984.html.
[2] 上海市教育委员会.《上海市学前教育纲要》[EB/OL].（2005-08-01）[2022-10-12]. http://edu.sh.gov.cn/xxgk2_zhzw_zcwj_01/20201015/v2-0015-gw_402022005001.html.
[3] 傅丽君.农村幼儿园田园课程实践研究[J].教师，2019（26）：106-107.
[4] 杨露露.种植园地活动中幼儿劳动素养的形成[J].教育导刊（下半月），2020（5）：79-83.

计CS野战区可以结合传统游戏、油菜花地或黄瓜棚下"躲猫猫"、开发"挑水、浇水"游戏；探究型活动，如观察小蚂蚁搬运食物、小蜜蜂采蜜、乌龟爬行，增加儿童对于动植物的了解[1]，通过记录种子的发芽、生长、成熟过程，培养儿童的探究精神[2]。除此之外，还有"欢乐农场""快乐采摘""草帽舞""植物蔬菜拓印"等多种具体活动，不再一一列举。

最后，园艺活动时间安排应有相对的稳定性与灵活性，既有利于形成秩序，又能满足儿童的合理需要，照顾到个体差异。在结合园艺主题对上述不同类型园艺活动进行组合排列的过程中，应注重以下两点：一是应注重直接指导和间接指导相结合，保障儿童不会因为任务过难而放弃，同时也能达到动手实践的目的。二是建立良好的班规，避免不必要的管理行为，逐步引导儿童学习自我管理[3]，例如在日常管理中，就应形成一套排队规则、集合规则、报告规则等，避免时间的隐性浪费，在具体活动例如儿童做拓印植物选择时，不应过多限制。

（三）激励与评价

教育评价是教育工作中的重要组成部分，是调整学校工作与促进学生发展的重要方式和手段。在对儿童园艺活动进行激励和评价时，应将是否有利于儿童的主动学习与发展作为重要的评价标准。同时，园艺课程作为实践性课程，应该将园艺活动中表现出的典型意义行为以及所积累的作品作为评价的主要依据。综上所述，在对儿童园艺活动进行激励与评价时，还要注意以下问题：

一是明确评价的目的，即了解幼儿通过园艺活动实现的发展需要，在园艺活动中是否可以提升沟通、协作、探索、想象力等能力，以便在后续相关园艺活动中提供更加适宜的帮助和指导。二是全面了解儿童的发展状况，防止片面性，尤其要避免只重知识和技能，忽略情感、社会性和实际能力的倾向。三是承认和关注幼儿的个体差异，避免用统一标准评价不同儿童，在儿童面前慎用横向比较。四是以发展的眼光看待儿童，既要了解现有水平，更要关注其发展速度、特点和倾向等。

以宁波某幼儿园的《牵牛花日记》作为园艺活动评价为例，儿童们在自己的日记中写道：

> 牵牛花的种子很小的，黑的叫黑丑，白的叫白丑。我把种子埋进泥土里，种子睡够了，喝饱了，发芽啦！小芽从泥土里钻了出来，瞧，叶上还顶着"帽子"呢。

---

[1] 杨蓉蓉.农村幼儿园田园课程的实践研究［J］.当代教研论丛，2018（2）：134.
[2] 蔡丹艳.在田园中谱写诗歌 农村幼儿园田园课程的开发与实践［J］.上海教育，2021（21）：69.
[3] 中华人民共和国教育部.教育部关于印发《幼儿园教育指导纲要（试行）》的通知［EB/OL］.（2001-07-02）［2022-10-12］.http://www.moe.gov.cn/srcsite/A06/s3327/200107/t20010702_81984.html.

长叶子啦，孩子们仔细瞧瞧，发现叶片上都长满了细细的绒毛哦。牵牛花的茎又细又柔软，它自己站立不起来，缠着竹竿，绕呀绕……

长花苞了！开花啦！花裙子打开了，真美啊！还真像个小喇叭呢，怪不得牵牛花也叫喇叭花。

牵牛花在一天的不同时间花的颜色不一样，早上开红花，中午转为紫色。在接近中午的时候，牵牛花的边缘慢慢地卷了起来，是不是牵牛花和我们一样中午累了睡觉了呢？

资料来源：朱激文（2012）[①]

《牵牛花日记》中记录了儿童最真实的感受，这是记录植物生长的过程，也是儿童感受生命的一种途径。在园艺活动评价过程中，可更多采用此类主体性评价，增加园艺作品展示，以及在活动过程中儿童的闪光点等多元化的质性评价方式为主体，将量化评价作为辅助手段。教师、家长、儿童都是评价的共同参与者，在多主体、多样化的评价方式中达到人与自然的和谐，促进儿童更好地发展。

（四）沟通与合作

园艺活动教育者应增加与多方主体沟通与合作，从而更好地完善整个园艺活动方案。

首先，园艺教育者与儿童之间可以就园艺互动设计、活动类型、园艺活动的评价等多方面进行沟通与合作，儿童作为课程设计的参与者，可直接提升其活动参与度。例如，在活动设计中，一方面以成人角度假设儿童可能感兴趣的活动，在整个设计过程中不停地问自己：儿童喜欢何种园艺活动？这个活动是否适合儿童？大致设计多种活动类型。另一方面考虑儿童需求，对儿童进行"我最喜爱的园艺活动"调查，结合儿童兴趣喜好，最终确定活动类型。此外，在具体活动内容设计时，同样可以共同讨论设计，例如在"南瓜的一生"体验型活动主题下，师生共同商议记录南瓜的生长习性、生存条件、个人感受等方面内容。

其次，与同事合作交流，共同进行园艺课程设计与实施，共同发展。学校教师以及相关专业人员是园艺课程设计与实施的关键，目前一些幼儿园也有自己的"自然园艺"园本课程，且也都在不断实施过程中进行调整、完善。在设计过程中，关注课程设计目标，考虑对不同年龄段儿童的契合性，内容方面综合选取技能锻炼、植物繁育、生态环保、创意设计、园艺食育、园艺与节气等内容。在活动实施阶段，通过分工协作，促进整个

---

① 朱激文.追寻田园的乐趣——农村幼儿园田园课程的实践与探索［J］.生活教育，2012（24）：81-83.

活动发展①。例如北京市某小学"园艺心理课"由学校科学教师和心理教师共同设计，从最初的"园艺＋心理"主题探索，到后续两条活动路径"园艺德育"和"园艺心理融合"，到最后"园艺心理课程体系"的完善，每一步都有着教师们的共同探索和努力②。

最后，园艺课程教育者与家长进行有效沟通与合作，共同促进学生发展。一方面可以在课程实施时，邀请家长共同参与，观察子女园艺活动表现，然后进行评价。也可以开展亲子园艺活动，例如福建省某幼儿园开展"花乡花韵"园艺活动，具体包括亲子插花、多肉种植、亲子制作丝网花等活动，教师与家长引导儿童共同布景、设计、建构、种植、移盆、修剪等，体验园艺活动的美好③。

（五）反思与发展

学习是不断反思、不断总结的过程，对于儿童园艺教育者也是一样，要在园艺课程设计和自我专业素质两方面不断提升。

在园艺课程设计方面，园艺教育者主动收集分析相关信息，不断反思，改进教育教学工作。正如上述北京某小学"园艺心理课"，一个全新的校本课程开发，本身就需要相关教师进行全方位知识探索，根据最初理解，建立初始课程，后续在教学实践中，教师仍需要不断反思、总结该课程中出现的问题，总结经验教训，在下一阶段的课程开发中查漏补缺，经过不断重复上述过程，最终形成操作性强、具有本校特色的课程体系。

在自身发展方面，园艺教育者应制订专业发展规划，积极参加专业培训，不断提高自身专业素质。在新课改背景下，儿童园艺教育者除了在上述专业知识方面应不断更新、参与儿童园艺教学与实践培训之外，还应该在情感品质、智力品质、科学素养等方面不断提升。学校也应该给园艺教育者一个自由发展的空间，建立校本教研组织、加强培训，以及改善管理，从而给予教师更好的发展平台，多方面促进教师的自身发展④。

---

① 杨露露.幼儿园"自然园艺"园本课程实施的个案研究［D］.洛阳：洛阳师范学院，2020.
② 高李英，尤佩娜，李洋，等.园艺心理：核心素养背景下小学心理健康教育新尝试［J］.中国教育学刊，2018（S2）：77-79.
③ 陈海燕.幼儿园园艺课程的开发与实践探索——以永福中心幼儿园为例［J］.福建教育学院学报，2021，22（2）：22-23.
④ 陈景梅，曾志明，梁彩云，等.新课程背景下小学语文教师专业发展的研究［C］//新课改背景下课堂教学方法与手段的有效性研究科研成果集：第六卷，广州市白云区人和镇第二小学，江西省鹰潭市贵溪市天禄镇天禄小学，四川省成都市崇州市怀远镇小学校．2017：858-867.